藍學堂

學習・奇趣・輕鬆讀

給壯世代的
百歲人生思維

倫敦商學院傳授
健康年歲、財務安全、身心富足的人生必修課

THE
LONGEVITY
IMPERATIVE

Building a Better Society
for Healthier, Longer Lives

安德魯・史考特 Andrew J. Scott—著

顧淑馨—譯

致我的雙親——Ray 和 John

以及

我的孩子——Helena、Louis 和 Kit

你們是我生命鏈的連結

推薦序

富足第三人生，
由投資自己開始！

楊淑惠｜中國信託商業銀行個人金融執行長

　　圍繞著「變」，變化、轉變、改變、變動⋯⋯不僅是我看安德魯‧史考特新書《給壯世代的百歲人生思維》時，一直占據腦海反覆思忖的關鍵字，也可以說是我在金融圈工作多年的一項體悟。

　　幾年之前，絕大多數財管客戶總是熱切詢問，琳瑯滿目的投資與理財工具，希望追求符合理想的報酬率，如今這一情況悄然轉變，更關心如何打造安全可靠的資產防護網，希望藉此因應充滿不確定性的未來，包括想讓自己可以安心養老，並且照顧到心愛家人，以及把錢留給真正想給的人，達成資產傳承心願。

　　探究這股「變」的本源，或許就是我們已然置身安德魯‧史考特說的高齡社會（Ageing Society）與「長壽社會」（Longevity Society），開始一起「變老」了吧！

　　2023 年，聯合國經濟和社會事務部發表的「Leaving No One Behind

In An Ageing World」報告，指出從 2021 年到 2050 年，人口高齡化現象將由歐洲轉移到東亞，台灣自然也是在所難免。據國發會推估，2025 年台灣 65 歲以上人口比率達 20.8%，每五個人就有一位超過 65 歲，尤其平均壽命亦呈現上升趨勢，激起大家想幫自己的「第三人生」做好準備的迫切念頭。

確實，長期站在服務客戶第一線，許多人面對活得越來越久的人生，更見主動性與自發性地詢問我們金融業者，書中提及的三個關鍵財富管理問題：需要存多少錢支應更長壽的人生？若長壽人生變成多階段，何時該存錢、何時該借錢？以及，如何因應不知道能活多久的不確定性？

其實這些問題的答案，都指向「找出財富管理新模式」，才能抓住長壽人生的紅利，幫助我們安心變老。

如果仍一味地拚命積累金錢，不做任何風險控管，很容易在漫漫歲月裡，計畫趕不上變化，受到全球政經情勢動盪或通膨壓力升溫等因素影響，進而引爆不在預期內的財務危機，於是我經常跟客戶分享，預約富足又有保障的第三人生，就從投資自己開始，採取多管齊下策略，建構涵蓋老本、病本與保本的三道防線。

「存好老本」是指選擇適合的理財投資工具，確保資產安全並產生穩定金流，滿足必要、需要及想要等各種日常開銷；「預留病本」是透過實支實付保險、長照險，或設立專款專用的醫療信託專戶，不讓隨年紀增加的醫療支出，衝擊基本生活品質；「確定保本」則是善用退休安養信託或預簽型安養信託，落實退休金專款專用，也能慢慢決定未來用途，無需擔憂錢不夠花、生病沒人照顧，或者資產守不住。

邁入人類社會從未集體歷經的長壽時代，我非常相信：想為明天做好準備，就該今天做好準備！所以除了妥善規畫理財三本做為活出豐盛第三人生的其中一步，感謝安德魯·史考特還在這本書裡探索長壽帶來的工作、生活與心理層面各種改變，有助於大家及早思索可能應對方式，打造自主、有尊嚴且全方位的幸福解方，畢竟能夠享受生命賜予的餘裕，活得更久才有意義。

三十歲就可以開始思考的，
人生百歲的願景

嫻人｜「嫻人的好日子」版主

　　當我四十九歲離開職場的時候，只想迅速從那不愉快的場景中了結，甚至連退休金是否足夠，都沒有認真試算過。直到退休之後，有一次無意間在超市聽到兩位貌似六十多歲的先生的對話，才猛然一驚。他們在討論著，各自都有超過一百歲的親友，他們的語氣與其說是羨慕，不如說是隱隱的不安。

　　我的父母和公婆四人，最短的壽命是八十五歲，而其他三人都超過九十歲，倘若我也活到九十歲，那麼我四十九歲退離職場時，還有四十年的路要走。

　　退休後聽聞長命百歲的案例，我震驚，除了改變理財的方式，以便能產出穩健的被動收入，也探索退而不休、產出主動收入的可能性，除了經營部落格之外，也嘗試英日語導遊、領隊的工作，雖然後者，自嘲是因為年事過高，並沒有成功。

因為親身的經歷，所以對於這本書中描繪的百歲人生的願景，更有所感。作者形容長壽化，是和 AI 以及地球暖化等議題同等重要的，影響人類未來的大趨勢。當學者把「老化」當成一種可以治癒的疾病，我們要如何重新思考人生？

當工作遇上瓶頸時，很常聽到連三十歲的年輕人都會冒出「好想退休喔」這樣的口頭禪，但當長壽化繼續發展下去，活得愈久，退休金不足的可能性提高，不是提高儲蓄率、投資報酬率，就是得延後退休。就用這幾個變數，我們要如何設計自己的人生？

是拚命爆肝工作、冒大的投資風險，在短年數內達標，然後再來處理過剩、可能感到無聊的時光？還是細水長流，用合理的步調工作、保住健康，也一邊休閒？我們不一定有選擇的權利，不過作者認為，細水長流應該會是長壽化下合理的工作趨勢之一。

我記得二十幾年前去澳洲出差，看到總公司辦公室裡一般員工座位上，坐著頭髮斑白的員工，很是驚訝；在當時的台灣，一般員工都是年輕人，頭髮白的人應該要是坐在主管位才是。在熟齡後做一般員工的職務，身心能負荷，也可以減少退休金的焦慮，社會能不能給予這樣的空間？而熟齡人士，又能不能調適心態融入？

本書作者是倫敦商學院的經濟學家，必須說這本書有相當的深度，以及以政策面出發的論述，很適合公部門政策的主事者，或是公司領導階層、人資單位來閱讀，思索如何打造一個百歲人生趨勢下，善用熟齡人才的社會？

而身為在五十歲之前就遇到中年職場危機的我，對本書很有共鳴，也得到了激勵，像是作者提到「混搭人生」，如果部落格是一個工作，那我無意中也過了一個「混搭人生」了，因為長壽化，就算中年跌倒也不代表 game over，我們都還有足夠長的時間做其他嘗試！

　　而，預防勝於治療，三十歲和四十歲的族群也很適合看這本書，像是作者提到能工作到六十幾歲的可能性，受你五十幾歲時在做什麼影響極大，細節我就不劇透。但是，誠如作者所說，適應命運的彈性在人生長度拉長之後，更為重要，你能提早做怎樣的準備來提升適應力？而不只是把「好想退休」當成一句舒壓的口頭禪。

給壯世代的百歲人生思維

目錄

願少年有知，願暮年能為。

If youth but knew; if old age but could

——亨利・艾斯蒂安 Henri Estienne

（文藝復興時期法國的希臘語學者和印刷商）

前言

你想要多一點時間嗎？

我每天多給你一小時如何？有六十分鐘隨你運用，你可以補眠或終於超前工作進度。也許你會選擇與家人或朋友共度，也可能只樂於享受獨處的寧靜時光。

要是這提議聽來很吸引人，如果我能再把一週由七天延長為八天呢？整整多出一天，讓你做任何想做的事。我現在改變時間很上手了，再把一年拉長為十三個月如何？多出四週！這聽起來很有吸引力吧？

我當然無法送出這時間大禮給你，但我可以透露一個祕密。其實這不是祕密，是大家都知道的事卻未能採取行動。你已經有更多時間了。不只是這裡多一小時，那裡多一天，或一年多一個月，而是很多很多年的額外時間。

那是因為平均壽命增加了。過去百年來，平均壽命每十年增加二到三歲。這比我上面提的增加時間要多很多。不論你住在哪裡、現年幾歲，都可預期比過往世代活得更久。

這額外多出的時間，是否像我前面提議的一樣具吸引力？你是否同樣感到興奮、壓力減輕，還拓展了新的可能性？還是你覺得很矛盾，不確定活得更久是不是好事？很多人都有這種感覺，他們眼見人生終點多出幾年，可是現在就想要那些時間。他們擔心無法善用多出來的歲月，反而變得體弱多病，錢也用完。

可是晚年如果不會生病、虛弱又沒錢呢？如果老得健康又充實呢？那會帶來無窮的好處。健康、生產力、參與感維持得越久，年老時就會有更多選擇，也會更珍惜活得長久。而且變得更好的不只是老年生活，**展望來日方長，我們現在的作法就不同，可以重新思考度過整個人生的方式**。

然而我們目前尚未準備好享受長壽的好處，因為我們還不能適應一個對人類狀況十分深遠的變化：現在人人都可能活到很老。問題在於人們不覺得這是重大變化，畢竟老人一直存在，老人也都曾年輕過。當前革命性的改變是，有越來越多年輕人與中年人可預期活到很老。在人類歷史上，向來只有少數人活得夠久而變老，現在卻是多數人都能經歷老年。那確實改變了一切，代表我們必須對未來的歲月做更多投資，以便得到更好的結果，否則就有風險，會遭遇最害怕的下場。所以**壽命延長產生新的長壽要務：好好變老**。

這巨大變化的影響，以及隨之而來的長壽要務，正是本書的主題。不論個人或集體，都需要追求我所稱的「長青」課題。據韋氏大學詞典（*Merriam-Webster's Collegiate Dictionary*）所注，長青植物是「保持翠綠及機能超過一季生長季」的植物。廣義來說，長青是指維持「普遍及持續相關性」。這是我們在更長的人生裡需要完成的，我們必須確保健康及其他要務都更長久，以匹配現已更長久的生命期。過去的進步使壽命延長，未來的進步則在於如何改變老化方式，以充分發揮這額外時間的效益。

我在本書中將解說，長壽要務不只對個人也對全人類無比重要的原因。我將詳細描述長青課題要求的革新：人生及事業的規畫、醫療保健體系及財經方面的運作都需要改弦更張，對老年及老化的文化、哲學觀點也必須有地動天搖的改變。

　　我也想要矯正一個問題：生命延長如此重要，卻被太過忽視。更糟的是，當人們注意它時，卻被誤解為只涉及「高齡化社會」及老人變多。糾正這個問題並不受重視也被誤解，是寫作本書的主要動機之一。我們必須討論並建立的是長壽社會，而非老化社會。

　　我在倫敦商學院開一門全球經濟課程。上第一堂課時，我會要學生告訴我，他們認為在未來幾十年裡，將左右自己人生和事業的重大趨勢是什麼。我站在教室前，做勢拿著筆，準備在白板上寫下他們提出的趨勢。其實我不必等候，我知道他們一定會提到前兩個主題：人工智慧和氣候變遷。在勢必改變世界的各種力量中，這是政府、企業與個人目前都同意的兩大主力。

　　討論過此二主題後，學生就會提出各種各樣的趨勢。當他們的精力開始渙散，提出的議題減少時，有人會舉手說：「人口變化。」此時我會推一把，問他們這是指什麼，他們必然會說：「人口老化，老人變多。」語調平淡，並總是帶著負面意思。若是提起人工智慧和永續發展，對於急需如何作為以改進未來，會激起熱烈討論，可是談到「高齡化社會」卻引不起任何討論，一句「老人變多」就打上句號，彷彿老人增加顯然是壞消息，誰也無能為力。討論高齡化社會時，除了醫療費用不斷上漲、退休金危機、失智症、老人院以外，很少能再進一步。從沒有學生覺得這主題有趣，令人興致勃勃或具挑戰性，普遍的感覺是接受和默認，而非改革和因應。尤其大家認為，這是老人的問題，與提出看法的學生無關。

　　我希望本書幫助各位明白，從個人人生角度及社會觀點，長壽對未來，與人工智慧、永續發展同樣十分關鍵。若要避免未來的不良後果，高齡化同樣值得關注，也要求必須做同等激烈的改變。

　　不過長壽整體趨勢也有獨特之處，它是會改變周遭世界的力量，也是會深深影響每個人的真實情形，尤其是關係到你的人生，以及你如何因應壽命變長的未來。因此本書涵蓋個人與社會觀點，你不可能只考慮自己更長的人生，卻不思考社會需要如何調整。若要實現長青課題，拋開「高齡化社會」的說法，了解長壽要務這方面就很重要。

　　社會老化論鼓勵把壽命延長看成問題而非機會，由此產生老人太多、我們活得太久等有害的想法，把焦點放在生命終結之時，而非整個人生的活動；要求以資源滿足老人需求，卻不是支持年輕人為活得更久做準備。這使得世代衝突日益嚴重，造成老青對立。

　　這種論調也把人類最偉大的成就之一變成潛在噩夢。不為子女夭折、父母中年早逝的悲傷減少而慶幸，不為更多祖父母甚至曾祖父母能見到孫子而欣慰，反而視壽命延長為負擔。這不僅是有違常理地看待人類發展的一大勝利，還使我們對未來人生的展望趨於不必要的暗淡。

　　我們面對的真正挑戰，是因應人類情況的一大變局：**年輕人現在預期可活到很老**。因此我們必須緊握長壽要務，變得「長青」。我們要把重心放在創建為長壽做好準備的社會，並確保生活品質符合新出現的歲月，這是把握長壽帶來的機會的方式。本書將說明，為達此目的，個人與社會都必須做出哪些改變。

　　第一部概述長青課題，解說為什麼回答下列問題很重要：

- 平均壽命發生的變化、將來可能的走向，及長壽要務是什麼？
- 人如何變老，怎麼更好地變老？
- 長青課題為何現在如此重要，為何發出人類新時代的訊號？

第二部針對實現長青課題必須做出的重大改變，將探究以下問題：

- 如何改革醫療保健體系及個人行為，以確保延長後的人生是健康的人生？
- 如何支付長壽開銷、獲得長壽的經濟紅利，對個人事業有何意義？
- 為了避免財務危機，金融體系和你個人的理財行為要有哪些改為？

第三部著重於老化和高齡在信念、文化、心理上需要哪些轉換。討論的問題如：

- 如何在延長的壽命中找到目標，如何調適關於老化的心理和文化，放棄年齡歧視的假設？
- 在老人比例越來越高的社會，若年輕人面對無法支持他們長久生存的規範與體制，要如何做到世代公平？
- 妨礙達成長青社會的主要路障是什麼，如何克服？應採取哪些步驟以促進個人的長青未來？

數十年來，政府和決策者都知道重大的人口轉型正在發生，但高齡化社會轉移了對最迫切問題的注意力。我們的挑戰不在於如何處理將來日益增多的老人，而在於當前如何調適活得更久這件事。過去無所作為，意味著現在必須大刀闊斧求變，並且要快。

現在正是擁抱長青課題的時刻。

第一部

新當務之急

第一章

新時代

你必須證明知道自己在做什麼，你必須享有長壽，你必須留在這世界。

——大威廉絲（Venus Williams，美國職業網球女將）

　　我撰寫關於長壽的書，或許應該從討論我自己開始。我 1965 年五月在倫敦出生，那一年的大事有美國太空總署首次太空漫步，邱吉爾爵士的喪禮，美國民權運動者麥爾坎・X（Malcolm X）遭刺殺，披頭四發行專輯《橡皮靈魂》（Rubber Soul）。我對這些當然一無所知，我父母也不太注意這些當年的大事。他們為我的出生而喜悅，卻摻雜著悲傷，因為孿生兄弟大衛與我一同出生，但他才幾天大就夭折。貓王（Elvis Presley）知道得最清楚，失去的孿生兄弟從不會真正離開你。

　　我父母為新生兒夭折悲痛，在當時並不少見。1965 年的英國，最普遍的死亡年齡是出生第一年——不滿一歲的嬰幼兒，[1] 如今最普遍的死亡年齡是八十七歲。在改變人類生活的許多歷史變動中，這必然是最根本的變化。大衛和我如果生在今天，想必我倆都能存活。與雙胞胎兄弟一起生活將成為事實，那是我一直日思夜想的另一種人生。

這本書是關於長壽的變化如何使另一種人生得以實現。不論將來可能發生什麼事，根據人類過去的成就，當前所有年齡的人，都得為更長的壽命做規畫，這比只是準備更長的退休生活要考慮到更多，不亞於人類的新時代。

薩繆爾‧貝克特（Samuel Beckett）的劇本《等待果陀》（*Waiting for Godot*）中，有個角色黯然地宣稱，人類「生育在墳墓上，光明只閃現一剎那，接著又是黑夜」。那是二十世紀對英國政治哲學家湯瑪士‧霍布斯（Thomas Hobbes）形容十七世紀生活「齷齪、殘酷、短暫」做出的戲劇呼應。劇作家與哲學家的悲觀，反映出這一事實：歷史上大半時候，不論青年或老人都面臨即將死亡的重大風險。傳統上有許多時間都投入為來生做準備，原因或許在此。

可是由於必死的情況改善，這道光閃現得更久，把永恆的黑夜延後。在我一生中，英國人的平均壽命從七十一歲增加到八十歲，提高了九歲，美國人則提高七歲，從七十歲增加到七十七歲。這是相當可觀的成長，尤其英美並不特別擅長維持高壽命。像日本、西班牙等國的成長幅度更大，平均壽命也高出許多。

再者，壽命延長的不只是富國，目前全球平均壽命超過七十一歲。[2]但這些平均數值並未顯現要為活多久預做準備的真正幅度，據美國精算學會（American Academy of Acutuaries）指出，目前在美國出生的嬰兒，能活到九十五歲的機率超過 50%。[3]單單這一統計數字，就表現出目前正影響全人類生活劇變的本質。在人類數千年來的發展中，首次出現年輕人可預期活到很老的情況，這是了不起的成就。

當然歷史上不乏高壽的人。不過一百五十年前，平均壽命才四十歲不到，那悲哀地反映出嬰兒高夭折率的晦暗前景，但過去的年長者人數超出你的想像。只要你能活過危險的年幼期，就有合理的可能性活到四、五十歲，更有為數不少的少數人活到七、八十歲。所以二千多年前，羅馬哲學家西塞羅（Cicero）六十四歲寫的著名文章《論老年》（*On Old Age*）中，讚揚活到老的美好。

但要表達羅馬時期與今日的差別，或許適合改寫邱吉爾的這段話：人類歷史上，從未像今天有這麼多人活到這麼老。* 這在過去是少數人少見的結果，如今卻是多數人司空見慣的事，至少在高所得國家是如此。我們能夠活多久也在改變中，全球人口增長最快的是百歲以上老人。

所有這些都要求我們大幅改變生活方式。為明白其原因，且以我目前身為倫敦人的生活為例。倫敦是大城市，可是幾乎隨時有下雨的可能。我發現自己經常在查天氣預報，如果降雨機率僅 11%，我就不穿雨衣；如果是 36%，我可能帶把傘，但不帶雨衣；如果是 70%，我就會穿雨衣、帶雨傘。我要說的很簡單，此刻要採取什麼行動，取決於未來事件發生的可能性。未來下雨的可能性小，我不會有動作，可能性大時，我就會採取行動以獲得較好的結果。

我選擇這些百分比是有理由的，能準確描述我對氣象預報的反應，不過我是借用瑞典的壽命統計數據。[4] 1851 年，十五歲的瑞典人只有 11% 的機會活到八十歲，1951 年增加為 36%，到現在保守推測這比率達到 70%。我的論點是，降雨機率若到 70%，我們就要考慮穿雨衣帶雨傘，

---

* 編按：這段話的原文是：Never in human history have so many lived for so long as they do today. 改編自邱吉爾發表的演說，致敬不列顛戰役（又稱英倫空戰）犧牲的英國皇家空軍飛行員，他的原話是：Never in the field of human conflict was so much owed by so many to so few. 意思是：人類戰爭史上，從未有如此少人為這麼多人做出這麼大的貢獻。

若有70%的可能性活到八十歲，我們也需要為長壽找到同等的保護機制。當人類歷史上，年輕人首度可預期享有高壽，一切都會改變。

縱觀歷史，人類壽命都太短，無暇去思考晚年將面臨的挑戰。可是今天人類壽命已延長到祖先絕對無法想像的地步，這帶來雙重挑戰：如何度過那多出來的歲月？在老去前的數十年該怎麼做？當活到八、九十歲成為人生最可能的結果，優先要務就會不一樣。我稱之為挑戰，但那也是大好機會。

可是當我問人們對活到百歲的想法，他們無不回答，除非能活得健康，才想要活到那麼老，他們也提到擔心寂寞、無聊、多餘，這些是每個人對長壽前景共有的深層焦慮。會不會錢不夠用？會不會被身體背叛，身陷苦境？會不會被逼到角落，顯得多餘？

假設美國年輕人現在有五成機率可以活到九十五歲，這些問題與大家顯然密切相關，新的長壽要務應運而生：好好變老。我們必須像長青樹一樣，隨著時間推移和延長的一生中，持續茁壯，而且活得精彩。

好好變老顯然與維持還不錯的健康密不可分，但不止於此，你還必須對事業與財務做不一樣的管理，你需要思考在人生不同時期，你在哪裡會找到樂趣及目標，那代表要找出並投資於有益的關係。若想避免先失去健康、金錢、目標、人際關係的風險，所有這些準備都是必須的。

目前我們不夠看重預期的長壽幅度，來因應這些課題。當僅少部分年輕人有機會活到非常老，這可以理解，但現在情況改變，如果會活到超過九十甚至一百歲，就不能只是祈禱但願一切會有好結局。倘若我們最擔心的是活得太久卻不健康、與外界脫節、財務不穩定，現在就要改變，以避免那種命運。然而常見的錯誤是，認為老了才需要思考老年，到那時很可能已經太遲，因此長青課題需要我們改造所有年齡該有的作為。

進入新時代

我的立論基礎是，我們已完成一次長壽革命，多數人因而可預期活到很老。那推動我們走向**第二次長壽革命**，我們要改變老化過程，以回應壽命延長，這就是新的長壽要務。

第二次長壽革命對個人及社會非同小可，對全人類更是意義深遠。社會當然傾向於看重影響最多人、最迫切的健康問題。當 30% 的兒童在出生一年內夭折的時候，理所當然要以降低新生兒死亡率為第一優先。當對抗嬰兒疾病獲得進展後，重心便轉向中年及世界衛生組織定義的「過早」死亡：不到七十歲便離世。今天全球約有半數死亡發生於七十歲後（日本則超過八成）。人類對抗疾病之戰已進入新時代，當前的目標是打擊老年疾病。

這要改變對「過早」死亡的定義，但還有更多事要做。那代表不要把老化想成是逃避不了的事，而是可塑的，可以變慢，甚至延後。也不應低估年長者的能力，如果大多數人都有可能活到很老，我們的行為及變老方式，就必須與過往世代不同。

這是吸引我們朝第二次長壽革命前進的機會，並將帶領人類進入嶄新時代。年齡相關疾病與其他疾病差別很大，過去當醫治或治癒特定疾病獲得進展時，醫學便可轉向不同的挑戰。然而這種運作方式不適用於老化，我們越是能好好變老，就越想要更健康地活得更久。要是一般人注定八十歲時會活得不健康，對長壽可不是什麼好宣傳。然而要是能使八十歲時活得更健康，下個挑戰就是如何把那些好事延續到九十歲。當九十歲時能生龍活虎，下個目標就是活躍的一百歲。簡言之，我們正處於人類的突破時刻，如何變老及能活多久都會變得大不相同。

是長壽社會非老化社會

這麼說並不表示我們已接近達到永生，或改變必然來得很快。當前的醫學天才可成就什麼，人類生物學可允許多大進步，顯然有其限制，也有許多倫理及社會問題需要釐清，本書後面會加以討論。不過那確實代表會有更多資源，投向確保我們更健康地活得更久。

我們已看到這些力量在運作中：美國及以色列億萬富豪傑夫·貝佐斯（Jeff Bezos）及尤里·米爾納（Yuri Milner），2021 年以三十億美元投入阿爾托斯實驗室（Altos Labs），那是一家設於加州的生技研究公司，專精於回春療法，招募一群引人注目的科學家，研究可能延緩甚至反轉老化過程的細胞復原計畫。

嘲笑富豪尋找長壽仙丹容易，但更長久、更健康的人生，其價值對人人都事關重大。由於有機會更健康地享受長壽，這前景可能使數十億人轉向有助於好好變老的產品和服務。那不只是根本的新藥治療，還擴及我們的飲食、如何管理財務和教育、以及怎麼休閒。形成長青經濟的將會是數十億普通人的決定，而非僅是追求仙丹的億萬富翁。

但要實現老得健康，我們必須明白長壽要務的重要性，體認年齡是可塑的，不再低估老年的能力。否則就真有可能使缺資源、無生活目標、身體不健康一語成讖，而無法享有長壽、健康、積極參與的人生的好處。

可惜我們正走在前面那條難以持久的道路上。對生命延長的主要說法一定是指高齡化社會，即老人比例增加及人口年齡結構改變。這暗含著經濟走弱、退休金負擔增加、醫療費用飛漲、年齡相關疾病「海嘯」等令人沮喪的論調。

然而重點不該放在人口年齡組成的改變，而是老化方式的改變。並非高齡化社會不重要，或不致產生迫切的問題，老人增加可能需要更多照顧，這是各地政府與家庭要面對的實際問題，可是社會高齡化的說法掩蓋了較正面的課題：我們急需因應長壽要務的基本變化。高齡化社會引發的是如何支持老人變多的重要問題，相對而言，長壽社會與人人相關，它關係到如何支持我們現在面對的更長久的人生。

了解事實

為說明過去數百年的人口及壽命趨勢，我可以提出自己的家族史做例子，畢竟人口變化是所有力量中與個人最相關的。我的高祖父約翰·史考特 1825 年生於英格蘭東南部肯特郡，二十多歲時搬到倫敦。去年我在網路上發現他的結婚證書副本，上面將他列為勞工，簽名只有簡單的「X」。證書上透露他在帕丁頓（Paddington）某教堂結婚，距我現在的住處僅數分鐘車程，我必然經過那教堂幾百次，卻不知有這種連結存在。高祖父 1876 年過世，享年五十一歲。其子喬治 1859 年生於諾丁丘（Notting Hill），六十三歲時過世（據記載，是死在火車車廂）。喬治之子我祖父傑克生於 1889 年，活到七十五歲，1964 年過世。我父親也叫約翰，1925 年生於倫敦伍德格林（Wood Green），活到七十七歲。兩個約翰——我的高祖父和父親——恰好相隔一百年出生。史考特家的男性每一代都比父輩活得久，百年後壽命增加了二十六歲。

很神奇地，這正是人口的大趨勢。有兩位人口學先驅吉姆·奧彭（Jim Oeppen）與詹姆士·沃佩（James Vaupel）在具影響力的論文中，提出「最佳平均壽命值」（best practice life expectancy）概念，[5] 定義是，某一年在各國當中最高的平均壽命。隨時間演進，定義最佳平均壽命值的國家已經不同，1840 年時是瑞典，之後便在挪威、澳大利亞、紐西蘭、冰島、瑞士間輪流。目前平均壽命的優等生是日本，2021 年日本女性接近八十八歲（美國七十九歲，英國八十歲）。

　　奧彭與沃佩指出，自一八八〇年代起，最佳平均壽命值每十年平均增長二到三歲，因此史考特家族在百年間壽命延長二十六歲切合趨勢。平均壽命持續增加是人類最突出的成就之一。兩次世界大戰或 1918 年流感大流行等重大事件，雖必然使平均壽命降低，但那種影響只是一時，基本趨勢很快就會恢復正常。

　　我的家庭樹也反映另一主要趨勢：出生率降低。我祖父傑克是曾祖父母喬治與艾倫的七個孩子之一，我母親家有五個子女，父親家有三個，要是我的雙生兄弟大衛還在，我父母就有三個孩子，但現在只剩下妹妹和我二個孩子。

　　目前英美的整體出生率，已降至婦女一生平均僅生育 1.65 人。[6] 這代表的意義是，若無移民，英美人口將減少。法、德、義大利也是同樣情況，整體生育率目前分別是 1.8、1.5、1.2，南韓更低到僅 0.8。這是普遍現象，根據聯合國數據，從現在到 2050 年，全球有四分之一國家的人口會減少。

　　長壽加上生育率降低，導致家族人口結構變化很大。我的三個子女（我抵觸歷史趨勢）很幸運地都見過祖父母及外祖父母共四位。我見過三位，我父親見過二位，祖父只見過一位。的確有許多家庭不久就會是祖父母輩人數多於孫子女，中國和日本父母只有一個子女的家庭很普遍。若父母本身也是獨生子女，家族就會是祖父母四人、父母二人、孫子女一人，婚禮或喪禮上沒有姑叔姨舅，也沒有堂表親可邀請，節慶時禮物變少，也不會收到意料之外的遠房親戚遺產。這是高齡化社會版本的家庭。

　　全球人口結構向來呈金字塔形，底層有許多年輕人，上層的老人人數較少。如今金字塔倒過來，現在的形狀像大眾市場的郵輪，船身小，上面卻是越來越高的樓層。請看公認的中國極端例子：1950 年時，每一個六十五歲以上長者，有 7.5 個十五歲以下兒童，如今只剩 1.5 個兒童，到 2050 年會降到 0.5 個。

　　長壽、少子化、人口減少、老人多過年輕人，這四部分構成高齡化社會論的基石，如同啟示錄末日預言中的四騎士＊，這四部分似乎預示衰落和失去活力。其實一語道盡高齡化社會論的並非戲劇化的末日預言，而是詩人艾略特的警語，他說世界的終結「不是一聲巨響，而是低聲嗚咽」──大概還有喘鳴聲、咕噥聲之類的。可是所有這些陰鬱說法恐怕並不妥當，我們後面會談到，年老的實情有比這多很多的細微差異，我們有理由樂觀以待，但需要新的心態，所以我們要從討論高齡化社會及人口年齡結構改變，將重心轉向長壽及人生變得更長的探討。

我能活多久？

　　當我談起人人活到百歲的機率越來越高時，最先聽到的回應之一是，否定平均壽命在增加，即便在新冠肺炎疫情之前已是如此。這種回答的語氣令人覺得，似乎是平均壽命縮短才受歡迎，因為那可以解決高齡化社會的問題。如果人們是擔心活得太長，那他們對壽命減少一點也不擔心，便不足為奇了。

　　那麼平均壽命有沒有降低？簡單答：沒有。大多數人及大多數國家的平均壽命仍繼續增加，預期未來許多年仍是如此。換句話說，你可預期

＊ 編按：啟示錄中的末日預言提到，騎著不同顏色馬的四騎士將帶來瘟疫、饑荒、戰爭和死亡。

活得很久，比父母輩長，而且越年輕可預期活得越久。要了解其成因，必須先澄清一些誤解。

新冠肺炎對平均壽命有何影響？

撰寫這一段時，世衛組織最新的數據顯示，新冠肺炎在全球導致近七百萬人死亡，[7] 但一般普遍認為這是低估，比較可能的是二千至三千萬人。[8] 這是人命嚴重損失，必然會對平均壽命產生負面影響。2020 年二十九個高所得國家中，有二十七國因新冠肺炎平均壽命顯著下降，[9] 下降最多的是美國，平均壽命減少二歲多。整體來說這是二次大戰以來，平均壽命最大降幅，接近半數的富國過去五年的壽命增幅都被吃掉。重點在於這些降幅是否可能是永久性的。隨疫苗開始接種，疫情嚴重程度緩和，大多數受波及國家（美國例外）平均壽命在 2021 年都已回穩。[10] 北歐 2021 年回穩幅度夠大，平均壽命比起疫情前幾乎沒變，挪威甚至比疫情前高。

一次大戰、流感大流行及二次大戰後，也有同樣現象。每次都是平均壽命顯著下降，但後來證明只是一時的。原因是新聞頭條數字著重於所謂的「期間」平均壽命，這數字是以某年的死亡率來計算，用這種方式計算，顯然死亡率特別高時，平均壽命便會降低，當高死亡率的因素消失——戰爭結束或疫情過去——以期間來計算的數值就會恢復。過去的重大毀滅性事件不會長期影響平均壽命，而新冠肺炎趨緩，平均壽命可能恢復，原因便在於此。

復原的速度多快仍不清楚。全球 7.67 億新冠肺炎病例，將使許多人健康持續出問題。也有證據顯示，某些國家的醫療保健體系因疫情限制延後治療其他疾病，現在正為此所苦。

不過根據以往經驗，無論新冠肺炎的中、短期效應多令人憂慮，它本身不太可能長久阻礙平均壽命的發展趨勢。

人會活得更久嗎？

不過被新冠肺炎打斷的平均壽命趨勢是什麼？是否反正已開始下滑或持平？好消息是，大部分國家的平均壽命都增加，並普遍預期未來會繼續增加。比方根據世界銀行統計，新冠肺炎之前的十年，210 國當中有 202 國的平均壽命增加（例外的八國是汶萊、墨西哥、塞席爾〔Seychelles〕、聖文生〔Saint Vincent〕、敘利亞、土克凱可〔Turks and Caicos〕、委內瑞拉、葉門）。

連「最佳平均壽命值」（任何時間點平均壽命最高國的數值）在這十年間也增加（略多於一歲），顯示尚未到達人類壽命的極限。再者由於大多數國家落後於最佳值，所以仍有許多迎頭趕上的空間。結果是新冠肺炎前那十年，有 171 國成長得比最佳值還快。

平均壽命成長變慢而非降低

就這些全球趨勢來說，為何有那麼多人抗拒平均壽命增加的概念？理由之一是常見的對平均數與成長率統計有所混淆。許多國家的平均壽命持續上升，但成長率減緩。2010 年的前五十年，低所得國的平均壽命每年平均約上升三個月，可是 2010 至 2019 年成長率減半。

要了解減緩的原因，請想像一把共有五節的摺疊式望遠鏡。當全部摺疊時它最短，長度只有一節長。每拉出一節，長度就會增加。可是前三節全部拉出後，就只能靠第四、五節才能變長。

平均壽命也是同樣道理。增進一歲兒童活到二十歲（拉出第一節）、二十歲青年活到四十歲（第二節）的機率，平均壽命就會延長。可是當新生兒百分之百能活到六十歲，要再增加出生時平均壽命，就只能靠提高六十歲時的平均壽命。這正是高所得國家目前的實際情況。據 2020 年的數據，日本的新生兒有 99.6 % 的機率活到二十歲，99% 活到四十歲，96% 活到六十歲，[11] 如同望遠鏡的前三節已完全拉出。之前平均壽命增加是靠拉出望遠鏡各節，如今只能靠拉出第四、第五節，平均壽命因而成長減緩。

但若以為增加速度減緩，代表對長壽不必期望太高，那是大錯特錯。從長壽角度看，平均壽命增長並未減緩，只是到最老年時一定會放慢。其實有證據指出，就連最高年齡的壽命成長率仍會上升，[12] 就好像望遠鏡第四、五節拉出比以往快。

因此為生命延長做好準備，對每個人都是加倍重要。不要被平均壽命成長變慢的消息所騙，以為不再有要為長壽調整生活方式的問題。鑑於平均壽命增長的部分現在多集中於老年，我們反而更要加以重視。

英美的問題

不過許多人不接受壽命變長的說法，有另一個原因。2015、2016、2017 連續三年，美國的平均壽命下降（儘管極少），由 79.05 歲減少為 78.88 歲。到新冠肺炎影響的 2020 年及 2021 年降得更多，來到 76.1 歲。[13] 這些數據不容置疑，並指出一個關鍵問題，新冠肺炎前的下降，是否起因於美國特有因素？還是像許多其他美國輸出的東西，代表一種正在萌芽的全球趨勢？

一般來說，美國人也像其他高所得國一樣，仍可預期比過去世代活得更久。但美國的平均壽命不如其他富國高，而且差距越來越大，出現令人擔憂的趨勢。長壽要務對美國具有雙重重要性，美國也像其他國家，必須使延長的人生得最充實，但也需要把平均壽命拉到別國的水準。

近幾十年，長壽優等生與美國間的差距拉大，目前達到八歲，那是優等生持續進步，美國卻停滯不前的必然結果。美國落後的對象不只是優等生。美國的人均國民生產毛額（GDP）是中國的六倍，但中國的平均壽命現在已贏過美國。

美國相對落後，不是由於花在醫療上的錢較少。據世界銀行統計，美國每年的人均醫療支出近一萬一千美元，[14] 是高所得國平均支出約二倍。但擁有世上最好的醫院，醫療支出也最多，並不同於擁有最佳醫療保健體系或最健康。

更深入挖掘那些數字，能洞悉為何美國平均壽命落後。儘管 2015 至 2017 年新生兒的預期壽命略降，六十五歲與八十歲的預期壽命其實是增加的。2021 年又發生相同情況，也就是平均壽命減少不是因老年死亡，而是因為較年輕的死亡人數增加。

再進一步又可看出，美國的平均壽命多半決定於你在差距大得嚇人的社會地位光譜屬於哪一端。最富有的百分之一與最貧窮的百分之一，平均壽命的差異是男性十五歲、女性十歲。[15]

這兩項因素相加，形成普林斯頓大學經濟學者安·凱思（Anne Case）與安格斯·迪頓（Angus Deaton）所稱的「絕望之死」（death of despair），[16] 指因酗酒、吸毒或自殺的死亡人數增加，絕大多數是未讀大學的非拉丁裔白人 *。僅 2017 年，這類別的死亡人數就達 15.8 萬人，2020 年增至 18.7 萬人，即使在新冠肺炎肆虐時，仍占所有死亡人數約 5%。絕望之死提高中年死亡率，是美國平均壽命表現欠佳的一大主因。但非唯一因素，美國人也較可能死於肥胖、他殺、交通事故、嬰兒夭折。

　　悲哀的是我的國家英國，現在也出現平均壽命停滯的跡象，而不平等、絕望之死、醫療保健體系的壓力也都是原因。結果是未來的平均壽命要向下修正。預料平均壽命仍會增加，只是不如原先預測的多。

　　但把這些趨勢解讀為我們不再需要長壽要務，這是不對的。大多數國家的平均壽命都在增加。即使在英、美活得更久仍是常態，尤其教育程度及所得高的人會一直更長壽。

　　反而從英、美停滯的趨勢，我們可學到的教訓即平均壽命可塑，並受行動、環境、醫療保健體系效能影響，平均壽命可增可減。因此我們需要了解有哪些社會、經濟政策選項，不僅可支持延長後的人生，而且先要使壽命得以延長，並確保不只最富有者，而是人人都能長壽。

　　像美國這種富國，嬰兒和中年死亡人數增加，平均壽命落後中國及最佳值那麼多，這是重大問題。每當美國經濟步入衰退，GDP 下降，政府總會做出重大政策回應：降息，財政政策鬆綁。而針對美國平均壽命下降，政府也同樣需要主動出擊。美國人正錯失良機。

人類壽命是否有極限？

　　大多數國家的平均壽命若仍在增加，那顯然會出現一個問題，壽命究竟能延長到多久？為了解人類壽命可能受到哪些限制，我們需要轉向罕見的一件事：一則著名的訃文。焦點特別放在班傑明・岡珀茨（Benjamin Gompertz）身上，他生於十八世紀的倫敦。岡珀茨因信奉猶太教，無法

---

* 編按：非拉丁裔白人（non-Latino whites 或稱非西班牙裔白人 non-Hispanics whites）通常指使用英語的白人，包括歐裔、中東裔和北非裔等地的美國白人，而拉丁裔白人則指使用西班牙語的白人。

讀大學便自學,他是天資聰穎的數學家,這方面的成就使他成為斯皮塔佛德數學學會(Spitalfields Mathematical Society)會員。這學會根據很棒的一條規則運作:「若會員需要資訊,並向可提供的人申請,(該會員)有義務提供,否則罰款一便士。」

以岡珀茨所處的時代,他對早夭的風險十分清楚。他本人雖活到八十六歲高齡,卻經歷獨子約瑟夫十歲便夭折的悲苦。岡珀茨從數學尋求慰藉,成為人類死亡率專家,並當上新成立的保險公司聯合保險(Alliance Assurance,譯注:暫譯,目前已併入 RSA 保險集團)的精算師。他設計出計算人壽保險潛在成本的公式,使他的名字流傳至今,他 1825 年做出的死亡率模型被稱為岡珀茨定律。

死亡率隨年齡上升,不幸地年齡越大死亡機率越高。岡珀茨對人口死亡率的貢獻在於,他對死亡率的上升速度進行估算,尤其他主張死亡率隨年齡成倍數上升。「倍數」一詞很易於造成混淆,但簡單說,今日應用岡珀茨定律的結果,在童年後,死亡風險約每七、八年增加一倍。

年輕時如此加倍,沒有多少實際差別。比如今日法國的三十歲青年,死亡率是 0.05%(即死亡機率是 1% 的二十分之一)。[17] 到三十八歲這幾乎倍增,但仍只有 0.09%。但到九十歲,死亡率達 14%,到這程度增加一倍就很高。岡珀茨定律的結果無可迴避:要是死亡率隨年齡持續上升,則人可以活多久一定有極限。

岡珀茨定律雖是強有力的見解,可解釋死亡率的許多差異,卻不能解釋一切,譬如無法解釋嬰幼期死亡率較高。對死亡率是否真的隨年齡增加也是眾說紛紜,要是如某些研究顯示,死亡率會在 105 歲左右趨於平緩,又怎麼說?[18] 這不只是晦澀的學術辯論。若死亡率持續隨年齡上升,人類壽命必然有肯定的極限——那是人能活多久的上限。但死亡率若會平緩，就沒有可輕易算出的壽命限制。

要探討其緣由，請設想死亡率在 105 歲時達最高峰：35%，你慶祝 105 歲壽辰時，有 35% 的機率活到 106 歲，12.3% 的機率（35% 乘35%）活到 107 歲，0.5% 的機率活到 110 歲（那時你已是超級人瑞）。這例子清楚說明，目前很少人能活那麼久。其實現在變成億萬富翁（估計全球有 2,640 人），[19] 比成為超級人瑞（估計約八百至一千人）的可能性高。[20] 假使你極為幸運，你有約萬分之一的機率活到 122 歲。那是珍妮・卡爾門（Jeanne Calment）1999 年死於法國南部亞爾（Arles）時的年紀，使她成為最長壽的人，至少是有文件證明的最長壽者。她生於法國第三共和早期，當時的美國總統是尤利西斯・格蘭特（Ulysses S. Grant），英國首相是班傑明・迪斯雷利（Benjamin Disraeli）。她死時，法國第五共和已四十年，美國總統是比爾・柯林頓（Bill Clinton），英國首相是湯尼・布萊爾（Tony Blair）。這是長壽的特例。死亡率若在 105 歲時趨於平緩，儘管機率很低，你可能活得甚至比卡爾門還長，能活到 150 歲（若你有那麼幸運，很可能值得多上賭場，為這麼長的人生籌錢）。

儘管活到那麼老的可能性仍然微乎其微，但百歲人瑞越來越多，顯然打破卡爾門紀錄的機會變高。據聯合國統計，1990 年全球百歲以上的人瑞有 9.5 萬人，現今有超過 50 萬人，美日各約 10 萬人，法德各約 2.5 萬人，2050 年估計將達約 370 萬人。我們個人要比卡爾門活得久不太容易，但 370 萬人一起加入賽局，有人打破她的紀錄可能性就很高。岡珀茨定律如果對最老的老人不適用，就算科學無重大突破，我們也可預期卡爾門的紀錄被打破。

如何確定人類壽命的上限，從而發現人究竟能活多久，這問題很吸引人，可是從老年死亡率的走勢去推斷上限，問題重重。目前活超過 105

歲的人沒那麼多，使我們很難準確估計那個年齡的死亡率。而成為超級人瑞的人，或許是基因與較早逝的人不同，看來也不無可能。因此死亡率持平，也許是反映「適者生存」效應，多過死亡率到一定年齡真的變平緩。

依照當前醫學，活得比卡爾門更久的概率實在太小，因此對大多數人而言，更切身的問題不是人類壽命的外在限制，而是我們現在的平均壽命是否已接近某種上限。目前最佳平均壽命是八十七歲，比卡爾門的 122 歲還差得遠，顯然還有再進步的空間。最佳平均壽命確實還會繼續提升，而大部分國家仍在最佳值以下，這代表平均壽命若有限制，我們要達到它尚有一些距離。

仍有進步空間不表示壽命會自動延長。肥胖人士增加、抗生素抗藥性風險日高，加上氣候變遷，都是全球關切的議題，全是可能影響未來健康，甚至人類基本生存的真正威脅。不過此刻我們需要體認，人類尚未達到平均壽命的任何限度，仍有活得再更久的空間。

可是我會更健康地活得更久嗎？

在希臘神話裡，女神艾奧斯（Eos）愛上名叫提托諾斯（Tithonus）的特洛伊凡人（Trojan），她懇求宙斯把提托諾斯變成不死之身，卻忘記指明要永保青春。結果（因宙斯個性刻薄）提托諾斯永生不死，但身體持續老化。英國桂冠詩人丁尼生（Tennyson）寫下：「當令人憎惡的老年完全降臨在他身上，他不能動，也無法舉起四肢……她把他放在一個房間……他在那裡不停地嘀嘀咕咕，完全不再有力氣。」[21]

這故事的寓意當然是，許願的時候要小心。一直活著但身心破碎，可不是令人嚮往的未來。如果生命延長，而你最害怕的是最後變成像提托諾斯，那著重於好好變老的長青要務，便是你的當務之急。

　　潛藏在高齡化社會議題的背後，正是提托諾斯的命運。原因在於有大量年輕人會活到很老的新時代，將造成社會疾病的負擔出現重大變化。當人口多半年輕，嬰兒夭折率高時，傳染病是主要死因，但當越來越多人活到老年，危害健康的就變成非傳染性疾病，如失智症、癌症、糖尿病、關節炎、肺部與心臟相關疾病。據世衛組織統計，全球前十大死因中有七項（新冠肺炎前）是非傳染性疾病，占所有死因約四分之三。

　　非傳染性疾病有二個特點。一是如圖 1 所示，年紀越大越可能罹患。二是這類疾病往往是慢性的，也就是無法根治。這二特點相加會得出第三

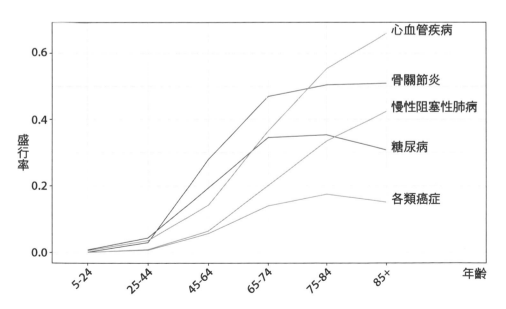

圖 1：美國 2019 年疾病年齡分布

（資料來源：全球疾病負擔〔Global Burden of Disease, GBD〕）

個：年紀越大，越可能同時罹患越多非傳染性疾病（這種情況名為「多重慢性病」）。

活得越久，勢必越可能罹患年齡相關病症。英國的癌症慈善團體CRUK估計，1930年出生的人，一生中有33%的機率會得到癌症，而1960年出生的人，罹癌機率可高達50%。慈善機構國際阿茲海默症（Alzheimer's Disease International）估算，每三秒鐘世上就有一人得到失智症，這代表當你讀到這一句時，又多出二個新病例。目前全球已有約5,700萬人患有失智症，多數在低、中所得國家，預計這數字在2050年會增至1.53億。[22]

四位祖父母輩（也有越來越多曾祖輩）都健在，無疑對家族是好事，卻可能帶來令人不安的負擔，有約四分之三的失智症患者是由家人照顧。美國阿茲海默症協會（US Alzheimer's Association）估計，由家人對長輩提供的無酬照顧，在2010年達140億小時。要平衡家庭義務與工作要求、休閒需要、其他個人私事，對許多人變得越來越不容易。

這些令人不快的統計事實，為未來變老投下陰影。但同樣地，仔細觀察事實也很重要，這會產生不一樣的觀點，甚至可能有理由感到樂觀。

失智症是可怕的疾病，病例不斷增加是嚴重的問題，但並非人人都會認知能力受損。一項對歐洲與北美數據的研究，估計八十五到八十九歲間，約有十分之一的人會得到失智症。這比例令人憂心，但仍代表那個年齡層有十分之九的人不會得。[23]

在此有兩個相關因素必須分開考量，一是染上疾病的機率。活得越久，一生中得病（尤其是年齡相關病症）的可能性越高，這因為活得久而增加的生病風險，可解釋失智症及癌症發生率變多的原因。另一因素是，不分年齡的染病機率。這方面有好消息，在任何年齡得到失智症的風險似在降低，每十年降低約 13%。[24] 由於壽命延長，得失智症的可能性增加，但不分年齡的失智症風險卻在下降，這是年齡可塑的有力例證。

同理，人一生罹癌的風險在增加，但許多癌症的存活率也在提高。美國 1975 到 2016 年，二十四種癌症中，有二十一種的五年存活率有進步。1975 年五年存活率超過 50% 的癌症患者僅有半數，如今是 75%。[25]

也不全是好消息。另一種年紀是重要風險因素的疾病是第二型糖尿病。人體無法有效分泌胰島素造成的糖尿病，已是全球十大死因之一，估計它會使死亡風險升高為二到三倍。1990 到 2017 年，全球的糖尿病發生率增加一倍以上。約十六分之一的英國人、十分之一的美國人目前患有糖尿病。

與糖尿病患者增加相關的是肥胖：人體累積過多脂肪。2016 年估計全球有 6.5 億成人肥胖，幾乎每十三個成人中就有一個，[26] 全球肥胖盛行率自 1975 年以來約翻了三倍。不只成人如此，1975 年時，五到十九歲兒童中約二十五分之一的人肥胖，現在是將近五分之一。

我們該如何應對所有這些看似矛盾的趨勢？活得越長，是否代表健康一般會保持更久更好？還是會健康欠佳地活得更久？好消息是第一個問題的答案是肯定的，壞消息是第二個問題的答案也是肯定的。雖然健康的歲月變長，但不健康的年數並未減少。即發病期（罹患各種病痛的日子）是在擴張而非縮短。

這是由於目前整體平均壽命增加的幅度，大過我們維持更久健康的能力，這等於要好好變老又有一項新使命。因此對付年齡相關疾病，是人人的第一要務，也因此個人需要認真思考運動、睡眠、壓力、營養。政府需要思考二十一世紀的公衛新倡議，目標在支持健康變老，尤其鑑於肥胖率上升、糖尿病盛行，更需要這麼做。生命科學領域為何對開發好好變老的療法興趣如此之高，原因也在於此。要是我們最大的恐懼是像提托諾斯的下場，那增進老年健康顯然應是最優先要務，我們必須採取長青步驟，改變老化的過程。

低估老年能力

長青觀點以改變老化過程為重心，而高齡化社會論的重點則是在人口年齡結構改變及老人比例增加，這些現象從未被當作好事。我們似乎已預先被制約，只能以衰敗看待老年，媒體照片紛紛強調皺紋、虛弱、孤單、脫節、失去人生目標，政府政策也不一定是助力，尤其帶著悲哀的名稱，如「老年依賴率」（old-age dependency ratio, OADR），這類數據會引發上述想法。

老年依賴率是六十五歲以上人口，相對於被視為工作年齡者（此處是指十五至六十四歲）的比例。政府官員的假設是，這比率越高，導致工作的人減少、養老金支出增加、醫療費用上升，經濟就越壞。於是無生產力、依賴、衰弱等負面假設，便成為政府政策的出發點，低估長者和晚年能力最好的例子莫過於此。這種定義違反富國就業人口成長多半是靠年長員工的事實，[27] 也忽略越來越多祖父母在照顧孫輩及老人從事慈善活動的顯著貢獻。[28]

無論是擔心變成提托諾斯，或擔心變成依賴老人，我們對老化都抱持負面成見。這種偏見令人啼笑皆非的是，有一項又一項的研究發現，老人比中年人快樂。圖 2 呈現的是美國數據，許多國家都是同樣的 U 型模式。[29] 看著圖 2 的數據，你一定不明白，快五十歲和五十歲出頭的人，將來有快樂的日子等著，為何還擔心變老。並非事事都會隨年齡衰敗，這份

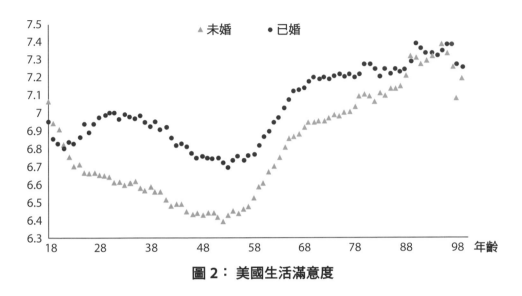

圖 2：美國生活滿意度

（資料來源：Danny Blanchfl ower and Carol Graham, "Happiness and Ageing in the United States," in David E. Bloom, et al. (eds.), The Routledge Handbook of the Economics of Ageing, Abingdon: Routledge, 2023）

數據圖是強有力的提醒。

　　這些並不意味著老人沒有問題，只是證明不該低估晚年的能耐。也由此導引出一個顯而易見的問題：如何運用長壽多出來的時間，減輕中年時的壓力。在高齡化社會必須支持老人，但長壽課題講究如何運用延長的生命，使自己在各年齡階段都受惠。

　　老年不見得對個人造成負擔，在國家層次也是如此。且看顯然相當令人黯然的老年依賴率，1922 年在英國是 11%，現在是 32%，預測 2050 年是 46%。令人驚訝的是，所有政府對未來經濟成長的分析，必然都從這比率增加的負面後果分析起，但沒有經濟史學者在解釋過去英國經濟成長時，會把甚至更高的老人依賴率當作重要因素。這裡有個重要的前後不一致：過去老人依賴率增加，不被當作經濟成長的重要決定因素，但將來的變化會被視為決定性要素。社會老化經常讓人聯想到的厄運感和晦暗感，根本沒有歷史紀錄可支持。

十九世紀法國社會學家奧古斯特・孔德（Auguste Comte）曾評論，人口統計學不代表命運。過去老人依賴率增加，並非經濟成長的主要推力之一，更加強這項結論。它告訴我們，儘管老人比例提高，若能使延長的壽命變得更健康、更有生產力，就可為經濟創造好消息，但若以老年歲月是負擔、是問題，從這假設出發就辦不到。我們必須要改變對老化問題的看法。

長壽是誰的問題？

長壽要務要求我們擺脫壽命變長只是老人的問題那種想法，我發現這是最難讓人們聽懂的觀點之一。

這類想法的例子之一是，人們普遍認為，低、中所得國家不必擔心老化，因為人口較年輕、老人人數較少，換言之，唯有高所得國家有社會老化問題。

高所得國家的老人確實比例較高，但總人口數卻是另一番景象。2020 年據估計，全球六十歲以上人口剛超過十億，其中僅約三億人在高所得國家，也就是說約有七億老人（世上老人的多數）是在中、低所得國家，而社會、經濟政策必須反映這種現實。

不過這仍是從高齡化社會角度去看現狀。若是從長壽角度去看，低、中所得國家的問題不在老人，而在年輕人，且看以下例子。德、美兩國目前年齡超過六十五歲的人口分別占 22% 與 17%，南非和印度只有 6% 與

7%，聽起來好像南非和印度的問題不大，這兩國有許多幼兒，沒那麼多老人。這裡傳達的訊息似乎又是只有富國的社會在老化。

可是到 2085 年，那些幼兒已長大，並已超過六十五歲。屆時南非會有 17% 的人在六十五歲以上，印度會有 24%，與今日的美國、德國差不多。南非和印度若等到現在的兒童變老，不先應對高齡化社會就太遲了，關鍵在於確保現今的兒童成為有史以來最健康的老人。

要是不把長壽課題當作優先要務，規範和體制無法解決老年相關問題，各國將陷入無止境的循環。**高齡社會的重點不只在老人，也在為年輕人做好面對未來挑戰的準備。**建立高齡社會的必要性，不限於富國或老人，那是全球所有國家、不分年齡所有人的首要任務。社會不僅需要因應人口年齡結構的變化，也必須出力協助改變老化過程。

第二章

我們如何變老

你無法選擇死去的方式或時間，你只能決定要怎麼活。

——瓊·拜亞（Joan Baez，美國著名鄉村民謠歌手、創作歌手）

　　我的外公外婆都很長壽，外婆瑞秋活到八十八歲，外公比爾活到九十一歲。我第一次見到他們那一刻，覺得他們好像很老，相信很多其他小孩對祖父母也有同樣的感覺，祖父母輩總是「老的」不是嗎？祖輩的定義好像就包括老。可是現在回想起來，我出生時外婆的年紀與我現在的年齡差不多。

　　我總是盼望他們到訪，可是我幼小的心靈是透過年紀的衰弱稜鏡看待他們。想起外公，很難不想到他用以輔助平衡的手杖，他們來家裡時，第一件事必定是讓老人家舒服地坐進靠背椅上，吃過午飯通常要午睡，最後總是由我們扶他們從門口走出幾步坐進載他們回家的車子。

　　但有時我也親眼目睹像是老化過程奇蹟般的反轉。外公的一技之長，是在英國古老的音樂廳彈鋼琴（難怪他的綽號是「飛指」）。他一坐在鋼琴前就變了一個人，彈奏讓時光倒轉到另一個地點和年齡的樂曲。他雙眼炯炯有神，被尼古丁染色的手指撫過琴鍵，口中唱著熟悉的老歌，娛樂全家。他當時快八十歲了，可是他唱歌時歲月的痕跡都不見了。我最近聽滾石樂團在倫敦海德公園表演時，總會想起「飛指」，滾石樂團已七十九歲的主唱米克・傑格（Mick Jagger）仍是跳躍閃電傑克（Jumping Jack Flash，譯注：滾石名曲之一），在舞台上左蹦右跳，洋洋自得。某個粉絲在社群媒體上說：「我四十歲，我沒辦法像那樣跳來跳去。」

比爾和瑞秋都很長壽，但二人晚年的經驗不一樣。比爾越老越虛弱，容易疲倦。可是他每天整齊地穿著三件式西裝，背心上掛著懷錶，帶著大得不可思議的白手帕輕撢灰塵和擦亮物品。他雖然體弱，但頭腦清明直到臨終。

瑞秋晚年罹患阿茲海默症，因此住進護理之家。她大多時候是平靜和親切的，但並非時時刻刻如此，因為病情持續奪走她的記憶，有時是品格，到最後她已不認得家人——她愛著也愛她的家人。

這些家族經驗充分對照了度過晚年方式。我幼年對「老」外公外婆及他們衰弱人生的設想，是對老化的負面角度。比爾自豪的外表和持久的音樂技巧，正展現好好變老的長青要務。但我們也要問一個關鍵問題：是什麼因素使瑞秋與比爾的經驗差別這麼大？若有辦法，怎麼做才能避免瑞秋的命運？

我這些記憶也強調，好好變老不只關係到健康和年齡相關疾病，長青課題的精要在於充分善用晚年，不要低估老人。所有這些都需要我們重新思考變老的方式。社會應改變對老人的態度，去除刻板印象。在這方面米克・傑格幫了大家一個大忙。擠進海德公園的洶湧人潮，吸引他們來看米克・傑格的，並非因為他已七十九歲。那無關緊要。真正有價值並吸引群眾的，是他突出的音樂成就及歷久不衰的表演技巧。傑格也許是特例，但他並非唯一七十九歲（或更老）從事激勵人心表演的人。一旦開始尋找這種人，你處處都看得到：藝人、媒體人、運動員、小說家、企業大亨和世界領袖。

　　重新思考老化方式，也要改變我們本身內心對老化的態度。我外公外婆是否比實際年齡老？我與外公在他晚年聊天時，他對我說，他從未料想到會活得這麼久，他不曾為難以想像的經驗真正做好準備。不過現在人們的期望變了，從今天開始，我們可以合理地期待活到九十歲。你希望如何老去，而好好變老究竟是怎麼回事？

老化是什麼？

　　縮小到最基本面，冒著說普通常識的風險，老化的定義很簡單：從出生到死亡之間度過的時光。但人生會隨時間改變，有些部分可指望隨年齡增加（如生活滿意度、經驗、自知之明等等），有些可能減少（如健康、記憶等等）。老化顯然是多層面的過程，但社會老化論傾向於著重健康，而且只重視消減部分，這必然會扭曲我們的看法。

　　以世衛組織的定義為例，描述老化是：「受多種分子與細胞損傷日積月累的影響，導致身心能力逐漸衰減，疾病風險增加，最終死亡。」[1]科學上無可批評，但精神上令人沉重，

　　這幾乎不是從經驗和智慧增長、達成的成就與體驗的失敗、得到與失去的愛、友誼與見到新生代出生的快樂來描述老化，反而是理性固執的醫學觀，以生物衰退過程並終至死亡為重點。英國小說家馬丁・艾米斯（Martin Amis）在小說《倫敦戰場》（*London Fields*）中提到：「同時，時間依然進行著千古不變的工作，讓每個人看起來和感覺起來像垃圾。」

上述文字是老化的技術性版本。

艾略特評論詹姆斯一世時期（Jacobean）劇作家約翰·韋伯斯特（John Webster），「十分著魔於死亡／並看見皮膚下的頭蓋骨。」[2] 社會老化論述也是執著於此。這屬於長久以來的一種趨勢：「老年」被日益醫學化。可是從醫學看老年，就變成以年齡相關疾病來定義老年，難怪老年從定義上看就是問題。那是長壽社會面臨的一個問題。

但對老年的態度並非向來如此。從一項很有趣的研究中可發現態度轉變的證據，那份研究分析過去 210 年的美國報紙、雜誌、書籍（文學與非文學類），超過六億字的資料庫。[3] 一八○○年代時，對老年的敘述是婚姻長久、戰時英雄事蹟、大家庭生活、個人榮譽，到二十世紀，重心轉向死亡、照顧、養老院、疾病、失能。

因此過去二百年，老人人數增加，年輕人活到老的可能性提高，但我們對老化的看法變得較負面。如何解釋這二種不一致趨勢？是否因為傳統上老人較少，物以稀為貴，使他們較受敬重？是否因為醫學找到不只是適者生存的方式，使更多人活下來，卻不一定健康？

為把握壽命延長的各種機會，長壽要務要求必須處理這種消極態度。我們必須承認，並非事事都會隨年齡走下坡，然後找出方法，支持還要更長遠、更積極參與的人生，不過這也需要直接處理對健康變差及年老的恐懼。後者便是本章的主題。

面對那些恐懼，我們需要認真檢視人實際上是怎麼變老的。死亡風險每年如何變化？年紀大以後，預期健康會出現什麼狀況？有了這些問題的答案，就可評估那麼害怕變老對不對。但還有更加重要的一件事可做，就是著手找出「更好地變老」的真義，這攸關重大，否則長壽要務就只是含糊其詞的陳詞濫調。

　　了解人如何變老，也有助於開始討論真正關鍵的主題，那是長青課題的基礎：怎麼做才能更好地變老？每當我告訴別人我正在研究長壽，對方都會眼睛一亮，靠過來問我：「祕訣是什麼？」我沒有什麼魔法，卻有一些重要且可靠的手段，能讓人更好地變老。

死亡的徵兆

　　據英國政府的數據，我這年齡的英國男性平均壽命是八十四歲，等於 4,368 週，目前已過去 3,000 週，還剩下 1,368 週。那是該嚴肅以待的事。要計畫明年夏天的度假嗎？屆時又將過去 52 週。寫這本書呢？再減 104 週。十年內我想做什麼？到那時我的生命只剩下 848 週，所以我最好認真選擇。

　　這種前瞻式作法是度量**死亡年齡**（thanatological age）或說預期年齡 prospective age），也就是**可預期的餘命**（以我來說是二十七年，即 1,368 週），與一般按時序（從出生到現在的歲數）計算年齡形成對比（寫作此書時我五十七歲，等於略少於 3,000 週）。老化有如羅馬神話中面向起點和終點的兩面神雅努斯（Janus），他同時看著未來與過去。因此時序年齡相同，但死亡年齡不同的二人，行為可能有天壤之別。無論你現在幾歲，來日越多，越需要為日後的健康、技能、目標、人際關係投資。**現年五十七歲，預期可活到七十歲的人，跟預期可活到八十四歲的人，行事作為會很不一樣。這種前瞻非回顧式觀點，是長壽社會的重要特徵之一。**

　　知道自己正邁向生命終點，是我們害怕變老的原因之一，隨著時序年齡增加，死亡年齡便減少，當然我們無法確知還剩下幾年。時序年齡是事實（儘管人們常謊報年紀），但死亡年齡卻只能估計。由於死亡率隨年齡提高，年齡越長就感覺越接近終點。

　　所以好好變老的方式之一，是降低所有年齡層的死亡率，這麼做將使死亡率年齡提高，贈予你我更多時間。圖3顯示日本女性死亡率（在某年齡死亡的機率），隨時間進步很大，死亡曲線越來越向右移。於是2019年九十歲的死亡率，與1983年八十四歲，或1947年七十八歲相同。以此來看，九十歲是新的七十八歲。

　　從圖3可看出，以往的死亡率變化很大，就像前面的折疊式望遠鏡比喻，年輕族群的死亡率如此接近於零，未來再要進步，主要將由減少七十歲以上死亡率帶動。

　　第一次長壽革命就由此開始，緊接著是第二次革命。聖經‧詩篇90的名句：「我們一生的年歲是三個二十加十。」歷史上也一直自然假定

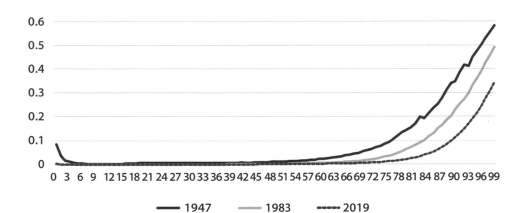

圖3： 日本女性死亡率

（資料來源：HMD, Human Mortality Database: Max Planck Institute for Demographic Research (Germany), University of California, Berkeley (USA), and French Institute for Demographic Studies (France). Available at http://www.mortality.org）

七十歲為完整人生的長度，世衛組織對早逝的定義是不到七十歲就離世，是當代對那種想法的呼應，七十歲後顯然就該聽天由命。

第一次長壽革命使 92% 的日本女嬰現在可預期活到七十歲，1947 年時僅 40% 可以，這是很了不起的成就，但並未挑戰我們對人類壽命的觀念。讓兒童能活到成年，似乎是人類自然而然的進步，延長中年人的平均壽命可預期活到七十歲，好像也是如此。然而有 92% 的日本女嬰，現在可預期活到七十歲，第一次長壽革命已達成——使多數人活到三個二十加十歲。

隨著最高年齡層的死亡率持續下降，第二次長壽革命正進行中。這次革命更為徹底，因為它提高活到百歲的可能性，也深深改變我們對生命長度的看法。目前在日本，七十歲的人有十分之一可望活到一百歲，我們正遠遠超出三個二十加十。

第二次長壽革命令許多人不安。它挑戰我們對身而為人的觀念，嬰幼兒及中年死亡率下降不會引起這種感覺，然而活到百歲或更久，感覺上像是要推翻對人類的定義。這種局促不安感因老年學的進展而更嚴重，老年學研究的是老化的生物學，這新興的研究領域近幾十年進展快速，目前在實驗室裡，延緩多種動物細胞的老化已成為例行實驗。

鑑於當前的主要死因是年齡相關疾病，老年學就很重要，要是可延緩老化，就能再大幅提高平均壽命。據估計，完全消除癌症只會增加平均壽命約二歲，[4] 因為癌症只是年齡相關疾病之一，若活過癌症，還是有很高機會出現心血管疾病、失智症、其他年齡相關疾病。可是如果能夠延緩老化，所有這些病症就會延遲，使八、九十歲的死亡率大降。因此第二次長壽革命與第一次差別很大，前一次是讓多數人活到老年，這一次將是改變老化方式。

　　死亡率降低，使更多人預期可活到百歲以上，人們對此感到擔憂的表現有很多種。其中一種顧慮是，人如果活得太久，社會將由很老的人治理，這會導致創新及活力不足。借用特斯拉老闆伊隆・馬斯克的話：「我認為不該設法讓人們活得很久……（人）若不死，我們將無法擺脫舊思想，社會也不會進步。」[5]

　　馬斯克這句話也包含另一種對死亡率再下降的重大不安，其中提到「（人）若不死」會引發永生問題。每當討論壽命又再延長時，立刻快得驚人地出現關於永生的話題。死亡率改善使活到百歲的可能性增加，與獲得永生差距十萬八千里，就好比只要談到打破尤塞恩・博爾特（Usain Bolt）的百米短跑世界紀錄 9.58 秒，就一定要討論到人類是否有一天會飛才結束。悲觀的社會老化論認為老化已是定局，反方則認為年齡可塑，我們可選擇永生不死，許多關於老化的公開辯論在這二者間翻轉。若希望改變一些，使我們好好變老，就別太聚焦極端，多把重心放在長青人生的中道上。

　　另一個平均壽命越來越長引起擔憂的來源是基於老死的概念，在某方面是合乎「自然」且無可避免的，所以不宜介入。也就是說，有一種觀念認為讓人人都活到七十歲是自然的，但再努力讓人活得更久就不自然。世衛組織區分出早逝定義，就散發著這種觀點。

　　第一次長壽革命是極好的醫學介入所達成，大大降低染患許多疾病的風險，如斑疹傷寒、天花、霍亂、傷寒、結核病、猩紅熱、麻疹，也由於治療心血管疾病及癌症的長足進步。我們對這些成功已習以為常，因此現在認為經歷老年不奇怪、是自然的。

　　當然有一度人們勢必覺得感染猩紅熱或天花的人多半會死也在所難免（天花 30%，猩紅熱 20%）。歷史上任何年齡的死亡率都很高，反而活到老年再死被視為不自然，那是十六世紀法國思想家蒙田的看法，他認為：「死於年老是罕見的死，獨特且偏離常規，因此比其他的死不自然。」因傳染病而死是「自然」，但老死不是，這也是巴西裔英籍生物學家彼得・梅達沃爵士（Sir Peter Medawar）的看法，他曾因組織及器官移植的研究獲諾貝爾獎，在他看來，活到老唯一的方法是，「經由最不自然的實驗，以保護動物免於一般生存的危險來延長生命。」[6] 這正是第一次長壽革命的成就。因此第二次革命若要成功，我們切不可落入認為老化是在所難免的陷阱。

健康如何隨年齡變化？

另一種好好變老的方式，是不降低任何年齡層的死亡率，但享有更久更好的健康。故美國總統甘迺迪曾說：「偉大的國家只是延長壽命還不夠，我們的目標必須是賦予多出的歲月新生命。」[7] 以這種方式好好變老，就是要**延長健康平均壽命**，縮短它與一般平均壽命的差距。以繼續降低老年死亡率來促進好好變老，會令某些人不安，但若是壓制染病率以促進好好變老，即縮短健康平均壽命與一般平均壽命的差距，表達保留意見的人就很少。

了解人如何變老的重要性日增，激勵了全世界的研究人員，其中有很多已建立五十歲以上的數據資料庫，以增進對老化過程的認識。我本身與英國老化縱向研究協會（English Longitudinal Study of Aging, ELSA）合作，自 2002 年起已蒐集一萬八千多人的數據。我可以作證，這些關於能力隨年齡變化的數據多麼有趣且資訊豐富。

世衛組織的定義強調老化的累積性質，在老化縱向協會可看得很清楚。2016 年記錄的研究結果有：約十六分之一的參與者五十五歲時曾經得過癌症，六十歲是九分之一，七十四歲是五分之一。健康確實會隨年齡惡化。

協會也研究認知功能。接下來請專注，我要開始小小的測驗。請把這本書交給另一人，請他唸出本章注釋 8（第 273 頁）的十個詞，[8] 然後寫下你能記得的字詞，越多越好，再回到本頁。

你的成績如何？據協會統計，五十五歲到六十歲平均可記得 6.5 個字詞、七十四歲 5.6 個、八十歲 4.7 個、九十歲 3.8 個。若你對自己的成績感到失望，別擔心，有許多證據顯示，包括閱讀或記憶遊戲等認知活動，可改進你的成績。已經有研究發現，閱讀可延後阿茲海默症發病最多五年，[9] 是年齡可塑的又一個例子，也是繼續閱讀本書的絕佳理由。

這些都很有趣，但老化是多方面的過程，需要更廣的測量標準，才能全面掌握生理和認知能力。其中之一是設立「衰弱指數」（frailty index），[10] 如協會數據會問參與者許多不同的問題：無法步行一百碼？爬不上一段階梯？穿衣有困難？是否有過高血壓？是否覺得孤單？依回答「是」的總數除以問題總數，就得出衰弱指數。如果四十題有二十題答「是」，衰弱指數就是 0.5。指數越低，代表身心能力越好。

當提出的問題夠多，衰弱指數預測死亡的風險就比時序年齡準確。[11] 所以衰弱指數是年紀大時，對細胞衰退程度影響體能情況的有用摘要。

圖 4 顯示歐盟十國七萬人得出的衰弱指數。[12] 歐洲人平均每一歲衰弱指數上升約 2.5%。起先衰弱指數低，上升可不必在意，但久而久之開始變高，總是每年上升 2.5%，但早期的 2.5% 數字比後來要小。

所有這些平均數潛藏著人類生命榮光的多樣性：有人幸運地到八十歲還老當益壯，有人六十歲就要坐輪椅。英國最健康的九十歲老人（前

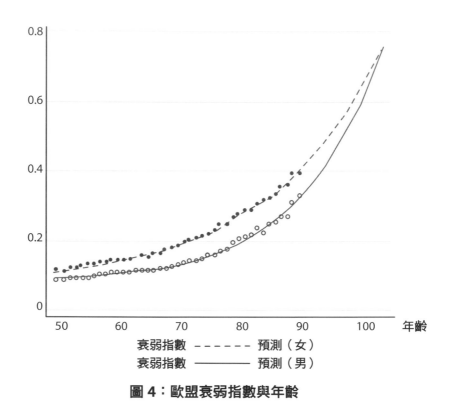

圖 4：歐盟衰弱指數與年齡

（資料來源：Ana Lucia Abelianksy and Holger Strulik, "How We Fall Apart: Similarities of Human Aging in 10 European Countries," Demography, vol. 55, no. 1, 2018, 341–59）

10%），衰弱指數不到最衰弱的五十歲（後 10%）的一半。同樣七十歲前 10% 的衰弱指數，比五十歲的平均指數低。

　　這種多樣性使我們不得不承認，並非每個人的老化方式都相同，也告訴我們，從年紀而來的刻板印象不正確。這對社會老化論而言是一大挑戰，因為它假定超過六十五歲的人都依賴外界、無法工作、健康狀況差，而六十五歲以下的人都相反。多樣性也指出，老化或許遠比我們想像的更可塑，健康的七十歲比一般五十歲的身體還強健，不可能只是運氣好。長壽要務的根本精髓便在於此，怎麼做才能增加成為健康七十歲的可能性？

好消息是隨死亡率改進，有證據顯示，美國、歐盟、英國在健康與衰弱度上，老化得較好。[13] 估計美國的衰弱率，每晚生一年約進步百分之一，即 1958 年出生的六十歲，比 1957 年出生的六十歲，衰弱人數約少百分之一；1950 年生的美國人相較於三十年前出生者，不但預期壽命更長也更健康。

年長者健康進步，衰弱降低，背後的原因何在？深入挖掘老化縱向協會的數據，顯示主要進步領域與行動力及日常生活能力有關，如穿衣、洗浴、做飯等等。這是好消息，反映出保持晚年行動和活躍的重要性，以及以科技和更佳設計促進行動力的重要性。我們也發現心理健康及認知功能有進步的證據，部分原因是有越來越多老人的教育程度提高。

進步較少的部分是，如癌症、糖尿病、關節炎等的發病率增加（即使存活率普遍有改善）。由此可以看出，像少吸菸等行為改變雖然使情況改善，但被如肥胖增加的負面變化抵消。我們也看到，現代醫療保健體系在保命上較為成功，在減少疾病發生方面則否。

正是在年齡相關疾病部分欠缺進步，使老化生物學如此引人興趣。歷史上有一長串人物，不論是認真從事或招搖撞騙之徒，都致力於尋找哲學家之石，這是長生不老的關鍵，也是中世紀煉丹術的主要象徵。[14] 連史上最偉大思想家之一笛卡兒，在四十多歲時也決定把研究重心從哲學轉向老化，可惜未有多少進展，他就在五十三歲時死於肺炎。

克服老化過程的想法向來很吸引人，可是當大多數人現在都可預期活到老年，這主題就太重要，不可聽任江湖術士和空想家大放厥詞。我們並非追求長生不老，而是想要了解人為何會變老及怎麼變老，希望從中發展出療法，善用年齡可塑，減少年齡相關疾病發生率，進一步拉平衰弱曲線。改變行為可以使人更好地變老，但要達到巨幅縮小發病率，則有賴科學進展。

好好變老是什麼樣貌？

海明威以鬥牛為主題的小說《姿似朝陽又照君》（*The Sun Also Rises*，譯注：又譯《太陽照常升起》），其中有個人物解釋他的破產二部曲是：「漸進，然後突然」。談到老化，這是很有用的比喻。世衛組織的老化定義提到：「多種分子與細胞損傷日積月累」。且把人體看成是許多零件組成的相互關聯體系，每一個零件都會累積損傷，但速度不一定相同，最後當損壞到達一定程度，有一兩個零件開始失去功能，人體還可以適應。但當越來越多零件失靈時，有更多壓力會轉移到其餘零件，加速它們衰亡。結果就是老化「**漸進然後突然**」。

這模式在死亡率上看得很清楚。人生大半時候死亡率不高，細胞破損是累積的（也許從白髮開始出現起……），但尚未到嚴重程度，隨著年齡增加，累積的損傷遍及多個零件，導致死亡率顯著上升。岡珀茨定律就訂出上升的模式：每七歲左右死亡率增加一倍。小數目的兩倍還是小數目（「漸進」），可是倍增足夠次數後，小數目就變成大數目，而大數目的兩倍就大很多（「突然」）。

「漸進而突然」模式也顯現在衰弱曲線上，起先曲線平坦，然後隨年齡越來越陡。老化一直在進行，速率百分比也相同，但唯有在累積到身體變衰弱才較明顯。這種「漸進而突然」本質，可解釋儘管老化是一輩子的過程，我們為何卻總是把老化與生命終結連在一起。唯有當「突然」部分開始時，我們對老化過程才最有感，好比船隻撞到水面上的冰山才會發現它。冰山一直藏在水下，唯有面對最顯著的部分，你才知道它的存在。

根據「漸進而突然」模式，我們可設法透過兩種方式好好變老。一是降低所有年齡層的死亡率和衰弱率，**使漸進部分變得更慢**。這會拉平衰弱與死亡曲線，有效地讓我們保持年輕更久。2019 年美國八十歲女性的死亡率，等同於 1933 年的六十八歲女性，或 2030 年的八十歲，預期會有 2020 年七十二歲的健康狀況。就死亡率而言，「八十歲是新六十八歲」，以健康而言，「八十歲是新七十二歲」。儘管我們十分害怕變老，但我們現在正更好地變老。

除了使漸進的部分更慢，還有一個方法可改進老化方式：**使突然這部分更突然**。這看似矛盾，你很可能認為，更好地變老應該代表老化變慢不加速。奈・沙馬蘭（"M. Night" Shyamalan）導演的 2021 年的電影《詭老》（Old），劇中人發現他們來到的海灘由於附近的電磁物質，使他們每半小時就會相當於老一歲。《詭老》是驚悚片，加速老化不能看作是好好變老，而是恐怖的經驗，因為他們還年輕，是提早衰老。那老得更突然為何算是改善老化的方式呢？

以衰弱為例。我們可盼望最好的結果是一生都身體健康，使健康平均壽命與一般平均壽命相等。要做到這一點，借用紐約愛因斯坦學院老化專家尼爾・巴齊賴教授（Nir Barzilai）的話：必須「**活得長，死得年輕**」。若覺得這說法不清不楚，請想成是使好好變老等於一生健康的二個必要步驟。步驟一讓衰弱曲線變平緩，就能終生身體健康。縮減罹病率，令健康平均壽命接近一般平均壽命就靠這一步。但年老時要達到這目標必須快速，這是好好變老的第二部分，否則就又回到晚年健康江河日下的情況。

　　健康狀況將日益惡化，生命卻越來越長，對此未來感到不安的人，其實是在暗自支持讓漸進階段變得更慢、突然期變得更突然，來改進老化方式。再回到伊隆·馬斯克。他接受《紐約時報》記者安德魯·羅斯·索爾金（Andrew Ross Sorkin）訪問時表示，他不是很提倡長壽。「我確實認為，生活過得好再活得久比較理想──我們想要解決老年時可能發生的問題，如失智症，這很重要──可是我不知道，我絕對不想長生不死。」當問到他想活到幾歲時，馬斯克答：「大概到活得好的一百歲。」[15] 這是對好好變老的完美敘述，把死亡和衰老惡化的漸進階段變得更緩慢，使我們更健康地活得更久，也要把突然期變得更突然，到一百歲就死，不會久病纏身或對死期不確定。要是死亡率一直很低，到一百歲時才大升，**要是良好健康可維持很久，到臨終才快速惡化，那我們就可計畫長壽人生**，並終生享有健康歲月。當然健康活到百歲的馬斯克或其他人，是否仍熱中於突然變老，或寧可把漸進部分延後更久，就是另一回事了。

好好變老的意義

　　抱持這些對老化方式的描述，和關於好好變老「死亡／衰弱」及「漸進／突然」的意義，現在我們可以退一步，整體評估長青課題對如何看待人生會產生的某些重要結果。

- **時序年齡**：長青課題要求改變我們變老的方式，這直接挑戰社會老化論，包括對老年的整體概念及認定老人一成不變的想法。長青課題也指出，需要改變以時序年齡為思考老化的關鍵概念。時序年齡是向後看，錯失了壽命延長多出來的歲月，也無法考量到這如何影響我們的決策。時序年齡也不可塑，但變老方式可以。時序年齡也許是易於計算的客觀事實，但從長青角度看，它並非思考年齡最有用的方式。我們必須更重視死亡年齡（可預期再活幾年）及生物年齡（反映隨時間過去身體受損傷的程度）。

- **終生健康**：一旦「突然」階段開始，就很難處理老化，因此維護身體的重點勢必放在延長「漸進」部分。照顧不健康的老化人口的需要當然很要緊，但那不是很有效的改善老化的方法，我們必須從很年輕時就思考怎麼健康地變老，我們必須更重視早期預防，而非後期介入治療。

- **遞迴**：老化是一個遞迴（recursive）的過程，意思是目前的作為會影響未來的狀況。如果你想六十幾歲時好好變老，最好以相當健康的狀態迎接六十歲，這會受五十幾歲時的行為影響，當然五十幾歲會受四十幾歲的影響，以此類推。有一項對一萬名英國公務員的研究，結果發現首次多病齊發的年紀越輕（有一種以上可能威脅健康的狀況，如高血壓、糖尿病等），將來得失智症的風險也越高，[16] 每延後五年出現這類狀況之一，失智的機率便下降 18%。別等到六十幾歲才想到要好好變老。

- **優於平均值**：老化的遞迴性質具重要涵義。老化若是健康緩慢的衰退，那為未來保有越高的健康水準越好，五十歲時健康合乎一般標準很好，但成為五十歲裡最健康的一員更佳。長青課題要求所有年齡層都更重視健康，有趣的是，活得越久，早期更健康越是值得。

- **要健康不要病痛**：由世衛組織負責國際疾病分類（International Classification of Diseases）有些諷刺，負責健康的組織肯定不該如此看重疾病？對世衛組織的生物老化定義及強調衰退的衰弱指數，同樣可批評它重視負面層面。

長青課題把好好變老向前推進一步,不談負面而是正面部分,最佳的成果就是使衰退的漸進階段慢到不會發生。這句話相當拗口,「減慢衰退」,有負負得正的意思,不如說長青課題就是**保持更久的健康**,那簡單多了,畢竟其用意就是如此。我們認為老化是自然的,所以經常區分健康與老化,反之,我們要單純地把老化想成是關於健康。

心理學家馬丁·塞利格曼(Martin Seligman)及米哈里·契克森米哈伊(Mihaly Csikszentmihalyi)以批評自己的專業太著重於精神疾病而出名,他們強調重點應放在正面心理學,及研究如何維持並促進心理健康上。要推展長青課題也必須對醫療保健體系採取類似措施,健康絕不只是消除疾病。

世衛組織在 2021 年展開「健康變老十年」(Decade of Healthy Ageing)活動,目標定為:「持續進行培養並維持帶給老年安康的能力」。這是重要的轉變,把老化當作健康的一環,而非以疾病定義老化。強調要好好變老,就必須充分善用額外增加的歲月。對抗年齡相關的疾病有其必要,但促進整體人生的健康、目標、參與才是重點。

* **不平等**:年齡可塑是令人備感信心的想法,但這必然導致以下結論:社會的不平等將反映在老化上。英國同為五十歲的人相比,教育程度是大學畢業的人,其衰老指數比十八歲前就離開學校的人約低35%。[17] 原來低收入或低學歷者的老化並不緩慢,長青社會必須處理這種不平等。

該怎麼做才能好好變老？

現在你很可能已得出簡單但有益的結論，可稱之為長青結論。它來自以下的邏輯三段論證：

大前提：我現在有可能進入老年。
小前提：我對活得久最大的恐懼是老年很辛苦。
長青結論：我**現在**就需要採取步驟，最大限度使我好好變老。

這簡單的邏輯推論帶出一個顯而易見的疑問：為了能好好變老現在該怎麼做？每當別人發現我對長壽的興趣時都會問我這個問題，它也是越來越多線上文章的主題。不只主流媒體幾乎每週都提供關於營養、運動、睡眠的建議，網路上也有活躍的社群對新出現的長壽「駭客」（hacks）感興趣。網路上熱烈討論潛在抗老化藥物如雷帕黴素及二甲雙胍的相對優點時，常出現這類藥品。

雷帕黴素是很有意思的藥，1965 年由復活節島土壤樣本中發現的細菌研發而來，廣泛用作器官移植的免疫抑制劑，在長壽駭客間也引起許多用於抗老化治療的希望。二甲雙胍是 1922 年開發出的藥，來源是紫丁香，廣泛用於協助糖尿病人穩定血糖，在尋找促進健康老化一般療法的人當中也很流行。雷帕黴素和二甲雙胍都是處方藥，不過有許多保健補充劑也日益受到青睞，如白藜蘆醇（resveratol）、亞精胺（spermidine）、NAD（菸鹼胺腺嘌呤二核苷酸）、NMN（菸醯胺單核苷酸），全都宣稱具有協助延緩老化的各種功能。這些先進的療法聽來令人振奮，其中有些未來可期，但對長壽的益處至今未獲證明。

不過我們無須祈求有人發明奇蹟藥丸，或是花錢在尚未證明的療法上，我們也可做得比美國老牌喜劇演員露西兒・鮑爾（Lucille Ball）的忠告更好：「保持年輕的祕訣是誠實生活、細嚼慢嚥，還有謊報年齡。」有許多我們知道有效且現在就能為好好變老而做的事。根據最佳估計，長壽與老化方式有 15% 到 30% 是基因因素，這統計數字太特別，值得停下來思考其意義，它告訴我們年齡可塑，有許多方面可由個人行為及環境加以影響。

我們進入有史以來首次需要重視好好變老的新時代，但矛盾現象之一是，我們尋求解方時，往往直接訴求新奇的、可能創造奇蹟的療法，可是目前最佳的保健建議有許多根本不是新的，只是反映千百年傳下來的基本智慧。

這是世上有些地方特別令人感興趣的原因之一，那些地方似乎破解了長壽要務：即所謂的「藍區」（Blue Zones）。據丹・布特納（Dan Buettner）的研究，藍區包含全球五個百歲人瑞比例特別高的地區：義大利薩丁尼亞島（Sardinia）、哥斯大黎加尼科亞半島（Nicoya Peninsula）、希臘伊卡里亞島（Icaria）、日本沖繩島、美國加州聖貝納迪諾谷（San Bernardino Valley）羅馬林達鎮（Loma Linda）。

這些長壽香格里拉之地是可貴的個案研究，也是 Netflix 近期紀錄片的靈感來源。* 這五地共同的特徵（體能活躍的人口、高度使命感與群體意識、植物性飲食等），可能是如何好好變老的指標。你甚至買得到藍區

---

* 編按：此系列紀錄片的繁體中文版片名《長命百歲：藍色寶地的奧秘》，Netflix 於 2023 年八月底上線。

食譜，裡面提供伊卡利亞葡萄葉包飯和加州穀物粉鬆餅的作法，假如你喜歡穀物鬆餅的口味，那立刻行動到廚房做起來。然而如果是為長壽而吃這些飲食，請注意有些批評者認為還有另一個共同因素可解釋為何藍區有那麼多百歲人瑞：紀錄保存欠佳。據國立澳大利亞大學資深博士後研究員索爾・賈斯汀・紐曼（Saul Justin Newman）表示，「相對貧窮及缺少關鍵文件，因而意外預測出百歲及超百歲人瑞的情況，造假或錯誤才造就了不尋常的人類年齡紀錄。」[18] 或許露西兒・鮑爾真的說中了。

許多當前的最佳保健建議主要集中於基本健康衛生。足夠的優質睡眠很重要，睡眠讓腦細胞及身體有自我修復的機會，睡眠不足也與阿茲海默症及心血管問題、癌症、糖尿病等多種病症有關。睡眠也可能過多，與日後認知出問題也相關。

較難回答的是如何定義「優質睡眠」？睡幾小時、白天或晚上幾點睡、睡眠是否持續，每個人不盡相同，也會隨年齡改變。常說的「每晚八小時」不一定適合每個人，所以找出自己最理想的睡眠型態需要實驗。儘管有越來越多的裝置及應用程式可測量睡眠的各面向，最基本的標準是睡醒時覺得神清氣爽，那就是「優質睡眠」。我們的目標是找出怎麼做才能達到這標準。

另一個顯見的建議是不抽菸、不喝酒、不肥胖。抽菸會加重許多年齡相關疾病，也會加速老化。至於合宜的飲酒量及紅酒對身體好不好，一直是眾說紛紜，大多數人或許都同意，無論喝酒有多少樂趣，還是適量飲酒較好（畢竟酒精是毒素）。順帶提醒，所謂的「適量」通常比大部分飲酒者以為的「適量」要少。

令人心驚的肥胖（身體質量指數〔BMI〕大於 30）盛行，已成為未來健康真正的特大號問題。肥胖與多種造成衰弱的病症有關，包含糖尿病、心血管疾病、癌症、失智症，估計美國肥胖盛行率在 40% 以上，嚴重肥胖（BMI 在 40 以上，五尺八吋高、體重超過 262 磅〔173 公分／122 公斤〕）影響近十分之一的美國人。[19]

要緊的不只是吃多少，還包括吃什麼。美國飲食作家麥可・波倫（Michael Pollan）建議：「吃食物，不要太多，以植物為主」，簡潔地道出許多一般飲食經驗。從長壽觀點看，高度加工食品要避免，紅肉和糖要節制，地中海飲食的優點要擁抱（前面提過的藍區與快樂的薩丁尼亞人）。也有證據指出，有多種菌群存在的健康腸道很重要，專家建議吃各種外國食物和益生菌，如辛奇（kimchi，發酵的韓國泡菜）、德國酸菜（sauerkraut，德國國民食物發酵生高麗菜）、天貝（tempeh，印尼發酵大豆）、克菲爾（kefir，源自高加索的優酪乳品）、味噌（miso，日本傳統醬料）。

吃的頻率與時間也有差別。最早在老鼠身上發現限制卡路里與長壽有關的科學研究發布於 1935 年，之後也發現這適用於多種生物。[20] 不過這種作法對人類有兩個問題，一是無法做人體實驗證明限制卡路里是否促進長壽，你不可能找不同的人監測他們一輩子，並確保他們之間唯一的差別是食量不同，所以採取這作法必須假設在其他生物身上的結果也適用於人類。第二個問題是，要求長期限制熱量的標準很高（25% 以上），許多人很難維持（對我就很難），因此也常引來一些人說風涼話，說如此激烈的節食不會使人活得更久，只是表面上看似如此而已。

所以限制卡路里看似有益卻很難實行，因此大家都在認真尋找有類似效果但不必太自我否定的方法。於是在長壽獲得注目的往往是分享間歇性斷食的建議，像 5：2 飲食法（五天正常吃東西，二天斷食），或逐漸流行的 16：8（每天禁食十六小時，只在晚上八點以前的八小時內進食），都宣稱有各種改善健康的成效，也有眾多研究長壽者遵循。

我們必須避免在「突然」老化階段發現問題，因此有兩件事要特別注意，一是一般性預防衛教，一是把注意自身健康納入個人長青策略。這可包括每年請醫療專業人員做健檢，自量血壓、脈搏、血糖，檢查硬塊，使用裝置及相關應用程式追蹤各項健康指標。無論用什麼方法，關注自我健康在長青世界極為重要。

在長青課題上同樣重要的是運動及定期鍛練的無比好處。藉運動協助我們好好變老，再怎麼強調這件事的重要性也不為過，有規律的有氧及肌肉運動，對維持老年平衡和行動力非常有用，運動也有益於認知健康，能減少憂鬱症及失智症發生率。

社會及心理因素也有影響。與親朋好友聚首，生活有參與感和使命感都重要。有許多證據顯示，正面看待老化的人比較長壽。有一項研究是用驗血來測量老化生物標記，結果發現孤單或不快樂，會使生物年齡老 1.65 歲。[21]

很少人會對以上建議感到訝異。若再加以長青的生活方式，對你自己健康地享有長壽可能產生重大影響。要了解這些效應有多大，且看對歐洲十二項不同研究的綜合再調查，涵蓋 11.6 萬人，年齡在四十到七十五歲，研究四種生活型態因素：喝酒、抽菸、體力活動、身體質量指數。[22] 在某一因素上表現最佳得 2 分，中等／普通得 1 分，表現不佳 0 分。一個人最高可得 8 分，最低 0 分。得滿分比得 0 分的人可以多活無慢性病十年。要是樣樣都最高分太難，請放心，平均每多得一分，可以多活無慢性病約一年。若你閱讀本書時，一邊抽菸喝酒，這研究結果值得你三思。

以上建議雖無新意，不表示就不合時宜（但究竟怎麼睡眠和運動最好、吃什麼和何時吃，都日益受到科學檢驗）。長壽要務的新穎之處，只在於過去它從未如此重要，我們也從無那麼大的誘因去遵行。當前社會與個人面臨的挑戰是，如何建立使這些健康行為易於選擇的生活型態，例如想想你如何工作、如何安排一天的時間、購物時面臨哪些選項，日常珍貴的小經驗可支持長青生活型態，目標是易於自然地做出好選擇。

最後是常見的長壽不平等問題。許多以上的生活型態改變，都需要時間和金錢，並非人人都有時間睡更久或烹煮健康膳食，或有錢加入健身房。因此長青經濟必須留心，不只要改善最佳結果，更務必要使更多人能享受其好處，後面會再討論這主題。就長壽而言，漲起的潮水絕不會浮起所有的船。

進入年齡紅區

假使在健康及死亡率方面，我們正更好地變老，那人們為何如此害怕高齡化社會？長青要務為何如此重要？藉此我們來到好好變老的最後一個層面：死亡率與染病率的相對改變速度。

問題在於，死亡率的改善優於降低衰弱率。過去存活率提高，代表活到四、五十歲的可能性增加，不是太不好的徵兆，那個年齡層是低衰弱期，增加的主要是健康的年歲。如今死亡率降低，代表有更多的人會活到八、九十歲，使活到健康欠佳的歲數可能性提高。社會正進入芝加哥人口學家傑‧歐爾山斯基（Jay Olshansky）所稱的「紅區」（Red Zone）：特徵為高度衰弱的生命末期。長青要務就是要把這紅區轉綠，把高齡轉為健康歲月。

紅區助長對高齡化社會的恐懼，也可解釋為何我們開始擔憂平均壽命延長不是好事。大家顧慮的是，我們建立的醫療保健體系是讓人活著，而不是讓人健康。相對於衰弱度，死亡率進步得越快，我們在紅區的時間越久。第一次長壽革命的果實已到盡頭。

這引起一些難以回答的問題。平均壽命再增加是否有價值？或者紅區的存在是否意味著死亡率進一步降低，不再等於好好變老？醫療保健體系只顧存活而非健康，是否雪上加霜？我們是否已經達到了人類平均壽命的上限？

在這點上，我們需要從確定生物老化的精準軌道或永生哲學的討論中轉向。要從哲學及醫學轉向經濟學，要從討論人生歲月與健康轉向客觀的金錢測量標準。因此，下一章將運用經濟學工具，對兩個問題提供財務解答：

好好變老有多大價值？

如何評價一般平均壽命與健康平均壽命的延長？

第三章

好好變老，一切都好

生命終點的現代意義：何時結束？如何結束？應該如何結束？生命的價值
何在？如何衡量生命價值？

——唐‧德里羅（Don DeLillo，美國文學家）

　　我父親七十七歲時死於漸凍症（肌萎縮性脊髓側索硬化症）。對生
前向來擅長運動的他來說，這是特別殘酷的病，腦部及脊椎神經細胞受侵
襲，肌肉逐漸失去動能。他過世前幾週是在醫院度過，到最後要靠呼吸器
呼吸。那是一段淒涼艱難的時刻，可是有一次我去探病時發現一項有力的
事實，使我以不同態度看待父親的病況。母親坐著握住父親的手，沉浸在
安適的寧靜中，唯有相伴一生才能帶來那種感覺。她轉身安慰我，提醒我
說儘管父親狀況惡化，但彼此相伴還是快樂的。「人生是甜美的。」她用
深沉而悲傷的語氣說。

　　母親在十年後因臀部手術在醫院遭感染而過世，享年八十五歲。醫
生有警告她那手術風險高，我也跟她長談過各種危險，但她很固執，堅持
要進行。她受夠疼痛和行動不便，使她無法做想要做的事，我猜想她也受
夠守寡的日子。人生不再甜美。

如今越來越多人將面對相似的抉擇：如何平衡生活的質與量。生物學家梅達沃說的延命是「不自然的實驗」，現在變成個人要做的選擇。在什麼時間點，繼續奮戰的負面因素超過了存活的正面因素？

這便是為什麼長壽要務如此重要的原因。它追求的是改善人生質與量的取捨，藉以減輕這些難解的個人困境。不過好好變老需要個人與政府做大量投資，你我都太清楚難處在於時間金錢有限，所以必須做出抉擇，目標也要先後有序。為何好好變老應該優先於我們都有的許多其他目標？

目前在英國，媒體正大肆報導國民保健署（National Health Service, NHS）「有史以來最嚴重的危機」。英國國民保健署成立於 1948 年，目前已七十五高齡，但沒有好好變老。這個體系為新冠肺炎而疲於應付，現正辛苦地處理積壓的病例、季節性流感及人口老化，再加上醫療人員短缺及投資不足，產生有如千斤重的壓力。後果是死亡人數增加，超過按照英國人口年齡的預期數字，[1] 距離長青課題實在很遠，但各部會需求都在爭取政府經費，這種結果或許也在所難免。或許好好變老僅是「有也不錯」的願望，而非關鍵的優先要務。長青課題在你和政府的優先事項清單上，應該排在哪裡？

政府例行地要為如何分配資源傷腦筋，也發展出各種工具以決定在健康措施上什麼代表「高價值」。本章將轉向這些工具，對不同的好好變老方式給予金錢評估。或許你不必被說服這有多重要，可能會想略過以下列舉的某些複雜的經濟學計算，但這些經濟學工具提供兩組不同見解。

算出金錢價值，可解答以下關鍵問題：長壽要務對好好變老有多少價值？生活的質與量哪個價值最高？這些答案是本書所有內容的基礎，也指向社會好幾兆美元的利益，其實是「好好變老，一切都好」的論據。基於本章的分析，長青課題必須是人人的首要當務之急，與現今的地位天差地別。這些答案也完整說明，我們該重視的是**健康的平均壽命**，而非一般平均壽命。人生或許甜美，但更健康比只是活得久會使人生更甜美。

這些經濟學工具也提供數據方面的見解。其中顯示，我們需要少重視醫治特定疾病，多重視老化方式，以此為目標來增進健康。我們可從中一探未來，我們越能好好變老，就越想活得更久，然後活得更好，將來會是良性循環。結果將是人類會來到起飛點，這新階段會改變年老在健康及長壽上的意義，也會改變我們想活多久的看法。

老化的四大特徵

人類從最早期就對可能戰勝老化極為著迷。遠在三千年前，現存最早的史詩故事便是描述蘇美國王吉爾伽美什（Gilgamesh）尋找長生不死的植物。本章我將取材文學作品對這主題的痴迷，來考量四種老化方式，每種提供改進人生質與量的不同組合。這四部作品的人物分別是強納森・史威夫特（Jonathan Swift）筆下的史楚布魯格人（Struldbruggs）、奧斯卡・王爾德（Oscar Wilde）的道林格雷（Dorian Gray）、巴里（J. M. Barries）的小飛俠彼得潘（Peter Pan）、漫威漫畫的金鋼狼（Wolverine）。[2] 他們提供方便的比喻來總結不同老化形式，經由改變前一章提到的死亡與衰弱曲線，達到好好變老的目標。

讓我先從乘船揚帆前往拉格納格島（Luggnagg）講起。

格列佛的拉格納格之旅——不死但衰老的人

1726 年愛爾蘭牧師史威夫特出版《格列佛遊記》（*Gulliver's Travels*），多層面嘲諷人性，成為英國文學經典。格列佛到過的虛構目的地，從厘厘普（Lilliput）、布羅丁那格（Brobdingnag）到慧駰國（Land of Houyhnhnms），＊其中有個遠方島嶼是位於日本東南方100里格（League）†的拉格納格。島上有些居民的額頭有紅色標記，這些人是史楚布魯格人，他們與眾不同之處在於，雖然也會像別人一樣變老，但不會死，史楚布魯格人永生。

起初格列佛對永生的概念很心動，但當他發現真相時想法改變了。史楚布魯格人重現我在第一章提及的古希臘神話提托諾斯的故事，史威夫特毫不留情地敘述他們存在的慘狀。法國哲學家西蒙・波娃（Simone de Beauvoir）稱之為：「史上最殘酷的老年畫像。」[3] 史楚布魯格人不會死，但無法永保青春，他們眼盲、髮禿，罹患各種老年病。史楚布魯格人以這種方式活下去，忍受正常人「所有的愚昧及弱點」，但也知道將永遠忍受這些。儘管會繼續活著，但史楚布魯格人到八十歲時會被法定宣告死亡，不准工作、擁有財產或做決定，因為「貪婪是老年必然的結果，不死的人遲早會擁有整個國家，掌控政權，卻缺少管理能力，最後必然是全民毀滅。」史威夫特筆下的史楚布魯格人，是對十八世紀高齡化社會令人震撼的描寫。

從現代人口學角度看，史楚布魯格情境只代表老年在死亡率方面的改進。運用前一章的衰弱曲線術語，死亡曲線向右偏但衰弱曲線不變，結果是紅區不斷擴大，健康平均壽命與一般平均壽命的差距也加大。史楚布

＊ 編按：厘厘普是小人國所在地，布羅丁那格是大人國所在地，慧駰國則是由外型像馬、擁有智慧的生物「慧駰」建立的理想國度。

† 編按：里格是歐洲和拉丁美洲古老的長度單位，1里格約3英里（陸地上約4.8公里）或3海里（海上約5.6公里）。

魯格經驗強調的是，單是延長壽命卻仍舊衰老，終將會來到一個不令人嚮往的時間點，史威夫特寫《格列佛遊記》時接近六十歲，對他來說，那個時間點是八十歲。

史威夫特在七十八歲生日前不久過世，晚年受認知障礙所苦，很可能是失智症。不過即使在那之前，史威夫特已發現老年的負擔不只是未來而是現實，他曾悲觀地說：「我沒有一天早上醒來，不覺得人生比昨天更無趣。」

目前人們普遍擔憂的是，現行醫療保健體系正推著我們走向史楚布魯格之路。南加州大學老年病學教授艾琳·克林敏斯（Eileen Crimmins）說，我們尚未能延緩老化，但已延緩死亡過程。以治療疾病為主的醫院制度使人活著，但不見得活得好，越來越多人患癌症但活下來，或中風後活下來但健康和功能受損，或許優於病人較快死亡這個選項，只是它會導致推動投資長壽將受合理質疑的情況。

史威夫特的嘲諷深得人類棘手兩難的精髓：想要活得久，又不想變老。然而他雖然百般諷刺長壽，但他的主張與長青要務雷同。人生如果變長，就需要好好變老。

道林格雷經驗──年老時死得年輕

再來看與史楚布魯格人呈兩極的對立面。死亡不變，但這次是所有年齡的健康都有改進，唯有衰弱曲線向右移，死亡曲線維持不變，結果是人生的質提高，量不變。且以王爾德 1890 年小說《格雷的肖像》（*The Picture of Dorian Gray*）主人翁為例，在此稱之為道林格雷經驗。

《格雷的肖像》中的道林格雷是年輕俊美的享樂主義者，他做出浮士德交易（Faustian bargain）*，想保有美麗容顏，他請友人以畫像記錄他的容貌，希望畫中的道林代替他變老，但自己保持青春，身形俊美。不久他發現，越是縱情酒色、邪惡不道德，畫中的臉孔就顯現越來越老醜，但他本人的外貌不變。

回到我們的現代長壽分析，道林格雷情境的重點不在於活得更久，而在於維持青春更久。結果是紅區縮小，健康平均壽命趕上一般預期壽命，生命終結前健康欠佳的日子縮短，壓制染病率。極端的道林格雷情境導向老化專家尼爾・巴齊賴的「**活得長，死得年輕**」：**健康狀況隨年紀大而惡化的漸進階段緩慢到幾乎不存在，突然期則是死亡突然發生於一瞬間，並出現在相當老的年紀。**

比起史楚布魯格人淒涼永生令人不寒而慄的來日，道林格雷有許多可喜之處。它看重改善老化過程的健康，解決了我們主要的恐懼，避免對活得太久的顧慮。不過仍有缺點。

道林格雷情境強調保持年輕健康，可能淪為迷戀青春。西塞羅在《論老年》一文中認為，變老的一大優點是擺脫激情和感官欲望，放下那些分心之事，他可以專注於語言文字，法國啟蒙時代哲學家伏爾泰（Voltaire）因此形容西塞羅為「最偉大最優雅的羅馬哲學家」，長久以來認為智慧隨年齡積累，便是基於這種看法。在王爾德的小說裡，連道林格雷都明白，人生不只是青春、美貌、享樂，到最後他毀掉自己的畫像，也因而毀掉自己。極力提醒我們，老化不只是生理現象，健康或許是使長久人生成為美好人生的基礎，但智慧、經驗、友誼的累積也是。

---

* 編按：浮士德交易是指放棄道德換取短暫權力或享樂，也稱魔鬼契約。

彼得潘情境──延緩老化

史楚布魯格人及道林格雷代表二選一的抉擇：死亡改善但健康不變，或健康改善但死亡不變。要是老化本身可延緩呢？若能使「七十變新六十」，七十歲就能享有六十歲的健康與死亡率，這需要死亡曲線及衰弱曲線都向右移，會帶來雙重紅利：一般平均壽命及健康平均壽命都進步。戒菸或開始運動就會收到這雙重紅利，而老年學若成功發展出延緩生物老化的療法，也能實現這種紅利。

在限定生物老化完全不會發生的情況下，我們將永遠年輕。由此想法獲得靈感，就稱之為彼得潘情境，他是巴里劇作中永遠長不大的男孩，在最極端的彼得潘情境中，健康與死亡率一輩子不變。但彼得潘情境通常是指延緩生物老化速度，使人不但活得更久，而且各年齡都更健康。

彼得潘顯然是虛構作品，但死亡與健康幾乎不受年齡影響，的確是某些動物的實情，特別是一種鮮為人知的動物，始終吸引著長壽科學家，就是在東非發現的裸鼴鼠（naked mole rat）。牠的皮膚皺摺沒有毛，牙齒又大又尖，絕對贏不了選美比賽。但牠是死亡率贏家，死亡率很少隨年齡增加，使牠在小型哺乳類中特別長壽（野生十七歲，實驗室三十歲）。[4] 這很不簡單，因為通常大型動物活得比小型動物久。以體型來說，裸鼴鼠活得比預期長五倍，[5] 這令人滿懷期待，或許我們可從其基因學到一些好好變老的要訣。

延緩老化使死亡率沒有年齡之分，並不表示我們不會死。裸鼴鼠會死，牠的死亡率幾乎固定不變，但並非零。如果我們真的能把死亡率隨年齡增加的比率變平，則平均年齡會大為改觀。

為了解這效應有多強，且以我家長子為例，他快要三十歲，假定他生日那天發生科學突破，使他不再老化，那真是太棒的生日禮物，每過一年他的時序年齡會增加，但死亡風險和衰弱度會固定在三十歲時的狀態。他可預期再過幾個生日？

幸好三十歲的死亡機率很低，英國男性約 0.07%。如果他的死亡率永久保持這比例，用數學算一算，他的預期壽命將是驚人的 1,462 歲。若每年的死亡機率小於千分之一，平均壽命會大大延長到下一千年。這簡單但極好的例子顯示老化對壽命長短有何影響，只因為死亡率隨年齡增加的速度是目前這種水準，所以我們現在的平均壽命低於三位數。在彼得潘情境下，當生物老化放緩，一切都會改變，平均壽命也一樣。

可是並非死亡率不變就一定有這麼長的壽命，那顯然取決於停止老化時你幾歲。五十歲的死亡率是 0.4%，高於三十歲，如果老化從五十歲起停止，經過重新計算，可得出略可承受但依舊驚人的 303 歲。要是我撰寫本書時你是 303 歲，那你應該生於 1720 年，那一年首次爆發股市泡沫破裂（英國是南海泡沫，北美是約翰・羅〔John Law〕的密西西比泡沫事件）；史威夫特開始寫作《格列佛遊記》；莫札特的母親安娜・瑪麗亞・莫札特（Anna Maria Mozart）出生。美國獨立戰爭時你已五十多歲，法國大革命時你已超過六十歲。你在長壽量表上，地位與小頭睡鯊同等，牠估計可活三百多歲；可是遠不如北大西洋種的北極蛤，壽命五百歲以上。壽命長短一定是相對的。

要是死亡率在七十歲時停止上升，並且接下來維持不變，又如何？英國男性七十歲時的死亡率是 2%，此時平均壽命的增加幅度會少很多。這種情況下的平均壽命是 106 歲。原來彼得潘模式可使「一百歲變新七十」，可得出馬斯克的「活得好的一百歲」。

這些當然只是數學計算，並非對未來的認真推測，不過確實有助於提供某些見解。停止生物老化不會帶來永生，甚至不一定導致長得離譜的壽命，全看老化凍結在什麼年齡而定。如果不是停止老化，而只是成功地延緩老化，這些結論更是成立。

還有另一種使老年衰弱與死亡趨於平緩的方式，將改變我們對老化的感受。這種效應不需活一千五百年才顯現，其實現在已發生。

由於死亡率隨年齡上升，人們總預期老人會比年輕人先走。要是死亡率不變，三十、五十、七十歲的平均餘命就都一樣，你不再預期比父母活得久，甚至比曾祖父母活得久。這看似奇怪，但過去並不罕見，我父母為幼子夭折傷心難過，十八世紀的岡珀茨也是。經過數百年嬰兒夭折率可悲地居高不下，直到近年來年輕人才能預期活得比老人久。

結合老化方式的多樣性，及老年死亡曲線趨於平緩，傳統家庭的老化模式將出現各種巨變。以英國利物浦九十八歲老婦艾達為例，她 2017 年決定住進護理之家，這麼做不是為了她自己需要照顧，而是為支持八十歲的兒子湯姆，湯姆已住在那裡。艾達說：「我每晚到湯姆房間對他說晚安，早上去對他說早安。我會告訴他要下去吃早餐。我去美容院時，他會找我，看我什麼時候回來。我回來時，他會過來，伸出雙臂，大力擁抱我。媽媽永遠是媽媽！」[6]

金鋼狼神力──逆轉老化

延緩老化以達到彼得潘的人生，這想法或許太牽強，但在你我經驗中並非完全遙不可及。我們都有朋友和認識的人吃東西很小心、不抽菸不喝酒、經常運動，他們「看起來比實際年齡年輕」。所以我們已經知道，即使還做不到極端的彼得潘（健康與死亡率一輩子不變），但生物年齡是可塑、可延緩的。

然而要是老化不僅能延緩，還可逆轉呢？是否也許會有方法，使我們像年輕好幾歲那樣，不斷健康地活下去？不是像許多好萊塢電影那樣讓時間倒轉，而是撥動身體時鐘，重新回到年輕的生物年齡。倒撥時鐘比讓它走得慢容易得多，要是老化系統也能這樣呢？

老人學正在探討倒撥老化過程的可能性。2023 年一月加州聖地牙哥生技公司 Rejuvenate Bio，重設老鼠的細胞到較年輕狀態，並延長壽命約10%；加州生物製藥公司 Alkahest 以神經退化及年齡相關病症為目標，臨床試驗是把年輕的血漿移植到年長病人體內；另一家美國公司 Lygenesis 正試驗用幹細胞再生肝臟，以代替移植。

最早觸及回春主題的是好萊塢，超級英雄電影迷一定都知道，或許不必大驚小怪。很受歡迎的漫威漫畫人物金鋼狼，有受傷後逆轉的神力，他能使器官和組織重生，回復到原始健康狀態，在此我們就稱逆轉老化過程為金鋼狼情境。金鋼狼打破傳統老化觀念，反轉時間流向，以重生的可能性取代衰老的必然性。

如同裸鼴鼠，自然界不乏有此潛能的動物。瀕危的墨西哥蠑螈美面螈（axolotl），四肢、皮膚和身體大多數部分都能再生。更有趣的或許是水螅（hydra，編按：名同希臘神話裡的九頭蛇），生於淡水的細長螅蟲，身長約可至半吋，並會長出觸角，其名稱呼應希臘神話中的多頭怪獸，頭被砍掉後又會生出新頭。水螅多半由幹細胞組成，使牠能不斷重生身體細胞，所以牠好像永保年輕，沒有老化跡象。[7]

金鋼狼是不同老化方式的第四個代表人物。四者各自提出死亡對衰弱的不同變化組合，他們都是虛構人物，都取自文學作品，但各以適度的樣貌，提供關於如何好好變老的深刻見解。

史楚布魯格情境最接近我們目前走的路，平均壽命增加得比健康期快。道林格雷情境突顯健康變老的訴求，並以延長健康期壓制染病率。彼得潘和金鋼狼的力量在於，懂得將生物老化納入分析，可使健康的平均壽命與一般平均壽命都延長。

　　或許你對這四種情境哪個最有好感已有定見。可是為了替他們排名，並決定在優先事項清單上他們究竟該擺在多前面，現在必須先討論經濟學，好為每個情境計價。我們要決定好好變老到底多有價值，人生的質與量哪個最重要？

恰當的代價

　　我們究竟有多重視健康與生命，在新冠肺炎疫情期間成為重要議題。2020 年初，當病毒開始惡性散播，個人與政府都驚駭於問題可能有多嚴重，一項有影響力的研究報告指出，若不採取防疫行動，英國面臨與疫情相關的死亡可能超過五十萬人，美國超過二百萬人。[8]

　　為回應這些可怕的預測，我們改變行為，政府採取緊急政策，經濟因而急劇下滑。英國的 GDP 一季就下降 20%，更普遍有預測指出，將發生 1709 年大霜凍（Great Frost，譯注：歐洲出現五百年來最酷寒冬季）以來最嚴重的衰退，你必須像高壽的小頭睡鯊才記得那麼久以前的事。英國這次經濟經驗也是國際普遍經驗，有六十四國的封城鎖國行動，最初造成的影響是 GDP 平均下降 30%。[9]

　　這打擊沉重的衰退，迅速引起何者才是優先事項的討論：在健康與經濟間如何取捨，討論始終猶豫不決但無可避免。打擊病毒得付出令人恐慌的代價，是否值得被拯救的人命數字？這麼問已夠淒涼，更別說要回答。許多人覺得問這種問題太不該，不少人拒絕被捲入如此痛苦且可能火爆的辯論，當時的紐約州長安德魯・古莫（Andrew Cuomo）便是其一，在他看來可能的答案只有一個：「我認為人命無價，句點。」

政治人物回應選民，經濟學家則是權衡取捨專家。經濟學的核心就是分配稀有資源，若把更多金錢、時間或資源用在甲處，乙處能用的就減少。經濟學專精於了解這些權衡，以及如何加以量化，當然是量化為錢。

在非經濟學家眼中，無必要把一切都量化成錢，更經常不恥談錢。王爾德劇作《溫夫人的扇子》（Lady Windermere's Fan）中，有個角色問：「什麼人憤世嫉俗？」劇中著名的答覆是，憤世嫉俗的人「知道每樣東西的價錢，卻不知道任何東西的價值。」可能王爾德想的也是經濟學家。

同一齣劇中有個知名度較低的定義。王爾德形容「多愁善感的人」是「在所有東西上都看到可笑的價值，卻不知任何東西的市價。」人生有許多我們很看重的東西，但資源有限，代表無法全部擁有，或許你想住更大的房子又希望少工作，但大多數人最後都必須做出取捨。在更大規模上，疫情期間全球各國政府被迫在救人的政策與維持經濟景氣的政策間做權衡。

這一切的重點應該很清楚，要好好變老的理由顯而易見，沒有人希望糟透衰老，於是問題就在達到好好變老的代價上。與其他需要你付出時間和金錢的需求相比，好好變老是多重要的優先事項？

由於政府的取捨太常關係到金錢和健康，因此全世界的醫療保健體系廣泛使用經濟學語言。英國 2021 年的醫療保健總支出是 2,770 億英鎊，每人超過四千英鎊。[10] 然而連這麼龐大的金額也不足以滿足所有的醫療保健需要，這代表需要對進行哪些治療、購買哪些藥物、哪些不值得花錢等做出決策。

英國在這些方面是根據國家健康照護卓越研究院（National Institute for Health and Care Excellence, NICE）訂出的指導方針。其方針的核心是做仔細的計算，有效地為人命加上金錢價值。關鍵在於名為**品質調整後存活年**（quality-adjusted life years，以下簡稱存活年）的衡量標準，即按照病人健康水準調整後的餘命年數。若某種治療能增加病人存活年一年，費用不超出三萬英鎊，就被視為值得。採取這種原則的結果是，某種療法若不超過三十萬英鎊，且能增加病人存活年十年，就會綠燈放行。選擇三萬英鎊缺少明顯的理論依據，但很可能是為確保藥物總支出符合醫療保健總預算。[11]

英國國民保健署 2021 年核准藥物諾健生（Zolgensma）。諾健生在許多方面都很突出，最值得注意的是，它可抑制脊髓性肌肉萎縮症的進程，那是會使兒童肌肉變弱的基因疾病，可悲的是染患此症的嬰兒平均壽命只有二年，然而現在這種藥只要用一劑，就能取代造成病因的缺損基因。

諾健生另一個突出的特點是價格，一次治療要 179 萬英鎊，是世上最貴的藥。[12] 但由於英國新生兒平均壽命是八十三歲，而此藥能增加那麼多存活年，所以獲得健康照護卓越研究院批准。換言之，預算規則無法避免把龐大支出花在證明可延壽的個別治療上，健康的價值高到不可思議。

如何為健康計價

健康照護卓越研究院的方針，提供分配藥物支出的一貫方式，但更深層的問題是：如何計算健康或長壽進步的經濟價值？有一種方式是計算好好變老如何影響經濟，且從一個顯見的例子著手：假如我們更健康地活得更久，就能工作更久，從而增加 GDP，由 GDP 因此增加的幅度，可測出好好變老的金錢價值。另外也可算出，好好變老節省治療失智或癌症等病症的開支，能夠從中省下多少錢，省下的經費可用於其他迫切問題上，如教育、住房或清潔環境。

雖然這兩種計算都有用，卻未能真正彰顯好好變老的全部價值。認為東西的經濟價值全在於對經濟的影響，這觀念是錯的，父母不會以將來的賺錢能力去評價孩子的健康，改善九十歲老人的健康，也不能只因他不再工作就不重要。同理，不能完全只問代價，例如有種醫治失智症的藥，費用比目前的療法高出 10%，我們當然願意付那價格，並認為很划算不是嗎？無論金錢意義如何，健康本身都對我們彌足珍貴。

為掌握健康更全面的價值，經濟學家採用名為**統計生命價值**（value of a statistical life, VSL）的概念。[13] 在此要強調「統計」，因為這是統計學概念，非道德概念，它並非計算某個生命值多少錢，而是回答更細微的問題：我們應花多少錢降低死亡風險？若你願意付一萬美元替愛車裝上安全設施，以減少死亡風險百分之一，統計生命價值就是一百萬美元（一萬乘以一百）。

美國政府 2022 年將每人統計生命價值訂在 1,140 萬美元。[14] 生命果真甜美！為了解其意義，假設政府計算，在危險道路上設置安全路障，可拯救十條人命，那些人命的統計生命價值就是 1.14 億美元，若路障設置費低於這金額，就代表是值得的投資。

美國環保署（Environmental Protection Agency）是如何訂出統計生命價值 1,140 萬的？是考量個人對收入與工作風險的取捨，好比個人為汽車、煙霧偵測器等安全設施付出的金額。所有這些決定都透露出，我們多麼重視減少死亡，也可用於測量統計生命價值。由此得出的數值極大，可見健康與生命對我們多麼可貴。照此看來，儘管疫情期間封鎖措施對 GDP 有負面影響，但因壓制疫情死亡人數而拯救的生命是物超所值。[15]

統計生命價值可用於計算我的虛擬角色四人組在各種健康、長壽改進方面代表的價值，每種情境以兩種方式之一改變統計生命價值。一是延長壽命使生命的**量**改變，一般是活的時間越長越好，可是並非所有的時間都等值，因此反映在健康及生活水準上生命的**質**，也會影響到統計生命價值。健康好、消費多或閒暇時間多的歲月，比起健康差、消費少、工時長的日子還要更有價值。四人組的情境各導致不同的質與量組合，會產生不一樣的統計生命價值。經由這些變化可清楚知道，每種情境下更好地變老各值多少錢。

統計生命價值分析很重要的一點是，承認若健康或平均壽命改變，個人對一生的工作、花費、儲蓄便會有不同選擇。所以當考慮將活得更久時，不只要思考多出的歲月的質與量，也要想到在那之前的生活品質如何受到影響。統計生命價值計算法的核心是一個模型，可算出一般人對健康或長壽變化的最佳經濟回應，這又可用來再計算統計生命價值。[16]

以平均壽命增加來說，若不改變退休年齡，人雖活得更久，但一生賺到的總金額不變，這樣就需節約，每年少花錢，於是休閒時間變多（退休），每年可花的錢變少，要是很喜歡閒暇時間，這可能是很棒的結果。但你也許寧可多工作幾年，而不願節約花費。不論哪種情況，都會因晚年延長而改變之前的生活品質：或減少支出，或增加工作年數。統計生命價值使我們得以做出涵蓋一生的複雜調整。

因為你值得

解釋過統計生命價值背後的機制，再來就是看它針對四人組的見解。以下結果全部取自我在期刊《自然老化》（*Nature Aging*）發表的論文，是與牛津大學馬丁・艾利森（Martin Ellison）及哈佛醫學院大衛・辛克萊（David Sinclair）共同撰寫。[17]

長壽有價值（一段時間）

　　史楚布魯格情境是四人組中最不吸引人的，因為健康越來越差地活得久，然而依統計生命價值分析仍有其價值。以美國平均壽命七十九歲為基準，像史楚布魯格那樣活著，每增加一歲的價值是略低於十萬美元。史威夫特或許是對的，人到某個階段會不想再不健康地活著，但這分析指出，一般美國人會比八十歲晚很多才那麼想。

　　史楚布魯格人多活一年也有價值，但是有一個問題。以統計生命價值 1,140 萬美元、平均壽命七十九歲來算，平均每年大約是十五萬美元。因此史楚布魯格人七十九歲的時候，每多活一歲約值十萬美元，遠低於這平均值。

　　這原因讓我們明白人們為何害怕高齡化社會。七十九歲時每多一歲的價值較低，理由之一是健康狀況低於一般，會使生活品質降低。但這只是問題的一面，另一個理由是，多活一年需要先儲蓄或多工作，以支應多出來的開銷，這會降低早年的生活品質。多一歲史楚布魯格歲是好事，但也實際對早年生活造成負擔，結果是，以此方式增加的平均壽命會使額外的利益減少、對早年的要求增多。高所得國家日益擔心高齡化社會及平均壽命再延長，就是出於這種原因。

健康的老化才是癥結

　　統計生命價值告訴我們，單純活得更久價值會變低，也提供一項見解：如何改善老年健康狀況是首要當務之急。美國一般平均壽命是七十九歲，健康平均壽命卻只有六十九歲，若改善各年齡層的健康，可增加健康平均壽命一歲，則對道林格雷的統計生命價值分析指出，一歲值 21.6 萬美元，那是史楚布魯格人七十九歲時多活一年價值的二倍多。如上所述，在史楚布魯格情境下多活一年，健康卻更差，這雖有利益，但造成之前生活的負擔。在道林格雷情境不會活得更久，但健康會獲得改善，使既有的每一年變得更好，也不致造成早年負擔，更無須延長工作年數以支應原本沒有的健康歲月。

其實這分析還告訴我們更多。不只健康平均壽命多出的第一年，比多活一年本身更有價值，直到健康平均壽命與一般平均壽命相等，這之前每一年的健康生活都是如此。統計生命價值得出強有力的結論：**當前的第一健康要務不是延長壽命，而是使健康期與生命期相等**。這傳達的是，由延壽為主的第一次長壽革命，已轉向以改變如何變老為目標的第二次長壽革命。

以當前醫療保健體系的偏見，及現代醫學的延命走向，以上主張是離經叛道。醫生用努力保命來回應病人，這完全可以理解，但如果只是使更多病人不健康地活著，那只是提供到糟透變老的紅區的單程票。道林格雷的分析顯示，消滅紅區必須是首要健康要務，政府必須把健康平均壽命當作施政成功的關鍵標準，少強調一般平均壽命。

把健康期放在生命期之前的結論，同樣適用於個人。我常聽到人們告訴我，基於必要的努力和犧牲，他們寧願不要活得更久。注意體重、限制飲酒、固定運動都需要努力，何況總有更誘人的選擇，我太了解這種心情。人生充滿取捨，以壽命換取享樂完全合理，唯一的陷阱在於，我們活在追求史楚布魯格結果的社會中。現有醫療體系非常善於透過各種手術、藥物、緊急處置來續命，因此你面對的取捨，並非以當前較好的生活品質交換未來較短的壽命。你可能是要在現在與未來都健康，還是現在健康較差和未來健康更糟之間作選擇。在長青世界裡，連浮士德的交易都會改變，問提托諾斯就知道。

延緩生物老化的好處

不過道林格雷的分析還不是故事結局。維持良好健康更久固然萬分值得，但我們也重視活得更久，因此彼得潘情境的雙重紅利特別珍貴。延緩生物老化速度，可帶來更健康又更長命的雙重好處，這使彼得潘比道林格雷更受歡迎，更別說史楚布魯格人。

若能以延緩生物老化，使各年齡的染病率及死亡率降低，美國的平均壽命從七十九延長到八十歲，依統計生命價值分析，其價值是十八萬美元，不只高於史楚布魯格人的十萬美元，也高於平均壽命一年的價值（我們的計算結果是約十五萬美元）。

在彼得潘情境下，平均壽命每多一年的生活品質，因健康較佳而優於史楚布魯格，並且彼得潘因提高早年健康水準，使早年生活品質也較好。於是彼得潘不但不會造成早年負擔，反而改善早年生活品質，這使彼得潘情境下增加的壽命，每年的價值比史楚布魯格高出許多，同樣也比道林格雷每多一年的價值更高。若經由延緩生物老化，使健康平均壽命多出一年，那值 29.4 萬美元，超過道林格雷的 21.6 萬美元。理由是彼得潘情境的雙重利益：健康改進，平均壽命延長。

那彼得潘與金鋼狼對決結果如何？儘管延緩老化與逆轉老化聽起來截然不同，但在很多情況下二者差別不大。要解釋個中緣由會岔開主題很久，不過它們都能使人更年輕，只是方法不同。且看這兩種相異的療法：彼得潘式介入可在我兒子三十歲時延緩他老化，他也可在六十歲時服用金鋼狼式藥物，使生物年齡回到三十歲。在三十到六十歲期間，彼得潘療法較值得期待，他的健康狀態會比金鋼狼療法好，六十歲以後則是金鋼狼較受青睞。最終結果雖不相同，但二者各有優缺點，因此差別沒有那麼大。究竟哪種較受歡迎，取決於哪種最易於／可能達成、治療費用、藥物效力及重複性。

不過金鋼狼回春藥若做得出來，將比彼得潘結果更吸引人，這有一個很重要的原因，誰知道老人學會不會有所突破，或在何時突破，可是一旦出現，我較偏向金鋼狼。我兒子三十歲時，或許這兩種療法對他都終生有相似的好處，我則寧願選金鋼狼。要是我八十歲時能成功延緩老化的療法出現，它對我的價值將遠不及可減少生物年齡的療法，如果八十歲時發現，九十歲的健康狀態會比原本以為的更佳，那或許值得慶幸。可是更理想的是，獲知能重回五十歲時那麼健康。

針對老化而非病痛的重要性

彼得潘與金鋼狼情境還告訴我們一件事，延緩老化的益處遠超過消滅單一疾病。這觀點要求我們把老化而非疾病當作討論健康的重心。

改變討論重心之所以這麼重要，有兩個理由。一是簡單的算數：既然老化是那麼多年齡相關疾病的根由，那治本比追求單一效果有意義得多。若能顯著減少癌症、失智症或心血管疾病發生，也就是說藉著延緩生物老化，同時降低罹患這三種年齡相關疾病，效益將大於加總單一病症的總和。換句話說，延緩老化可同時減緩多重疾病，所以好處很大。

事實證明，由於一種叫做「競爭風險」（competing risk）* 的現象，延緩老化的效益甚至比影響個別疾病的總和還大。消滅癌症將是了不起

---

* 編按：競爭風險是存活分析中的一種概念，描述多個相互競爭的事件或結果，導致研究者要研究的特定事件沒發生。例如，一個人可能面臨多種不同的死亡風險，像是疾病、事故或自然死亡等，這些不同的死亡原因會影響其他事件發生的機率。考慮到競爭風險，可以幫助研究人員更準確地評估事件發生的機率和相關因素。

的成就，但對健康及平均壽命的好處，受限於許多其他年齡相關疾病，消除失智症或心臟病也是同樣情形。這不只關係到生命量的問題，也是質的問題，比如一個人挺過癌症，後來又罹患失智症，或許生命得以延長，但健康不佳。談到老化及年齡相關疾病，《哈姆雷特》中的克勞狄斯（Claudius）說的話頗貼切：「悲傷來時不會單行，而是成群結隊。」因此基於延緩老化的綜效，益處大於消滅個別年齡相關疾病的總和。

影響多種疾病及產生綜效的雙重效果，使延緩老化的好處比只對付一種病症多很多。這是深遠的改變，強調保持健康的重要性，以延緩老化為目標，而非堅持以疾病為重心的治病模式。**與其在病人生病時介入治療，不如協助病人好好變老，保持病人健康**。我們需要真正重視健康和預防，不是疾病與介入的醫療保健體系，我們必須更全面地檢視老年健康，不能把健康視為被個別疾病追著跑。

人類新紀元

一百年前，英國有八分之一新生兒活不到五歲，因此改進嬰兒死亡率是最要緊的健康挑戰。到 1970 年，這場戰役已獲勝，注意力便轉向改進中年死亡率：半世紀前，五十歲的人僅三分之一能活到八十歲，現在，我們已到達五分之四的兒童可活到八十歲。

只是這一次的經驗會截然不同。沒有幼年及中年疾病，改善變老方式是一種良性循環。如史楚布魯格情境的結果顯示，只是單純增加平均壽命卻不改善健康，好處會遞減。當務之急必然是道林格雷的情境：延長健康期，以趕上平均生命期。健康期變長，活得久的好處就增加，要是八十幾歲時活得不健康，繼續活到九十歲的價值就很低，反之如果能夠健康地活過八十歲那幾年，就更值得期待活到九十歲。結果是越能好好變老，就越願意更好地活得更久。以前面各種疾病來說，我們越能治好某病症，就越對它失去興趣。老化則不然。彼得潘情境如此可貴道理就在於，提升平均壽命的同時也增進健康，以避免好處遞減。

簡言之，現在是人類歷史起飛的時刻，我們正進入全新紀元。全球平均壽命已超過七十歲，我們不免覺得老化挑戰已結束，長壽革命已完成。但正是這第一次的成就，標示著第二次長壽革命的到來，現在的要務是好好變老。能好好變老，我們就會想要活得久，而活得久我們就會想要再延長健康期。

當然，試圖延緩老化不保證一定成功，更不能預期馬上就有進展。科學突破或許很緩慢，要逐步漸進；也或許很快速，一下就徹底改變；可能需要幾十年、幾百年，也可能根本不會發生。但為老化方式尋求突破，必須是我們的重心。成功將取決於人類聰明才智的深度、分配足夠的資源、人類生物學的複雜度。

要追尋長青課題可能所費不貲，但以好好變老的價值來說，這不是問題，值得這麼做。健康是經濟學家說的「奢侈」品：國家越富有，就有越高比例的所得用在醫療保健上。那確實是過去百年來的模式，1950 到 2020 年，美國用於醫療保健服務的支出由占 GDP 的 5%，增至 20%（比大多數其他國家高出許多）。將來那很可能再增至高達 30%。[18] 統計生命價值分析說，只要錢是用在保持健康上，而非支援與疾病度過餘生，就是使用得當。但美國目前的情形不是如此。

本章完全以健康來定義好好變老的長壽要務。不過確保兼顧生活的質與量，顯然遠超出醫療問題，這表示必須為長壽規畫財務，為生活填滿活動與目標。我們需要保持參與生活，維繫人際關係，並找出建立新關係的方式，避免乏味，尋求挑戰。所有這些不只需要修正醫療保健制度、開發新藥，也涉及改變事業規畫、理財方式、對老年的想法，及生活的方方面面。所以長青課題還有許多內容，不單只是設法了解裸鼴鼠的基因及牠的老化技巧人類否能應用。

　　若達不到延長健康期以配合平均壽命的基本目標，要兼顧未來生活的質與量就有困難。為達此目標，社會、個人行為、思考方式都需要好好改變，並要有實際行動。現在我們要轉而探討長青人生的基礎。

第二部

建設長青經濟

第四章

健康革命

健康是醫藥無用武之地的狀態。

——奧登（W. H. Auden，英裔美籍詩人、文學家）

　　導演泰瑞・吉連（Terry Gilliam）的電影《未來總動員》（12 Monkeys），時間設定在 2035 年，片中布魯斯・威利飾演囚犯。他獲得被赦免的機會，但必須穿越時空回到 1996 年，找出一種病毒的源頭，那病毒曾殺死五、六十億人，迫使劫後餘生的人避難於地底才能活命。若能防堵那病毒或找到疫苗，生活就能恢復正常，那是布魯斯的任務。

　　在討論我們需要健康革命時，因許多理由會想起吉連那部電影。全球人口超過八十億，全球平均壽命超過七十歲，我們也需要自己的動作片英雄，好拯救我們免於數十億人罹患年齡相關疾病的未來。為實現好好變老的好幾兆美元利益，我們絕不可仰賴時間旅行，而是現在就要徹底改革。如同《未來總動員》，關鍵在於採取預防措施，避免病情嚴重時與病症搏鬥，老化也像疫病一樣，最好即早面對，不要拖延。

　　吉連的電影雖以未來及科幻為主題，卻運用兩個我們看待健康的特點，一是歷史，一是當代。歷史性的特點是深植人心對病毒的心理恐懼，這種恐懼不多久前才表露無遺，就是新冠疫情期間，現代社會逐步陷入停頓，但新冠肺炎只是長期對抗病毒史中的最新戰役。歷史上僅有少數人可活到老，理由正是易感染眾多疾病，鼠疫、天花、傷寒、霍亂、結核病、瘧疾，就算沒有幾十億，也各殺死幾億人，這些傳染性疾病一直是我們最大的威脅。

《未來總動員》也使用一種較屬於當代的信念：我們可以征服疾病。第一次長壽革命的故事就是透過改進預防、診斷、治療，不斷獲得進展，大幅降低傳染病及許多其他病症的威脅。以天花為例，這「斑點怪獸」可追溯到至少古埃及時代，也被認為是拉美西斯五世（Ramesses V）法老的死因。天花比新冠肺炎傳染性更強，死亡率達 30%，估計在過去百年裡，曾造成至少五億人死亡。[1]但多虧疫苗，世衛組織在 1980 年 5 月 8 日宣布，天花已被根除，這是非凡的成就。

我們現在可預期的長壽是這類進步的成果。科學方法（如細菌學說的發現）、醫學突破（如疫苗、抗生素、輸血、放射線）、公共衛生（如衛生習慣、宣導戒菸、繫安全帶）、生活水準提高（如飲食改善、便宜的耐洗布料、肥皂、室內廁所），共同改變了平均壽命。

然而我們目前正站在第二次長壽革命的起點，重點必須放在更好地變老上。推動前一次革命的科學進展必須徹底轉向，我們現在需要多加強調預防重於治療的醫療保健體系，我們需要關於老化生物學的研究，多過對特定疾病的研究。

英國保健署 1948 年成立時，約有半數人口不足六十五歲就過世，最常見的死因是傳染病，如今僅八分之一的人六十五歲以前就離世，傳染病也不再是主要死因。[2]當今的世界是，人們在後半人生很晚才死於非傳染性、進展緩慢但持久的病症，結果造成醫療保健體系財務壓力越來越重，也偏離促進國民健康的目標，而更以治病為主。

這代表進行健康革命的時機到了。醫療保健體系必須聽從定居加州的領導大師馬歇爾・葛史密斯（Marshall Goldsmith）的事業建議，他的名言是：「讓你在這裡成功的，不會讓你在那裡成功。」現階段健康革命的在「這裡」成功是：目前出生的兒童多數得享長壽；但我們需要在「那裡」成功：長壽要伴隨持久的良好健康。

為認識這項挑戰，且看構成醫療保健體系的三部分：公共衛生、醫療照護、長期照護。公共衛生關心的是全民健康而非特定個人，任務包括宣導較健康的生活方式，如少抽菸喝酒、強制繫安全帶等，及監測傳染性疾病。醫療照護著重個人健康，包含由醫師、護理師、外科醫師、診所、藥局，和醫院提供的初、二級照護。長期照護是在家中或機構內，協助需要支援的患者應對眾多年齡相關疾病。

面對第二次長壽革命，這三部分都需要大力革新。公衛體系往往經費不足，這是嚴重問題，因為人們的行為需要改變，也要讓國民較容易過較健康的生活。醫療照護（初級及二級）耗掉大部分經費，卻只重診治特定疾病，而非預防和維持健康，目前高所得國僅約 2.5% 的醫療保健總支出是用於預防。[3] 是如此強調介入治療才造成格列佛遊記中的史楚布魯格結果，然後又使經費不足、費用高昂、未與醫照體系適當整合的長照體系疲於應付。這使得亮麗地支持第一次長壽革命的醫療保健體系，不適合完成第二次革命，也難以長久維持。

但二次革命需要的不只是新醫療保健體系，也需要科學進展及醫學突破，幫助我們更好地變老。這代表必須投資研究老化生物學的老年學。

創建長青醫療保健體系

目前的醫療保健體系以醫療照護為主業。美國所有醫療支出中，有近80%用於臨床照護：初級、二級、藥物。[4]但根據對美國各郡的健康研究，健康結果的系統性差異有80%是社經因素（近半數）及個人行為（約三分之一）的綜合效應造成，[5]僅16%可歸因於臨床照護。從介入治療轉為預防，需要增加在非臨床醫療政策上的支出，那是為改善生活環境及個人選擇。

在長青世界影響維持健康的行動，會日益與醫生和醫院無關。老化方式受各種因素影響，從既有環境到工作性質、公共運輸、孤獨、飲食、財務安全、年齡歧視、教育、設計、水與衛生，不一而足。長青世界的醫療保健體系會加倍寬廣。

公共衛生

這更寬廣的課題要求增加公衛投資。醫療照護著重於治療個別病人，公衛的目標則是支持全體人口的健康。公衛是找出健康風險，並透過改變環境及集體行為，減少那些風險。

如同近期的新冠疫情顯示，公衛是對抗許多疾病的重要的第一線防禦。當缺少可靠的醫藥介入，無論是疫苗或治療，唯一的希望就是以公衛措施加以預防。形式包括分析數據，找出疫病散播之處，鼓勵洗手和戴口罩，提供自我診斷試劑，採取防止病毒擴散的封鎖政策。

新冠疫情也顯示，公衛是複雜而具爭議的問題，需要改變個人習慣和社會習俗，這些舉動又與既得經濟利益起衝突，這領域充滿政府角色與個人自由的問題。同時當公衛體系介入以防止人命損失時，成果往往遭到忽略。防範問題無法與介入解決問題獲得同等的肯定，或許這可解釋公衛在保健支出的占比萎縮，目前只占美國醫療保健總支出約 3%。[6]

儘管有這些錯綜複雜的問題，公衛也已達成多項成就，從改善衛生到道路安全，各種公衛措施已拯救千百萬人的生命。最近的例子是減少吸菸的政策。吸菸減少平均壽命十歲，擴大一般平均壽命與健康平均壽命的差距到六歲。[7] 據估計二十世紀有一億人因吸菸早逝。[8] 自從採取多項措施，因吸菸而死的人數顯著減少，1990 至 2019 年，美國人死於吸菸的可能性下降約一半。[9]

談到老化，公衛再次必須是第一線防禦。有六大領域應是主要焦點：吸菸、飲酒、空氣污染、社交孤立、缺乏運動、肥胖。這每一領域都對健康及平均壽命有很大的負面影響，我們必須改變個人習慣，也要改變生活環境才能成功。好好變老可能必須辛苦獲得及累積，無法突然一步到位。

公衛在吸菸方面雖有進展，但仍有許多該做的事，尤其在高所得國以外地區。[10] 全球約有四分之一的成人吸菸，每年約導致八百萬人死亡，其中約七分之一是由於二手菸。

空氣污染對健康的影響也日益明顯。全球空污造成近九百萬人死亡，也有越來越多證據指出，空污與失智症有關。[11] 處理空污不只對地球重要，對我們本身的健康也很重要。

孤獨與社交孤立對身心健康及老化方式都不好。影響確實存在，如諾瑞娜・赫茲（Noreena Hertz）殘酷地在著作《孤獨世紀》（The Lonely Century）中簡言道：「如果孤獨，你得冠狀動脈心臟病的風險高出29%，中風的風險高出 32%，出現臨床失智症的風險高出 64%。若覺得孤單或與社會隔絕，會比沒有這些情況早逝的機率多出近 30%。」[12]

最急迫的公衛問題，很可能是對付不斷增加的肥胖症。根據對將近百萬人的研究，中等肥胖（BMI 30 到 35）將減少平均壽命約三歲，重度肥胖（BMI 40 到 50）將減少十歲。[13] 健康平均壽命也由於一大堆病症如糖尿病、癌症、心臟病、關節炎而下降不少。影響所及不只是個人健康，在英國因肥胖而減少的生產力、稅收，再加上更高的福利支出，據估計損失超過五百億英鎊，更別說肥胖導致的額外醫療照護費用。[14]

把肥胖當健康問題處理著實不易，但達成減少吸菸也不容易。吸菸也面臨選擇自由、既得利益勢力、了解決定個人行為的誘因需取得科學共識等相同問題。

因此解決肥胖也有賴於與降低吸菸相同的政策組合。包括結合稅捐與停止造成肥胖計畫，進行推廣宣導（指出某些行為的危險性，解說健康習慣的好處），限制提供有害食物等。正如菸草業成為公衛推動戒菸的焦點，食品飲料業將成為長壽社會的重點領域。醫學之父古希臘人希波克拉底說：「把食物當作藥。」工業革命的偉大成就之一是提供便宜食物。可是當我們遠離史楚布魯格世界，就要把更多心力放在飲食與健康的關聯上。糖、鹽、添加物尤其將是多課稅及管制的標的。

公衛在判別對人口造成風險的因素時，應重視最容易讓人無法好好變老的次團體。前面強調過，低所得者平均壽命較低、衰弱度較高。新冠肺炎透露出，英美都有某些族群暴露於高出許多的健康風險，又難以取得適當醫療照護。在預防性健康措施上，那些差距可能更加明顯，我們需要主動積極的政策，以免加重不平等，並使人人得享長壽。

重心轉向預防

約翰・貝爾爵士（Sir John Bell）是牛津大學欽定醫學講座教授，他感到憂心忡忡，斷言：「目前世上沒有我認為能持久的醫療保健體系，現有的都會坍塌。」[15] 他以英國國民保健署為例：「看看保健署的數字，簡直糟透了。等候名單長得不得了，醫院人滿為患，大家都不高興，該怎麼辦？訓練四萬名新護理師，一萬名新醫師。真的嗎？怎麼行得通？索姆河戰役（Battle of the Somme）就是這麼做的，派更多人去打戰，然後被制度殺死。這是如何解決問題更根本的問題。」

　　貝爾用索姆河之役做比喻很震憾。第一次世界大戰的這場戰役打了四個月，死亡官兵達百萬以上，反戰詩人齊格弗里德・沙遜（Siegfried Sasson）形容它為「陽光下的地獄寫照」。[16] 英軍在首日就損失近二萬人，兩邊的將領都認定，唯一的下一步就是派更多人去死。貝爾的論點再清楚不過：要贏得對抗年齡相關疾病之戰，必須另闢蹊徑，派更多人去做相同的事，不會產生不同的結果。貝爾的比喻令人想起美國小說家菲利普・羅斯（Philip Roth）在小說《凡人》（Everyman）中令人難過的這句話：「老年不是戰役，老年是屠殺。」

　　問題有部分出在須找到足夠人手，為不斷增加的老人提供他們需要的照顧與扶助。美國勞工統計局（Bureau of Labor Statistics）預測，2020到2030年成長最快的職業是護理類，將增加27.5萬人。過去十年日本護理之家的數目也增加近五成。英國對護理師和看護的需求同樣越來越多，但截至2022年，成人看護待填補的空缺達16.5萬個。找到受過相關訓練的人員，接下困難且通常待遇欠佳的工作將日益困難，不只是專業護理師及看護不足使現狀難以持久，照護也對家庭形成龐大的要求，英國四十歲以上成人約有五分之一提供某種形式的成人照護。[17]

　　史楚布魯格結果除形成對照護者無止境的需求，也產生難以持久的醫療保健開銷。英國每人每年平均醫療支出：無慢性病者 1,000 英鎊、兩種病況者 3,000 英鎊、三種病況 6,000 英鎊、三種以上 7,700 英鎊。[18] 既然有那麼多慢性病不但可治療更可避免，一定有更好的解決辦法。要想達到道林格雷或彼得潘的結果，必須把更多這些醫療支出用於預防措施。2020 年美國醫療保健總支出是 4.1 兆美元，[19] 平均每人 12,516 美元，其中僅每人 363 美元是用於預防。[20] 就算預防保健昂貴，但花錢促進健康，不是一定比只是治病要好嗎？

　　難就難在預防傳染病固然已有許多革新，尤其是疫苗，可是對預防非傳染性疾病幾乎完全沒有進展。因此公衛經常強調飲食及運動等改進法的重要性。

　　癥結不只是缺乏改革。由於有太多疾病須重視，因此要偵測對某疾病的易感染性都做臨床測試，費用昂貴。有些計畫是早期偵測乳癌及攝護腺癌，但沒有對所有可能病症都這麼做的選擇餘地。此時的財務決策就是選擇在病症顯現時介入治療，只是當病情嚴重時較難治療，而重心又變成疾病而非健康，我們退回史楚布魯格世界。

　　所幸現在或許真正有革新的空間。DNA 只要區區一百美元即可處理，大數據及 AI 的發展提供巨量資訊，可監看及預測健康情形，開啟新的可能性。我們無法提供人人全套的健康防禦措施，那花費太大，也不願只提供少數人全套措施，那太精英主義，但我們可考慮提供所有人針對個人風險的某些預防檢測。

　　例如基因篩檢可判定你是否有較大機率得到糖尿病、失智症或乳癌。與其對所有病症都做預防檢測，憑藉基因篩檢資訊，醫療保健體系就能持續檢測患病風險最高的領域。

　　這種作法有雙重好處。一是不必等到病情嚴重，可及早採取措施對付病症，甚至預防發病，由此即可遠離史楚布魯格結果，邁向道林格雷結果。第二項好處是，針對性措施可壓低費用，達到提早介入治療，獲得更好健康。真是一舉三得。

所有這些的核心是目前可收集到個人健康及基因的龐大數據。智慧型手機可提供關於睡眠情況、運動量多寡，走路速度及步伐的數據，在家監控血糖和血壓數值也越來越容易。但願這些數據不只可用於改進預防政策的效用，也能增進診斷與治療。

英國為此推出「我們未來的健康」（Our Future Health）計畫，目標是招募五百萬成人，提供關於個人健康及生活型態的資訊，並提供血液樣本進行詳細基因分析。美國的「我們全民」（All of Us）計畫是對一百萬人做同樣的事。這是新醫療保健體系的開端。

更年期

針對健康長壽的預防保健計畫，務必要重視更年期，這是重要的一環。婦女因更年期面臨從失去生育能力到平均壽命之間很長的差距，有許多證據顯示，這對婦女晚年健康有很大影響。[21]

更年期通常發生於四十五到五十五歲，平均約持續七年，但可長達十五年。它帶來顯著的身體變化：雌激素分泌減少，體脂肪增加，造成胰島素阻抗提高，脂質（三酸甘油脂及膽固醇）產生反向變化，健康風險因此不同。五十五歲以下，男性死於心血管疾病的可能性高於女性，五十五歲以後情況相反。[22] 胰島素阻抗提高，增加糖尿病風險，雌激素減少，增加骨質疏鬆風險。

健康對長壽如此重要，高齡化社會對更年期問題卻如此掉以輕心，令人詫異。我們對更年期仍有許多未知之處，唯有五種動物會經歷更年期，人類為何是其中之一我們也不清楚（其他四種都是鯨魚：白鯨、獨角鯨、虎鯨、領航鯨）。

　　更年期發生的年齡是絕大多數女性可預期活到的歲數，而現在可預期在更年期後活得更久。1933 年二十歲的美國女性，有 80% 機率活到五十五歲經歷更年期，如今則有 94% 的可能性經歷更年期。1933 年五十五歲的美國婦女預期餘命還有二十年，如今假定不再延長，則平均還有二十八年。經歷更年期的可能性及將來影響健康的後果，從未像現在那麼大，這顯然是長青課題之一。

　　更年期影響的不只是健康。各種症狀加在一起會擾亂工作及家庭生活，導致婦女退出勞動市場，及隨之而來亦涉及財務影響。若想要晚年活得充實，就必須聽美國媒體天后歐普拉・溫弗蕾（Oprah Winfrey）的話：「有太多跟我談過話的婦女把更年期看作終點。可是我發現，經過那麼多年以別人的需要為主的日子，現在是你再造自我的時刻。」

以個人為重

　　長壽社會注重維持健康，而非治療病症，但目前的體系有太多地方反其道而行。例如許多現代醫療保健體系的經費預算是根據病人的統計數據而來，像是醫院進行的手術數量，也就是預算與病人數有關，而非考慮人口總數。反之若經費是根據各地人口多寡提供，那麼錢成功花在預防上，就代表手術較少，病人較少，預算壓力也較少，那正是新加坡自 2022 年三月起實施的改革。新加坡衛生部長王乙康說：「經費基礎做此變更後，對醫院有以預防照護維持居民健康的自然誘因。」[23]

　　以治病為主的作法，因老年人口多病齊發，問題也日益嚴重。治療變得零散，需要眾多專科醫生專注於特定疾病，而非個別病人的需要和福祉，結果造成重複診治多，開藥浮濫，昂貴但經常效率差的醫療。開藥浮濫（多重用藥）是一大問題，不只在於浪費錢，也因藥物交互作用，會導致不利健康的後果或降低藥效。多用老年病專家而非專科醫生、由專科醫生團隊駐診單一診所、加強密切整合初級和二級照護，都是為提供更完整的服務之必要。

要達到這種程度，必須採取以社區為單位的方式全面應對各種病症。也就是設置地方診療中心、移動資源、四散的診所，而非仰賴大醫院及醫學中心。與此相關的是，必須了解個別病人及其個人目標。人人都希望常保健康，但也想過自己最想要的生活。你我最重視並想要針對哪些健康面向因人而異，以我來說，我是伏案工作並喜歡閱讀的學者，我害怕的病症可能不同於從事戶外工作或喜歡爬山的人。人人老化的方式也不一樣，健康照護也應有足夠彈性，以順應個人需求。

責任屬誰？

轉向預防式保健，個人必須負起更多責任。哈佛大學應用經濟學教授大衛・卡特勒（David Cutler）指出：「在醫療照護上唯一最未用到的人是病人。」改變這狀況指日可待。目前當病人出現在診所或醫院時，往往成為診治過程的被動參與者，檢測、診斷、治療都是受過訓練的醫護人員的責任。

在預防式照護很要緊的世界，病人必須參與更多。病人可流覽智慧型手機提供的資訊注意身體變化，並善用提供資訊或監測血糖的新消耗品。

有很多可做的事，讓你延後看醫生。與其得了糖尿病才去看醫生，最好防患於未然。糖尿病的定義是空腹血糖 7mmol/L，但就像許多醫學測量數值，不是某個特定門檻就能決定是否健康，關鍵在盡可能長久維持血糖不過高。你不必是醫學專家，但可投資於了解自己的健康狀態，知道要注意哪些重要指標，及該採取什麼步驟。

這些改革牽涉很廣，需要很多協調。必要的改革規模龐大，政府的角色就在於此，確切的角色內容因國而異，各國醫療保健體制的細節天差地別，公衛在各國都是政府的責任，但醫療照護是公私共同負責。老化方式受多種力量影響，這代表個人健康有很多地方取決於醫療保健體系以外。政府必須以健康平均壽命為目標，成立長壽委員會，負責縮短健康期與生命期之間的差距。美國有經濟顧問委員會（Council of Economic Advisors），英國有貨幣政策委員會（Monetary Policy Council），我們也需要類似機構來監管國民健康、促成改革和追求目標。

科學解方

第二次長壽革命除去改革醫療保健體系，也必須促進科學解決方法。有幾種年齡相關疾病已獲得進展，特別是心血管病症、糖尿病及某些癌症。但基於這類病症日益重要，我們應更當重視老化生物學，也必須對直接影響老化過程下功夫。

過去二十年老年學（即研究老化的生物學）有長足進步。原來年齡的可塑性可能比我們想像的大很多。但究竟有哪些研究成果，對未來又有何意義？我們真的能操縱老化速度嗎？就快要發現治癒老化的方法嗎？

人為何會老

希臘數學家阿基米德也許是第一個但並非唯一在澡缸裡經歷「我發現了」那一刻的科學家。湯姆・柯克伍（Tom Kirkwood）教授 1977 年在新堡（Newcastle）家中洗浴時，也苦思老化的神祕之處。這位英籍生物學家得出的見解是，動物就算沒有老化基因的設計，進化力量也會產生作用，使老化成為事實。這對老年學很重要，因為它指出，生物老化可能並非如過去以為的是刻入基因中。

柯克伍這見解背後是兩類細胞的差異。對物種延續十分重要的細胞（名為生殖細胞系，以精子卵子為代表），經由複製會永久存活。身體所有其他細胞，總稱為體細胞，則無法複製。體細胞經常易於受到破壞、突變、其他擾亂威脅，最後導致死亡。

進化的要務是確保生殖細胞系經由複製存活下來，使物種永續下去。柯克伍承認，這使人體的重要性僅在跨越時間協助傳送生殖細胞系（從父母傳到子女）。身體像帶著重要信函的信封，只等信函寄到，信封就可丟棄，因此有「拋棄式軀體」的說法。

細胞需要能量才會發揮作用。由於身體的能量供應有限，就必須決定分配到細胞層次的能量是要用於成長、繁殖或修補。假設某種動物的基因設計是不會變老，身體對細胞能量的指示就是確保維持身體及青春，這動物雖不會變老，但仍要面對因傳染病及掠食者而死亡的風險。假設由於這些威脅，這動物每年的存活機率只有 50%。

再想像牠發生基因突變，於是用於維護身體的能量變少（因而加速老化），但分配給成長和生殖的能量增加。好的一面是牠成長更快（可抵禦掠食者與疾病），不好的一面是，牠活得越久越衰弱越容易生病。那似乎是壞消息，若牠只有 50% 的機率可活過一年，這負面結果對生殖的影響有限，僅約 6% 可活到四歲，所以年老的動物對傳送生殖細胞系貢獻很小。而對物種存活大大有利的則是促使成長與生殖都發生在年輕時，於是多虧物競天擇，久而久之有這種基因突變的動物會多過未突變的。

柯克伍的「扔棄式軀體」邏輯，正是長青要務的反面。「身體像信封」說法也表示，面對活到老年的可能性低，進化最好以成長和繁殖為重，而非以老化及維持為重。這便可以解釋人為何會老化，不過它有一個重要的必然結論。

也就是老化從未是進化過程的優先要務。進化會選擇有助於促進生殖的基因，但不會選擇生殖後影響我們的基因。假如老化程式寫在細胞裡，是為傳遞演化的優勢，就不會發生在過去很少人活到的年紀。這表示老化是演進忽視而非刻意的結果。

這為長青課題帶來挑戰，也帶來機會。挑戰在於，就算我們對支持健康老化大有可為，但生物運行的現實仍不容否定。若想好好變老，需要老年學有重大突破，而機會在於，如若老化是漏洞而非已經寫進基因的程式，就有理由感到樂觀，相信找得到操縱如何老化的方式。這是長青課題的科學解方。

人如何變老

柯克伍對老化的原因提出深刻見解，而要探究的是了解人類如何老化。為提供解答，主要大學紛紛新成立老化生物學中心，聘請著名教授投入開創性研究，聲名卓著的學術期刊《自然》（Nature）與《刺胳針》（Lancet），都開辦專門討論這個主題的專家學報。名氣、財富、永垂不朽（名聲上）都等著能做出重大突破的人。

另一個顯示專門領域已成形的跡象，是名為「老化標記」的新建共識：共同構成生物老化的多元生物過程。[24] 標記共有十二個：1 基因體不穩定、2 端粒磨損、3 表觀遺傳改變、4 蛋白穩態失衡、5 巨自噬作用失能、6 營養感應失格、7 粒線體功能障礙、8 細胞衰老、9 幹細胞耗盡、10 細胞溝通改變、11 慢性發炎、12 腸道菌叢失調。

每一標記以不同方式說明，導致生物老化的細胞及分子損傷。要解說每個標記如何運作，將偏離長壽要務太遠，不過且以第 8 標記細胞衰老為例。[25]

正常人體細胞會不斷複製分裂，使身體得以成長和自我修復。美國生物學家李歐納・海佛列克（Leonard Hayflick）一九六〇年代的著名發現，確立細胞分裂次數有極限（約四十到六十次），細胞一旦達到複製極限就進入殭屍狀態，變得衰老。人年紀越大，衰老細胞就累積越多，如同一籃壞掉的蘋果，耗盡的細胞會引起身體發炎，使其他細胞也跟著衰老。免疫系統抗衡這類細胞的效能持續降低，所有這些都屬於生物老化特有的細胞過程，屬性也是「漸進然後突然」。運用對這一標記越來越多的認識，研究人員現正嘗試開發一類新藥，名為反老藥（senolytics），針對衰老細胞加以清除。對這種療法的期待是，例如協助治療關節炎，那將是受歡迎的道林格雷結果。

另一個充滿潛力的領域是幹細胞（第 9 標記）。當幹細胞分裂時，會形成其他幹細胞，或是在身體其他部位：肝臟、心臟、腦部、皮膚等負起特定細胞功能。但幹細胞分裂次數越多越會耗盡，結果實際造成編碼錯誤，使新細胞功能較差。日本幹細胞科學家、諾貝爾獎得主山中伸彌以特別的結果顯示，這過程有可能逆轉，把成年細胞改回「多能」形式（幹細胞有能力在體內成為任何形式的細胞）。[26] 因此提高的可能性是，用自己的細胞創造多能幹細胞，藉以補足身體老化的部分——金剛狼式治療。

所有這些都令人無比振奮，我們確實而合理地感覺到，在理論上及實驗室裡都有進展。可是對生物老化如何發生有所了解，不見得代表我們能控制其過程。有十二種標記，每種都可能相互作用，正說明老化過程可能有多複雜。

我的專業生涯中，有不少時間是用在研究另一個層面多到不行的體系：經濟。一國的經濟就如同人體，是在許多相互連結的體系構成的複雜網絡上運行，易受外來衝擊的影響，因此，預測經濟結果若非愚蠢也是困難的事。但政府發現，可對經濟前景產生超大影響的政策工具數量有限，效果顯著的是稅率、利率、政府支出。要是將類似方法運用到老化上，找出一些可改變老化方式的關鍵途徑，好不好？

加州大學舊金山分校分子生物學家辛西亞・肯尼恩（Cynthia Kenyon），1993 年就找到這樣一條路。她發現只要改變某種蛔蟲（秀麗隱桿線蟲〔C. elegans〕）的一個基因（daf-2），就足以使牠比正常多活一倍時間，[27] 似乎也一直保持健康到死。可以說，牠是彼得潘而非史楚布魯格蟲。從蟲到人類距離十分遙遠：我們的基因架構要更複雜得多，但肯尼恩對其發現的反應值得一提：「你只要想想：『哇，也許我可以是那長壽的蟲。』」

肯尼亞的發現極為要緊，因為那顯示老化可能只受幾條關鍵途徑強力影響，而不必動到整個體系。柯克伍的拋棄式軀體則說明，老化為何比過去以為的更具可塑性。

為了解這對未來治療老化使我們更好地變老，可能意味著什麼，且比較一下經濟與老化生物學。經濟易受多種衝擊撼動，而經濟體系內不同部分的交互作用會製造不穩定，而且當經濟體遭受較大衝擊時，政府緩和其影響的能力有限。人體是完全相同的情況，所以老年學的突破雖有可能改進老化方式，但不保證立即見效，也絕未承諾永生。老化的本質會一直製造挑戰。如史丹佛教授湯姆・蘭道（Tom Randon）所說：「不是 A 造成 B 造成 C 造成 D 造成老化。而是多個節點和連結形式的網絡圖，它們全受制於反饋迴路，結果又變成原因，並逐漸變得越來越不穩定。」[28] 也與經濟相同，我們可影響老化，以得出較好的結果，但並不表示可完美地控制老化。

解決棘手的經濟問題沒有單一魔法，政府是用多種政策手段，處理通膨、失業、貿易、成長。對付所有老化標記同樣不可能用單一治療解決，腦部、心臟、皮膚、免疫系統等也許有不同老化模式，有多種疾病的好發率隨年齡上升，所以可稱為年齡相關疾病，但並不表示每種病症都是相同的生物老化途徑使然。

這表示，如同政府採用廣泛措施組合（利率、匯率），及更有針對性的政策組合（投資信貸、資本稅減免、雇用補貼），我們也可預期，當老年學促成藥物開發成功，也會是多管齊下。肯尼恩發現有限數目的基因可改變蟲的老化，這固然很了不起，但人類的老化可能涉及更多途徑。因此某種動物的生物學越複雜，就越無法期待單一干預能影響壽命。

最後是經濟干預往往會影響到其他領域。譬如央行為控制通膨而提高利率，此舉或許可降低通膨，但也導致成長趨緩，失業增加。同理，針對生物年齡的治療也須評估有害的副作用，比方癌症在老年時的威脅較小，因為所有細胞都成長較慢，包括惡性細胞。可是當我們更好地變老時，情況也許就會不同。有時解決一個問題，會製造出別處的難題。

儘管有這些警告，但無須懷疑治療老化標記的可能性，敞開老年學值得欣喜的展望，這反映在許多研究人員振奮的樂觀態度上。哈佛醫學院遺傳學教授大衛・辛克萊（David Sinclair）說：「我認為老化是疾病。我相信它可以醫治，我相信在我們有生之年可以治療它。」[29]

英國老化生物學家奧布里・德格雷（Aubrey de Grey）同樣很樂觀。鬍鬚飛揚的德格雷語不驚人死不休，也喜歡知識論戰，他在長壽研究領域是獨特又具爭議性的人物。他的推特帳號有一句聲明，簡單但雄心萬丈：「我正領導擊敗老化的全球十字軍。」他曾發明一些名詞，如「瑪土撒拉之道」（The Methuselarity，意思是突破回春的偉大志業，免受年齡相關的健康之苦，譯注：瑪土撒拉是聖經記載最長壽的人）及「長壽逃逸速度」（longevity escape velocity，平均壽命每年增加一歲以上的時間點）。

德格雷像這樣結合令人昏頭的概念、冷硬的數字、無情但合邏輯的預測，使他的觀點頗受矚目。他在意的是，除非把訊息大聲且戲劇化地傳達出去，否則不但不會收到充足的經費用於研究社會面臨的最迫切健康問題，也會對他認為即將展現的科學突破準備不足。德格雷的說法是，「只要這技術一廣為大眾期待，就會出現絕對翻天覆地的大混亂。」[30]

不過這些主張對非長壽陣營的人而言是危險的，雖引起眾人對此主題的興趣，卻也引發各種期待及過度承諾與嘲諷等風險。此外也激起民眾對達成永生的不安感，而非對當前最迫切的年齡相關疾病健康問題，產生急切感。長壽陣營比較喜歡強調，在最終轉向人體實驗前，累積一篇篇學術論文、一次次動物實驗的進步，藉此帶動第二次長壽革命逐步現身。他們避免用「I」字（immortality，不死），強調「H」（healthspan，健康期），以道林格雷情境為重心，即各年齡層都要看來很好，感覺很好。用科學術語說，他們強調完全壓縮發病的重要性，使慢性病縮到生命最終點才開始。他們談「健康的老化」，不談「長壽」，他們強調長青的見解告訴我們，健康的老化才是最當務之急。

測量生物年齡

希臘神話中有三位命運女神，通常被描述為絕妙的裁縫師，她們三位一起決定每個凡人的命運長度。克洛托（Clotho）紡織生命之線，拉刻西斯（Lachesis）用量桿決定生命之線長度，阿特羅波斯（Atropos）是三位中最年長的,她決定何時剪斷生命之線。人的命運無法否定,時序年齡也許告訴你你活了多久,但無法告訴你,何時會成為阿特羅波斯刀下的犧牲者。

在長青世界裡,有個類似問題打擊著時序年齡。有一大堆日常語句(如:「以他的年紀看來很不錯」或「歲月不饒人」)指出生日蛋糕上的蠟燭數,與個人直覺的老化感之間,存在著微妙的差異。這潛藏的老化觀念對長青課題十分要緊。若年齡可塑,我們想操作的是這較微妙的深層老化觀念,而不是蛋糕上蠟燭數。意思是預防式保健若要成功,就需要有辦法與拉刻西斯的量桿競爭,找出測量老化數字的方法。

有鑑於此,老年學以老化標記為基礎,開發生物年齡測量法。發掘人體隱藏的祕密是很強大的概念,更強大的是採取行動的想法,以延緩老化並取得個人命運控制權,來回應測量結果。

目前最先進的作法,出自德裔美籍遺傳學家史蒂夫・霍瓦斯(Steve Horvath),他是加州研究細胞回春的公司阿爾托斯實驗室(Altos Labs)招聘的精英科學家之一。霍瓦斯開發出一種精密的 DNA 測試法,名為霍瓦斯老化時鐘(Horvath aging clock),可根據 DNA 甲基化程度,準確估算生物年齡。[31] 人類 DNA 因表觀遺傳現象而變化,那是指行為與環境的互動。DNA 甲基化是互動過程的一環,甲基群依附在 DNA 特定部分上,使某些基因停止運作。在霍瓦斯看來,老化「有點像汽車生鏽……隨年紀增長,情況會生變……這些變化就是甲基化,所以測量『鏽蝕』數量就能測量生物年齡。」在此留個紀錄,這種測試法與老化第 3 標記表觀遺傳改變有關。

這些測量年齡的生物學方法深具潛力,但與老年學相同,仍有無數的問題還待解決,才能宣稱勝利。在動畫《辛普森家庭》中,華頭醫生對美枝說：「我們治不好（荷馬的）心，但可以告訴你，損壞得有多嚴重。」除非我們學會如何管控生物年齡，否則測量它的好處有限。

同樣我們也需要確保，測量到的生物年齡降低，等於生物年齡實際降低。溫度計可測量室溫，可是如果用冷毛巾包住溫度計，只能使讀數下降，對室溫毫無影響。只有測量結果改變，基本事實未變是沒有意義的。我們必須確定，用於測量生物年齡的生物指標，不只與老化相關聯，也與老化方式有因果關係。好消息是，有前景看好的早期跡象顯示，生物年齡測量法具可塑性，也能準確反映基本健康情況。諷刺的是，唯有走過時序時間，我們才能確知生物年齡測量結果，是否是對個人壽命的可靠估計。

另一項挑戰在於，是否真正有單一的數字，可扼要指出目前的老化情況。我們知道每個人老化方式不同，有些人是免疫系統老化得較快，有些人是心血管系統或皮膚或認知過程老化快，或許身體不同部位應有不同測量標準。若真是如此，我們就能聚焦於最需要注意的部分，發掘自己身體的哪些部分老化得最快，對改進預防式保健將是無價之寶。

藥物開發

老年學的終極目標是，開發支持長青課題的藥物。或是防止老化（預防）的「老化防護藥」（geroprotectors），或是對抗年齡相關疾病（介入）的「老化治療藥」（gerotherapeutics）。但老年學不是專注於研究癌症或失智症，而是注重老化過程本身，非單一病症。鑑於疾病範式主宰醫療保健體系，要轉移重點，就需要在藥物開發上做重大變革。

成功開發藥物從開始到完成，平均需要約十二年。[32] 大多數藥甚至提早遭腰斬。僅有千分之一的藥能通過臨床前實驗（在實驗室中進行，通常是根據動物實驗）。通過初步關卡的藥僅十分之一能完成接下來的三階段臨床實驗，目的在確定安全性及藥效。所有這些都使藥物開發成為昂貴事業：一種藥物到上市平均成本是十三億美元。[33] 因此新藥出現的頻率，遠低於醫生及病人所願。

藥物開發過程必須更快、更便宜、更可靠。這方面有二大希望：人工智慧（AI）及現有藥物新用途。製藥公司正投資數十億美元進行 AI 研究計畫，期望 AI 能搜尋所有過去的研究及實驗，找出以往未發現、可幫助藥物設計及測試的模式。

第二個富於潛力的領域，源自對老化標記更多的知識。用於治療某種年齡相關疾病的藥，可能也有其他藥效。最著名的例子是 1922 年，首度在醫學文獻中被描述的二甲雙胍，此後它成為世上使用最廣的治療糖尿病藥物之一。有些研究指出它有可能成為老化防護藥，[34] 服用此藥的糖尿病人，在某些研究中顯示活得較久，也比未服用它的非糖尿病人較少罹患年齡相關疾病。不過在趕忙下單購買二甲雙胍前，請注意這項發現有爭議性，也尚未獲得藥物實驗證實。然而它確實引起對便宜藥物的期待（二甲雙胍一顆約 30 美分），能幫助我們更好地變老，並能像施德丁（statin）及阿斯匹靈一樣經常服用。

即使如此，老年學專研老化將在藥物實驗上遭遇問題。藥物實驗旨在提供治療病症成功──或失敗──的證據，老化不被承認是疾病，所以會有問題。該不該把老化當成疾病是有爭議的。世衛組織 2022 年更新國際疾病分類，並把隨時間變為貶抑詞的「衰老」（senility），換成「老年」（old age）。因此引起的抗議之激烈，使得世衛走回頭路，用略有差別的定義取代「老年」：「與老化相關的固有能力衰退」，[35] 這改變看似細微但很重要。長青的目標若是要避免低估晚年的能力，只因為年紀老就定義為患病顯然會有問題。辛克萊則認為，不把老化歸類為疾病是歧視。他說：「目前認為老化可接受的觀點，本身就是年齡歧視。」[36]

也有人說，老化是許多病症的促因，並不代表老化本身是病症。同理，老化若是多層面的，可能就無法反映單一過程，或定義為單一疾病。簡言之，對老化的論辯透露許多潛藏的問題。「老化」是混合式用語，涵蓋很多不同意義。科學家視「老化」為病症的意涵，截然不同於「老化」在其他場合的意涵。凡是有關好好變老的論辯，幾乎必然會因「老化」一詞引起誤解。

老化在老年學裡有十二個標記，也代表究竟什麼構成老化有很大論辯空間。由此觀之，拒絕承認「老化」是疾病，對老年學家更準確地評估、描述、排序這些標記，確實是一項挑戰。

但醫治老化有另一個藥物實驗問題：不能做得匆忙。理想的情況是，追蹤一群健康的年輕人許多年，以記錄服用防老藥與未服用的長期差異。製藥公司不耐長期實驗的花費，等候年輕人變老在商業展望上缺乏吸引力。評估療法藥效最獲認可的隨機對照實驗，無法輕易對健康長壽的療法進行。

不過這是老化生物測量令人振奮的另一個理由。要是測量結果可靠，就能繞過需要長期實驗。所以老化的生物標記，是某種實驗的關鍵要素，這提議中的實驗名稱很好記：TAME（targeting aging with metformin，以二甲雙胍對付老化），目的在評估用二甲雙胍做防老藥的效能。實驗由尼爾・巴齊賴教授領導，經與美國食品藥物管理局（US Food and Drug Administration, FDA）諮商而設計，將追蹤年紀六十五到七十九歲的三千人，共六年。[37] 巴齊賴的團隊不會詳細記錄發生單一疾病，而是各種年齡相關病症的綜合，包括癌症、失智症、心臟病。除這慣例的監測，同時將進行生物年齡測量，以評估二甲雙胍對老化過程的影響。

並非人人都看好二甲雙胍。有人懷疑其效力，有人認為它有效，但效力很小，應實驗效力更強的療法。但就算 TAME 實驗結果是二甲雙胍無效，一切努力也不會白費，這實驗法是為評估針對老化的藥物而設計，將做為食品藥物管理局批准的範本。

若你熱中於追蹤老化藥品開發進度，請注意對狗的治療。我們養寵物的人通常都希望寵物能盡可能舒服地留在身邊久一點，這可說明為何美國每年在寵物上的花費將近 1,100 億美元，平均一條狗 1,400 美元。可是養過狗的人都知道，狗的生命長到足以讓我們情不自禁愛上牠，卻短到讓我們心碎。狗大多可活十至十三歲，這是延命治療的誘人市場，因為對狗做測試可以更快，更不必受政府法規監管，那正是西雅圖華盛頓大學教授麥特・凱伯萊恩（Matt Kaeberlein）的目標，也是其「狗老化專案」（Dog Aging Project）的目標。延緩人類老化的話題，轉向對長生不死的顧慮，速度快得不得了，但我從未聽過有人對干預狗的壽命表達顧慮。請注意你的愛犬，那是老化突破的早期指標所在。

這次不同

長壽產業近來雖頗有進展，但有一個問題：存在已久的過度承諾傳統。早在 1317 年，教皇若望二十二世（Pope John XXII）便譴責煉金術士尋找哲學家之石及長生不老藥，因為「他們承諾他們無法生產的物品」。此後過度承諾的事層出不窮，未來想必還會更多。老年學有千年之久的可信度問題，在展開第二次長壽革命之際，這會影響對老年學的觀感。

促進長壽一定有錢可賺，所以向來不缺自稱握有長壽祕訣的大師。

布魯斯・卡恩斯（Bruce Carnes）與傑・奧山斯基（Jay Olshansky）合著的《追求永生》（*The Quest for Immortality*，暫譯）中，尖刻地寫道：「延壽產業始於少許實話，但很快就摻雜一大湯匙偽科學、一杯貪婪、一品托誇大、一加侖人類想活更長更健康的期望，那是錯誤冀望、承諾食言、夢想落空的處方。」[38] 奧山斯基繼而設立抗老化騙術銀羊毛獎（Silver Fleece Award for Anti-Aging Quackery，譯注：金羊毛是希臘神話中的稀世珍寶，銀羊毛對比之下是假貨），要頒給對老化或年齡相關疾病最荒謬、無恥、無科學根據或誇大的說詞。獎品是？是一瓶改貼「蛇油」標籤的蔬菜油（譯注：蛇油象徵誇大不實的藥物）。

每逢金融泡沫，投資人無一例外，都是相信「這次不同」而受騙。無論南海公司、鐵路股炒作、網路達康革命或最近的虛擬貨幣價格暴起暴跌，投資人都相信出現新的發展，將大大改變未來，所以期待值及資產價格高漲很合理。《錢》（*Money*）雜誌 1999 年形容約翰・坦普頓（John Templeton）爵士，「可說是本世紀最偉大選股家」，他有句名言：「這次不同」，是聽進投資人耳中最危險的四個字。

各世代同樣也會找出新方法，根據來自科學新領域的誘人報告，相信治好老化的療法近在咫尺。從空想家、庸醫、江湖術士過去的紀錄來看，傾向於懷疑是合乎情理的。如同伊索寓言狼來了的故事，喊狼來了太多次，最後沒有人會相信你。

不過回顧過去與嘲笑很容易，科學的新領域卻前景不明。站在最前線的人無法確定怎麼做會成功、怎麼做會失敗。一九二〇年代尤金・史坦納赫（Eugen Steinach），因支持切除部分輸精管延緩老化及保持活力而成為名人，史坦納赫的顧客包括心理學家佛洛伊德和「老前輩」愛爾蘭詩人葉慈。後來史坦納赫的長壽法被揭發一文不值，但他確實是內分泌學家，曾九次獲諾貝爾獎提名。雖然他對延緩老化的想法證明是錯誤的，但他對荷爾蒙的研究直接導致發現胰島素，使健康平均壽命與一般平均壽命都顯著延長。

當前的老年學研究同樣前面擺著三條不同路線。一條是新領域科學，會得出有助於更好地變老的真正突破；第二條最後不會有什麼結果；再就是會出現一堆科學價值不大的療法，利用當前科學突破的承諾來謀利，有時是詐欺。這領域會一直出現跑在事實前面的頭條新聞，也會有許多銀羊毛獎候選人。其實當老年學越看似有真正進展，想搭便車得銀羊毛獎的人就越多。在今後的日子值得我們謹記這一點，因為會有更多自稱具長青特性的故事和產品出現。

不過我們一直會有「這次不同」的想法，理由是歷史也講述另一個故事，不是騙子和詐欺犯，而是以突破科技克服挑戰的科學英雄，使現在的年輕人可預期活到非常老成為事實。所以為何要預期進展會停止？揭開老化的謎團，理當是科學下一步揭露的自然界祕密，不是嗎？就算現在不會，以後終會發生，所以有一天，情況真的會不一樣。弗朗西斯・克里克（Francis Crick）是 DNA 發明人、諾貝爾獎得主，像他如此嚴肅的權威人士說：「最終，老化過程雖不可能簡單，但應該可以理解……有些過程可望加以延緩或避免。」相信他的話是合理的。

當然有些跡象顯示，**這次可能真的不同**。首先是老年學近來的進展，延緩老化現在在實驗室已是例行作業，[39] 這在過去根本不可能。目前雖仍是承諾多於成就，但不可否認有進展。

其次開始有認真的資金挹注老年學。各延壽公司的資金增加快速，2022 年達到 52 億美元，比起整體藥物研發預算 830 億美元，這只是小變化。但長壽研究**趨勢**無疑是朝正面發展，隨資金而來的是許多延壽治療的實驗。撰寫本書時，有九十九項著重於老化生物途徑的臨床前實驗、十五項第一階段（著重於安全與劑量）、二十五項第二階段（效力及副作用）、九項第三階段（比較新療法與現有療法）的實驗正在進行。以生技投資的高風險性，預料這些實驗有很多會失敗，但成果指日可待。

第三，有跡象顯示，老年學的某些部分正進入主流。國立新加坡大學正與醫療保健體系合作，在亞歷山大醫院開設長壽診所，目標是結合老年學發展及老化生物測量，設計個別化延緩老化計畫，以提供一般新加坡人多五年健康壽命為宗旨，這是首次嘗試以新的長青方式提供醫療服務。開啟第二次長壽革命的健康革命已出發。

何時會發生什麼？

那麼老年學的前途如何？以當前對研究老化的規模及創新，很難否認一定會有事情發生。但關鍵問題是發生什麼與何時發生？

先說警語。在有效的抗老化治療普及化前，還有很多路要走，針對老化的十二標記，及它們如何個別與集體運作，必須有更多認識。不管近期的研究如何，老年學依舊在發展過程中，就算我們懂得老化生物學時，還是要研究藥物及療法，那也需要時間，然後還有藥物實驗的長期延宕，把問世時間又往後推。

我們也不該高估知識進步的速度，尋找治癒癌症的療法雖已進步很多，但經過幾十年的研究，就算現在可樂觀以待那一天到來，但仍無法宣布已戰勝癌症，對付失智症的進展則慢很多。

對至今的成果也有理由保持謹慎。菲利普・席埃拉（Felipe Sierra）是支持老化相關研究的健康進化基金會（Hevolution Foundation）科學長，也是美國老化研究院（US National Institute on Aging）老化生物學研究所前主任。「這些沒有一項是準備好可公諸於世的。」他警告：「底線就是我不會嘗試任何這些（抗老化產品）。為什麼？因為我不是白老鼠。」[40] 人類基因或許有 92% 與老鼠相同，可是要把老鼠身上成功的臨床實驗，轉移到人類的臨床實驗，統計數字是相互呼應的，失敗率也接近 92%。

問題之一在於老鼠以「短壽」著稱。取法老化得快的動物，來幫助我們延緩老化，以人類已很長壽來看，可能不是有用的標竿。史蒂夫．奧斯塔（Steve Austad）的履歷與眾不同，他既是生物學教授又是馴獅師。他在 2022 年的著作《瑪土撒拉動物園》（*Methuselah's Zoo*，暫譯）中主張，應多加注意研究格外長壽而非壽命有限的動物。

老年學未來的發展，大致有三種可能性：一是這領域結果是一片荒蕪，但依照近來的發展，這似乎不致發生——會有東西出現，也會在某方面有幫助。第二種可能性是一步步累積科學進展，邁向長青目標。第三是一步登天式突破，不是逐步改變，而是老化方式在健康期與平均壽命上都大步前進。

對抗癌症與失智症的戰役——投入數十億美元，經多年不斷研究——得到的經驗是，謹慎乃是上策。老年學最可能的結果是，持續累積知識，逐步發展專門療法，對付老化的不同層面，但可能有其限度。

劍橋大學的存在風險研究中心（Centre for the Study of Existential Risk）主任尚恩．海吉爾泰（Seán Ó hÉigeartaigh），簡單扼要說出這種進步形式：「在我看來，最長生命期近期內不太可能大幅延長，但找出會增加年齡相關疾病數量及嚴重度的老化相關因素，並加以抑制，似乎比較可能。」[41]

換言之，老年學將會逐步進步，第一階段是改善健康期，至少直覺上覺得是對的。第二章曾談到，目前已有許多八、九十歲的人，健康狀態算相當不錯，但至今尚無 130 歲的人瑞。綜合這些事實，展延生命期到超過 122 歲，會比改善七十、八十、九十歲長者的健康更具挑戰性。目前的證據顯示，道林格雷結果不但最有價值，也似乎最可行。

健康平均壽命的改進會以什麼形式出現？實際可行的近程目標之一是開發抗老藥，可延遲、預防或逆轉年齡相關疾病如關節炎。甚至某種形式的回春也是合乎實際的前景，因為我們利用幹細胞及改寫細胞程式，以修復器官如肝臟等的能力越來越強。這兩類的可能療法都已進入第二階段實驗，期待這些療法在未來十年內問世並非不合理。現有藥物如第二章提到的二甲雙胍或雷帕黴素，若實驗證實安全有效，也可在十年內增加新用途，做為防老藥。目前對特定療法無法做任何保證，但短期內會有進展的想法可能性很高。

現年五十七歲的我認為，我將活著受惠於這些健康期甚至生命期的發展，是完全合理的期待。隨知識的累積，加上良性長青循環要求，提高對健康期及生命期的投資，預期將來的進展會更大也很合理。藥物開發快不了，相信仍是失敗多於成功，一路上樂觀的想法可能搖擺不定，但越年輕的人，這些累積的收穫越會顯著地延長你的健康期與生命期。

進步有止境嗎？

2001 年馴獅師史蒂夫・奧斯塔與蛇油商獵人傑・奧山斯基在洛杉磯參加記者會。記者問到，我們何時會看到第一個 150 歲的人，奧斯塔的回答語驚全場，他宣稱這人現在可能已出生。奧山斯基不同意。他倆決定打賭。他們安排好未來 150 年裡，每年拿出 150 美元（後來增至 300 美元）捐給一個特別基金，到 2150 年若有人活到 150 歲，那筆基金的錢將付給奧斯塔（或其後人），若無人活到那麼久，錢就給奧山斯基家族。[42] 根據過去的投報率，到了 2150 年，這筆基金的價值將約是十億美元（複利在 150 年期間可創造奇蹟），科學發現的累積影響也可能有那麼多，一個半世紀裡可發生很多事。

選擇 150 很有趣。那剛好是好像完全不太可能，但又不致荒唐得絕不可能的長度，長壽的珍妮・卡爾門曾活到 122 歲。我們大概都明白，要活那麼久，不只需要選擇良好的生活方式，不管吃多少綠花椰菜和泡菜，不論睡得多好、多認真運動，要活到 150 歲，完全必須靠老年學有重大突破。

奧斯塔如果會贏，那個活到 150 歲的人現在是二十二歲。給奧斯塔約六十年時間開發老化療法，可有效延緩八十歲老人再老化，使他得以活到 2150 年，是否能達成，取決於人類的智慧及人類生物學。歷史告訴我們，人類智慧的力量不可小覷，但老年學近來的進展雖令人振奮，目前卻連人類生命期可延長一天的證據都沒有。

不管奧斯塔的賭局誰贏，150 歲的人生，這概念正突顯長青世紀多麼不同凡響。長青良性循環要求我們思考可能性。道林格雷結果是我們目前最重視的，也是從科學觀點看最可能的。但對老化生物學的認識，若充分到足以達成道林格雷結果，下一步追求的，就是使平均壽命再延長至彼得潘結果。這究竟能否達成，更別說 2150 年就達成，現在是未知數，但長青邏輯要求我們思考，未來可能出現 150 歲的人生。不過決定可不可能實現的是生物學，不是邏輯。

美國未來學家羅伊・阿瑪拉（Roy Amara），是名稱很厲害的未來研究所（Institute for the Future）所長，他說：「我們往往高估某種科技的短期效應，低估長期效應。」這名為阿瑪拉定律的說法，對當前老年學的發展是很有趣的描述。

　　人類有史以來首次可預期青年人與中年人可活到老或非常老，為老化方式投資，設法改善老化方式，將日益重要，但目前老年學還在初期，會有許多失望、進步、挫折發生。短期悲觀，長期樂觀，似是看待老年學進展很好的角度。請準備迎接生而為人最根本的改變。

第五章

把握經濟紅利

六十五歲退休很可笑，我六十五歲時還長青春痘。
——喬治・伯恩斯（George Burns，美國名演員，百歲過世前數週還在工作）

「如果可能，我要一直工作到死，因為我需要錢。」說這話的是理查・丹佛，美國人，七十四歲。他遠從印地安納州的家長途跋涉 1,400 里，到緬因州某露營地清洗淋浴間和割草。[1] 丹佛先生不是唯一能做就一直工作的人。他這年紀的美國人有六分之一仍在工作，並且人數在增加中，經濟合作暨發展組織（OECD）各經濟體也是同樣情況。[2]

老年健康變差，是對活得更久的主要恐懼，緊接在後的就是擔心錢用完。除去贏得樂透彩，這方面的憂慮有二個解方，但都不特別吸引人：一是少花錢多儲蓄，把一生能賺的錢，分配給較長的歲月，數額就會變少；二是走丹佛先生的路，繼續工作賺錢，依個人能存多少錢，決定需不需要工作到死。若這兩個選項都不想選，你仍可遵循《紐約客》（New Yorker）雜誌一則漫畫的建議，結合兩條路：「延後退休和早點離開人世，就勉強過得去。」

這兩條路如何選擇，看個人情況而定。你需要多少錢？你的工作對體力要求多大？你喜歡你的工作嗎？你的健康狀況能支撐工作更久嗎？雇主是否支持你繼續工作？

從以上列舉問題可看出，每個人的結局不會相同。但有一點可確定：這二選一的狀況無法逃避，不是少花費就是多工作。依我看來，大多數人最後都是工作更久，少數人或許夠幸運，可以靠公司豐厚的退休金退休，絕大多數人則是活得越久，就需要工作越久。

理查‧丹佛就是這樣，七十四歲還在露營地工作。世界各國政府提高可領取政府年金的年齡，也是基於這原因。如果你現在二十幾歲，是在丹麥讀到這一段，我希望你做好心理準備：你到理查‧丹佛的年齡還無法領取政府的年金。[3]

當我說明，活得更久就需要工作更久的邏輯推論，經常得到許多抗拒的回應。不過我遭到的抗拒，絲毫無法與法國總統馬克宏 2023 年的遭遇相比。當時他出於平均壽命延長，決定把法國的退休年齡從六十二歲提高到六十四歲，結果有百萬抗議者走上街頭，巴黎也發生暴動。後面會談到，就算從長壽角度看，也有正當理由抗議單純為此就提高退休年齡。只是這麼做根本不夠應對長壽的挑戰。然而我們很難不去理會，由於第一次長壽革命，工作生涯需要延長的結論。

為明白其緣由，且看一些數字。假定你每年可增加儲蓄 1%，共三十年，也就是每年不只存下收入的 10%，而是 11%，而另一個多出相同金額的方式是延後六個月退休，[4] 你最想選哪一個？是減少未來三十年的花費，還是多工作半年？我問別人會怎麼選時，大多數人的答覆都是不情願地選擇多工作半年，他們根本不覺得自己有閒錢可以增加儲蓄。

延後退休可能是大多數人能走的路，還有一個理由。每月須存多少錢以支應退休所需，取決於你何時開始儲蓄。如果你（或政府的年金）過去二十年沒有多存那百分之一，那未來十年就要多存三倍才能補足；反之，退休時多工作半年的收入不會變，於是如果太晚才開始儲蓄，隨時間過去，延長工作的選擇就越有吸引力。所以為壽命延長安排財務，延後退休就成為最可能的選項。

我們好像再次回到長壽變成問題的慘澹世界。退休和政府養老年金是二十世紀的偉大發明之一，此後不必再工作到死，失能無法工作時也不必靠家人。如今的恐懼卻是這一切將化為烏有，要是工作生涯延長再延長，叫人怎能不擔心無盡的勞累與枯燥乏味？劇作家貝克特《等待果陀》煩悶沉鬱的字句再度適時上場（見第 23 頁）。在壽命越來越長的世界裡工作，彷彿就像是：「你一定要繼續。我不能再繼續。我會繼續下去。」[5] 那是經濟版的史楚布魯格人，活得更久，但活得厭煩不快樂。

應該會有較好的對策吧？就像醫療保健體系，面對壽命延長，試圖延續現行政策與作法非長久之計。就像多聘用醫師、護理師，解決不了高齡化社會的醫療保健問題一樣，只是延長工作年數、延後退休，也解決不了長壽的經濟挑戰。**醫療保健體系的主要挑戰是如何維持更久的健康，而長壽的經濟挑戰是，如何維持更久的賺錢能力。**單靠提高退休年齡的作用有限，我們需要更大刀闊斧的改革。

因此本章要轉而討論達成長壽紅利的第三層面。第一次長壽革命完成第一層面：生命延長；前一章重點在第二層面：如何使延長的生命更健康。本章的重點是經濟層面：如何保持更久的生產力及參與，為增加的歲月籌錢。

施展生產力當然遠超出有償的工作。強調這一點很重要，因為從事志願及照顧工作（照顧孫子女和配偶）的老人不成比例地多。[6] 很多人受惠於這關鍵資源，無償並不表示老人沒有生產力或價值。工作除提供薪水，也有許多其他作用，最理想的工作可以提供認同、目標、挑戰、愉快、群體感，甚至有證據顯示，從工作中找到參與及歸屬，有助於延長健康的生命期，達到長青結果。[7]

不過現在大家注意的是，有償工作較狹隘的生產力概念。生命延長使我們有更多時間去做各種不同類型的活動，但爭議性最高也最急切的，是決定有多少時間要用於有償工作。我們需要找到使生產力維持更久的政策，替更長的人生做好財務準備，而完成前一章談到的健康革命是關鍵要素，無法維持健康，就不能工作更久。另外也需要投資成年人的教育，針對年長者的需要重新設計工作，解決年齡歧視，改造退休。這些對如何考慮及計畫個人事業，將造成翻天覆地的改變。另一大挑戰是努力解決健康與平均壽命的差異，人人的健康及壽命改進不會一致，繼續工作的能力也不盡相同，我們需要處理這種異質性的政策。

所以馬克宏總統認知到，活得更久需要工作更久是對的。但要這麼做必須配合許多政策創新，提高退休年齡並非首先要推動的政策手段。例如，如果在退休年齡時你並未就業，很可能退休後不易找到工作，[8] 所以退休前的就業問題，就是比提高退休年齡更重要的政策。

維持較久生產力的好處不只跟著個人，也會擴散到整體的經濟。高齡化社會論強調「老年依賴率」上升，據以警告經濟成長會下降。但人生若更健康，生產力維持更久，長青課題反而會促進 GDP 成長，這種集體資源增加便構成長壽經濟紅利。

我們長久以來都認可，投資年輕人的教育及健康有利經濟成長，我們希望年輕人長大後具經濟生產力，因為那對他們與對社會整體都有好處。但我們也要承認，同樣原則也適用於年長者，投資老人的健康與教育，將是實現長壽經濟紅利的一環。

　　未來表現最優異的經濟體，將是解開長壽經濟紅利者。過去十年裡世上最富有國就業成長的多數，是五十歲以上的工作者。[9] 美國社會企業家馬克‧佛利曼（Marc Freedman）說：「老年人是世上唯一增加中的自然資源。」[10] 維持終生的生產力，找出善用這方面潛能的方法，是明日生活水準的鎖鑰。

社會老化的壞消息

　　如何安排長壽人生的財務，也許是個人擔憂的問題，但到國家層次更令人頭痛，因為政府面臨雙重問題。不只壽命延長了，現在更有一群非常大的世代：嬰兒潮世代，都逐漸老化。結果是六十五歲以上的人急邊增加，造成極大的退休金及醫療照護壓力。

　　造成最負面結論的，正是在總體層次傾向於低估晚年能力。問題的核心在資源。標準的經濟假設是，老人不生產資源，只消耗資源。也就是老人不工作，不賺錢，但確實需要退休金。老年健康變差更是雪上加霜，必須動用更多資源為醫療保健體系提供經費。結果老人被視為負擔，是經濟的壞消息。主要憂慮點是 GDP 成長下降，政府債務增加，投資報酬率減少，通膨上升。目前的共識是，這些負面結果已經影響經濟，未來只會每下愈況。[11] 我們正處於經濟「年齡大決戰」（Agemageddon）的斷崖邊。

　　長青課題若要成功，我們必須了解社會老化何以造成這些負面結論，從而找出長壽社會可如何化解這些結論。現在快速了解一下 GDP ——經濟規模的決定性因素。

　　在最簡單形式下，GDP 是由兩個因素帶動：工作（「就業」）人數，及各工作者的產出（「生產力」）。而工作人數又取決於總人口數、工作年齡人口比例、工作年齡人口受雇比例。社會老化被視為對這些 GDP 要素有負面影響。

構成高齡化社會的成分之一是生育率降低，使人口減少，潛在的勞動力規模變小。這又會造成 GDP 降低。如果其他因素不變，人口減少百分之一，會使 GDP 下降百分之一，少百分之一的人，就等於少生產百分之一的商品及服務。以中國、日本為例，這兩國都面臨未來五十年人口將顯著減少。據聯合國統計，中國低生育率將使其人口減少四分之一，日本將縮減近三分之一，結果是中、日只有眼看著 GDP 大降。

但經濟成長降低本身不見得是問題。若 GDP 及人口都降百分之一，那每人可分配的資源（人均 GDP）完全不變。真正的問題出在人口結構改變，工作年齡的人口變少。此時 GDP 的下降幅度就多於人口數，導致可分配的資源減少，使生活水準降低，人均 GDP 也縮小。中、日的人口結構問題特別令人擔心，工作年齡人口從現在到 2070 年，將各減少 22% 及 14%。

社會老化最後一個負面成分，與生產力有關而非就業。通常的假設是，年長工作者的生產力較低（透露一個祕密：假設經常是錯的）。這等於是說，當一般工作者年紀變大，就算還在工作，生產力也會下降，GDP 的成長也是如此。

這些負面力量相加的結果：人口成長減緩，工作年齡人口變少，生產力低的老年工作者增加，形成經濟遭社會老化拖累的悲觀看法。雖有許多經濟學術語，基本的邏輯卻很簡單，如果晚年沒有生產力，而生產力低的日子變長，一生的平均生活水準就會降低。同理，不論任何時間點，若生產力差的年齡層人數增加，經濟產出就會減少，GDP 跟著下降。

但經濟問題不限於 GDP 成長。倫敦的經濟學家查爾斯·古哈特（Charles Goodhart）與馬諾吉·普拉丹（Manoj Pradhan）在最近的著作中指出：「人口大逆轉」正在進行中。[12] 他們的論點是，世界正由工作年齡人口增加的人口淨紅利，轉向老年人口增加的人口負擔。除了全球化光輝的日子已結束的假設，古哈特與普拉丹又為 GDP 成長下降問題，加上薪資上漲、物價上漲、通膨上升等因素。

若整體情況是經濟變差，薪資為何上漲？因為社會老化，加以全球化反轉，使低薪資經濟體被斷線，造成人力短缺。薪資上漲繼而推升成本和價格，造成通膨上升。通膨又受只消費不生產的老人越來越多再推升，使需求超出供應，助長物價上漲。同樣地，排除經濟運作機制，邏輯很簡單，工作的人減少，工資就會上漲，當越多人變得無生產力，為爭奪資源，物價就會上漲。

彷彿這還不夠，人們也認為實質利率這麼低，是高齡化社會造成：1985 年時，英國的儲蓄帳戶每年可增加超過通膨 4%，到 2012 年減為零，此後就變成負數，儲蓄實際上被通膨吃掉。[13] 儘管利率自 2022 年以來持續上升，但問題依舊存在。大多數國家的通膨頑強地維持在高點，儲蓄的實質回報仍然很低。據英國央行英格蘭銀行（Bank of England）總裁安德魯·貝利（Andrew Bailey）表示，實質利率長期下降，有一半可歸咎於高齡化社會影響。[14] 這並非英國單一現象，而是全球變成如此。

高齡化社會為何導致低利率？有兩個理由。一是勞動力萎縮，需要的設備及廠房少於目前的供應量，使資本報酬率有下滑壓力，利率持續偏低的第二個理由是儲蓄率高。若六十五歲退休，但預計可活到九十歲，就比預計只活到七十歲需要多存很多錢，再加上嬰兒潮世代人數眾多，使得許多儲蓄進入金融市場以備退休之用，但企業借貸減少，可投資的機會隨之變少，最後結果是利率低得可憐，帶給存戶一系列問題。

低利率對存戶也許是問題，但對借方當然是好消息。不過也有後遺症，在易於取得低利房貸推波助瀾下，許多國家房價上漲，這對有房子的人很棒，可是對尚未晉階有房階級的人則否。況且受惠於低利率的不只房價，有一大堆資產的價格也一樣，如股票和債券。結果多年低利率助長貧富不均，增加世代問題，因為父母的房子價值飛漲，子女卻買不起房子。

這是經濟困境相當一貫的說詞，全是人口因素引起的。如此經濟背景固然令人擔憂，但對政策制定者卻很方便，可以把現今那麼多經濟問題，都歸咎於超出他們控制範圍的外在因素。都是老年人的錯。在社會老化的故事裡，沉悶的科學經濟學正努力發揮作用，把好消息——我們會活得更久——變成壞消息：經濟萎縮、通膨上升，人人都會變窮。

投資於生產力

這些社會老化的負面預言，帶有馬爾薩斯的傾向。托馬斯‧馬爾薩斯（Thomas Malthus）1766 年生於富裕家庭，後成為英國最有影響力的思想家之一。他是赫特福德郡哈利伯瑞（Haileybury, Hertfordshire）東印度學院（East India College）的教師，因沉迷於人口學及人口，學生暱稱他為「Pop」*。他在著述上的不朽地位，奠定於 1798 年出版的著作《人口論》（*An Essay on the Principle of Population*）。

此書的主要論點，最扼要地表達他認為：「人口力無限大於地球產出的養活力。」也就是說人口的增長速度是無限的，而地球能提供的生存

---

* 編按：Pop 是 Population（人口）的縮寫。

必需品（如食物、水等）的生產能力有限。因此這假說的後果是，人口快速成長會導致爆發貧窮、饑荒、戰爭、疾病，這些又稱為馬爾薩斯災難。

馬爾薩斯的重點是，資源勢必承受不了人口壓力，而社會老化論則指出，壽命延長的危險將造成相同後果。活得久卻不健康，加以退休時間變長，會耗盡資源。馬爾薩斯當年主張社會無法支撐眾多人口，現在的論調是，我們無法支撐長壽。

最近對氣候變遷及環境永續的憂慮，賦予馬爾薩斯式恐懼新的正當性與見解。不過馬爾薩斯警語令人吃驚的是，儘管影響力如此之大，預測力至今卻很糟。馬爾薩斯寫書時，全球人口將近十億。1927 年到二十億，1960 年三十億，1974 年四十億，如今已超過八十億。

公平來說，馬爾薩斯像任何明智的經濟預測家，避免把數字講得過於明確，譬如地球最多可達到多少人，以及何時會到達任何極限的日期。但以過去兩百年全球人口的成長，馬爾薩斯顯然過度強調人口規模的限制。

打敗馬爾薩斯邏輯的是，工業革命興起促成生產力激增。體制改革、技術改良、對物質資本投資、教育及健康提升，使每個人可生產更多，於是產出與 GDP 擴大，創造出人口變多所需的資源。其實產出增長得甚至比人口快，這又提供更多資源得以進一步投資於科技、健康、教育，推動人類走向壽命延長、健康改善、生產力提高的良性循環。也就是說，馬爾薩斯低估了人類的聰明才智，及養活自己的能力。

若是要克服社會老化的黯淡前景，就需要類似的創新與投資。無力支撐更長的人生，必須靠提高終生生產力加以克服，還是需要對科技、健康、教育、體制改革的投資，尤其要以人生下半場為重點。活得更久就必須創造更多資源，以支持多出來的歲月，及支付前一章所提的對健康的投資，否則生活水準會降低。

　　社會老化論的分析如此負面，是由於它只注意老人比例增加。它假定老人無生產力，健康注定很差，而且無法改變。可是長壽要務若能成功達成，使人生有更多時間活得健康並有生產力，生活水準反而會提高，不會降低。**長青世界的 GDP 會由長壽紅利推升，不會由高齡化社會下拉。**

　　有兩股力量：高齡化社會年齡結構改變的拉力，與長壽要務重於改變老化方式，其間的平衡將決定未來的經濟成長。這二種力量的平衡，各國情況南轅北轍，在老年人口增加較顯著的中日，高齡化社會效應比英美更強烈得多。為抒解這效應，中日對長壽要務的投資必須多過英美，才能克服古哈特與普拉丹的淒慘預測。

　　關於他們兩位這本極有見地的著作《人口大逆轉》（*The Great Demographic Reversal*，暫譯），我還應該提出一點，2020 年出版時，古哈特已八十四歲。我們當中有些人已是長青年齡，生產力仍一直持續著。

邁向長青經濟

　　在較長的人生中提高生產力，以達成長壽經濟紅利，需要政府三方面不同的政策：提高退休年齡，增加接近退休階段人口的就業比例，提升老年工作者生產力。

　　先從第一方面提高退休年齡講起。退休年齡能提高到什麼程度，政策執行的效用如何，都有其極限，但不可否認這有推升 GDP 的可能性，包括提供長壽所需的額外資源。

　　以美國為例，六十五到六十九歲的美國人有三分之一仍在工作，六十到六十四歲是二分之一，要是六十五到六十九歲的工作比例有可能也像六十到六十四歲，勞動力就可增加 430 萬人，整體就業率增加 3%。其他國家的潛在增幅更高，德國六十五歲以後的就業大幅下降，六十五到六十九歲的德國人只有五分之一還在工作，六十到六十四歲是三分之二。延後退休年齡有可能使 GDP 大幅成長。

因此儘管政治人物必會遭到強烈反對，政府仍熱中於提高退休年齡，馬克宏總統就是一證。但政府如此熱中有另一原因，人民多工作一年就可多收一年稅，少付一年政府年金。這雙重財政好處也許對政府收支具吸引力，可是對長青課題沒有幫助。提高退休年齡無法真正讓人工作更久，它未處理個人健康、就業力、生產力。真正的長青經濟需要維持更久的生產力，而非強迫人們工作太久，使人有史楚布魯格的感覺。

更仔細觀察滿五十歲時的就業情形，太過依賴提高退休年齡的問題就很明顯。四十九歲時五分之四的美國人仍在工作，六十至六十四歲降為五分之三。六十五歲以後五分之二，等於五十到六十五歲之間停止工作的人，與在退休年齡停止工作的人一樣多。教育程度較低的人問題尤其嚴重。美國大學畢業男性五十歲時，二十人當中有十九人就業，到六十歲降至十五人，六十五歲僅剩約十人。但高中未畢業者，相對的就業人數每二十人分別是十五、十一、四人就業。不分教育程度，人人逐步離開勞動市場的過程，起始點都比可領取政府年金的年齡早。

有少數人離開職場可能是選擇提早退休，但絕大多數是被迫做此決定。[15] 有人是因為工作需要太多體力或太困難，有人是有照顧伴侶或家人的責任，或自己健康欠佳。年齡歧視也是理由之一，使年長員工較可能失業，也較難找到新工作，就算找到工作，薪水通常也會減少。最終影響就是，五十歲之後的就業，遠比許多人預料的更不穩定，這為退休的財務帶來大問題。協助人們保持更久的生產力，必須在退休年齡前很久就開始。

如果你正在讀這一段，年齡介乎四、五十歲，就須意識到你正進入危險區。你的主要問題不是六十五歲以後做什麼工作，而是確保能活到六十五歲並仍在就業。能工作到六十幾歲的可能性，受你五十幾歲時在做什麼影響極大，要是你在這關鍵時期維持穩定的就業紀錄，則有 80% 的機會到六十四歲還在工作，要是就業時間只有五到八成，這機率就降到42%，如果五十幾歲時你一直失業，六十二到六十六歲的工作機率只有4%。[16]

因此防止五十歲後就業衰退，顯然就是創造長壽紅利的方法之一。政府不必為延長退休年齡招致爭議那麼緊張，這麼做對勞動力的影響也更大。若五十到六十四歲年齡層的就業率與四十五到四十九歲相同，美國可多出八百萬工作人口，占全體就業人數 5%。根據平均生產力統計，每年可增加 GDP 約 1.15 兆美元，這是很可觀的長壽經濟紅利。

為收穫這些紅利，需要進行許多改革，全以提升年長工作者的生產力為目標。五十歲以上的人要繼續工作，顯然需要維持良好健康，英國工作年齡人口有六分之一長期生病（美國是長期失能）。由此可見投資於長者健康，尤其是減少健康不平等，與促進 GDP 有直接關係。成人教育和終身學習也應加強關注，使工作人口可更新原有技能，並為新職業學習新技能。[17] 當自動化越來越普及，則需要學習新數位技能，或為轉職學習必要的非數位技能，過去從事耗費體力工作的人同樣需要支援和訓練，以適應要求不同技能的新職業。為支持長者工作，企業也需要重新設計工作場所，以配合各種年齡層運用其不同的技能和特質。加強運用現行法律，去除雇用與解雇的年齡歧視也很重要。

提高退休年齡是長青課題回應平均年齡延長的一環。但只靠這一項影響有限。就像雖然活得更長，但健康未改進，非我們所願，延長工作生涯，卻不延伸工作目標及提升生產力，也不令人嚮往。

終結退休？

威廉・奧斯勒爵士（Sir William Osler）是出色的加拿大醫生，也是約翰霍普金斯大學菁英醫學院的創辦人之一。1905 年他出任牛津大學欽定教授前的告別演說使他一舉成名。他說老人一無用處，建議六十歲就強迫退休，然後很快安樂死，令聽眾瞠目結舌。奧斯勒當時五十五歲左右，他提到《大限已到》（*The Fixed Period*，暫譯），那是英國維多利亞時代安東尼・特洛勒普（Anthony Trollope）的諷刺小說，時間設定在 1980 年，小說中建議將六十幾歲的人「以三氯甲烷和平地消滅」。

奧斯勒的演講雖展現用錯地方的幽默感，大眾媒體卻把他當真，然後是頭版報導引起的騷動。聽眾中有些人（其中或許包含許多老人），真正難過的不是他不智地拿三氯甲烷開玩笑，而是他強調老人毫無用處及強迫退休。1905 年時，六十五歲以上的人絕大多數仍在工作，因為當時沒有政府支持退休的制度。英國政府到 1908 年才實行政府退休年金，1935年美國才實施社會安全福利（相較之下，俾斯麥 1889 年即推行普魯士社會安全計畫，英美都落後很多）。

政府退休年金對年長工作者影響極大。1880 年時，英美約有四分之三的人六十五歲以上仍在工作，[18] 其後一百年這比例在美國降到約六分之一，英國約十二分之一。到 2000 年，法國僅有五十分之一的六十五歲人口還在工作。之後趨勢開始反轉，目前美國有四分之一在工作，英國七分之一，法國約二十分之一。

當鐘擺擺回來，究竟可能是什麼結局？政府熱切想提高退休年齡，所以理查・丹佛七十四歲還在緬因州割草，是否是所有人未來的徵兆？政府是否應根據平均壽命修改退休年齡？長青課題若使平均壽命繼續增加，退休會不會不再存在？

要回答這些問題，可從一些基本的財務計算著手。我與倫敦商學院同事林達‧葛瑞騰（Lynda Gratton）2016 年合著《100 歲的人生戰略》（*The 100-Year Life*）一書就是在做此事。[19] 從謹慎的假設開始：你希望退休時的退休年金可支付相當於最後薪資的五成，再假設你每年儲蓄所得的 10%，其中一半投資股票，一半存在銀行。你可根據過去的投報率，計算你負擔得了多久的退休生活。如果工作到七十歲出頭，可到八十五歲都財力無虞。如果你認為可以活到百歲，又想達到薪資五成的目標，就得一直工作到八十歲。就算你喜歡自己的工作，身體健康，也能繼續做那麼久，但長達六十年的工作生涯，恐怕並非很吸引人的選擇。

做這些計算並非當作投資建議，強調這一點很重要。這不是必要的法律免責聲明，而是真的很重要。長期財務規畫實在太重要，而且每個人的情況差別太大，不能只靠這些簡單的計算決定理財行為，雖說這些確實有助於針對平均壽命與退休年齡做些簡單粗略的計算。不過主要限制是，除了限制性的假設，它只考慮金錢動機。

其實選擇何時停止工作，要做更多權衡。談到退休，要知道繼續工作有其好處，可以賺錢，錢當然有用。你也許覺得工作可以（或不可以）帶來成就感，促進認同感和使命感，也提供你一群朋友和認識的人。但也有代價，有些是金錢上的：通勤費、購買上班服飾、花錢吃午餐或請人照顧家人，也有非金錢代價，如通勤時間、環境不適、工作難題、工作壓力，或因無法陪伴家人內心感到失落。

若負面代價隨年齡增加（因健康變差、照顧義務變多等等），好處減少（薪資下降、工作乏味、遭遇年齡歧視、對錢需求變少），到某個時間點，工作的代價會超過好處，這時你會想退休。[20] 我們可用這較寬的框架，回答前面關於退休的前景，及政府該如何因應壽命延長等問題。

一視同仁的隱憂

第一個明顯結論是，沒有適合每個人的單一退休年齡。如果健康欠佳，從事費體力的工作，或已累積需要的錢，你會想要提早退休。如果你需要錢，健康良好，或樂在工作，工作給你認同感、使命感，就會想要繼續做。政府根據平均壽命，實行同一種年齡的退休政策，不智的原因就在這種差異性。

請看史楚布魯格人的例子，平均壽命延長，健康卻隨年齡持續衰退。如果不想生活水準降低，多活一年就需要更多錢。可是你並不想多工作一年，尤其健康不佳或工作困難時，你需要在生活水準可能降低與再工作一年的不快樂間求取平衡。你越健康，薪水越高，工作越有樂趣，這種權衡就會把你推向願意工作更久。

再來試想，政府若依據平均壽命提高退休年齡，會有什麼結果。若你做高薪工作，增加的預期餘命也超過一般平均壽命，就不會有問題，退休年齡雖然提高，卻小於你壽命增加的幅度，所以預期可享受的退休時間還是增加，你也會發現對工作更樂在其中，所以延後退休的代價較少。反之，如果你的預期餘命較短，健康欠佳，又從事體力要求高的工作，則退休年齡提高反而不利，預期可享有的退休時間減少。若是健康狀況更差，工作對體力的挑戰卻增加，你可能寧可少做幾年，少賺一點，而不是多做幾年卻很難過。

這些都說明，因平均壽命增加就延後退休年齡，為何抗爭有理。健康不平等越嚴重，抗議聲就越大，因為退休年齡提高會使更多人受累。政府若希望人民支持提高領取政府年金的年齡，就必須縮小健康不平等，改進健康與工作環境，協助個人維持生產力。

這對個人也非同小可。基於政府已提高退休年齡，你必須因應這些改變。簡單說，你需要採取步驟，降低工作更久的代價，並增加其好處，包括為健康投資，轉換到對年齡較友善的職業，尋找更方便的通勤，更新技能以賺取更高薪資，或轉向較有意義的工作。

政府不應把退休年齡與平均年齡連結，還有一個理由：健康的平均壽命才重要。再看史楚布魯格與道林格雷的例子，史楚布魯格情境是，平均壽命增加但健康走下坡，若健康快速惡化，或照顧義務驟增，就無法工作更久。道林格雷情境則是，平均壽命未增加，但健康維持較好較久，這代表可工作更長，延後退休就比較可行。因此政府絕對有必要把退休年齡連結到健康平均壽命，而非一般平均壽命。這還有另一層好處，給政府投資於老人健康的強烈誘因。

若想要年長者工作得更久，使他們保持健康就很重要，目前的發展卻是背道而馳。延後退休在經合組織（OECD）國家造成許多老人健康欠佳（至少有一種慢性病）卻勉強工作，[21] 尤其美國正經歷勞動力雙重打擊：健康欠佳的工作年數增加，健康良好的工作年數減少。美國領社會安全失能保險金的人超過八百萬。[22]

享受更多閒暇時間

平均壽命延長不必然導致退休年齡延後，還有一個原因，畢竟二十世紀大半時期，平均壽命都在增加，退休年齡卻降低。為追究原因，需要講一下經濟學。我們認為活得越久就要工作越久，因為需要更多的錢，養更長的老年，多工作幾年是方式之一。還有另一種方式：提升每一工作年的生產力，就可少工作幾年。生產力增長可提供生命延長所需的額外資源，就不必工作更久。

生產力提高可賺更多錢，有錢就想買更多自己喜歡的東西。[23] 休閒是我們十分重視的事物之一，於是當二十世紀的所得增加，我們迎來週末，每週工時減少，假期變長。同時退休年齡定為六十五歲，使後半生有更多休閒時間。

所以針對退休年齡加以討論，會得出兩種成對比的結果：一是活得更久要工作更久；一是增強生產力，賺更多錢，就不必工作那麼久。今後退休年齡會怎麼走，取決於這二方面的平衡。平均壽命若再繼續延長，所得成長卻依舊令人失望，退休年齡將會更提高。反之，平均壽命若成長停滯，所得成長增加，就無需提高退休年齡。

由此可推論出一種有趣的可能性。長青課題越成功，健康及生產力就能維持越久，延長工作期也越可行。我們還會有其他選擇，假設平均壽命相同，試想兩種情境。一是朝史楚布魯格情境發展，健康和生產力都往下走；一是朝道林格雷情境發展，可保持健康更佳和生產力更高更多年。道林格雷情境可維持較高的生產力較久，因此工作年數可減少，卻仍賺到同樣的終生所得，這樣就能比史楚布魯格情境提早退休。我們的金句是：**提高生產力，就有錢享受更多年的閒暇。**

不過道林格雷情境還有一個選擇，你可以不只在晚年享受更多的閒情逸致，也可晚退休，縮短退休後的時間。**與其等待晚年有很長的閒暇，不如提早先享受一些，把閒暇分散在整個人生**。那可能的形式包括每週上班四天，照顧家庭，每年度假日增加，或彈性兼職，特別是在下半生。

這樣改為退休前多一點閒暇，顯然是正在發生的變化。不再把退休看成硬性踩煞車，而是逐漸變成陸續的轉變，由全職轉向兼職，最後到無職。**退休不再是單一事件，而是過程**：使工作變得對年齡越來越友善的滑行道。如此鬆綁有助於延長工作生涯及生產力平均壽命，同時支持健康平均壽命。

但休閒時機的改變，在長青世界可能再更進一步。諾貝爾獎得主、愛爾蘭劇作家蕭伯納有句名言：「青春浪費在年輕人身上。」借用相同說法，道林格雷思想實驗，也提出閒暇可能浪費在老人身上。要是知道未來五、六十年要不停地工作，那十八或二十一歲就開始工作明智嗎？較好的人生管理，或許是在踏上工作與責任的跑步機前，先抽出時間去旅行或追求熱愛的事物，或是在四、五十歲時暫停工作，並計畫好延後退休做為代價。中年休息可像第一章說的，用於避開中年變得較不快樂，或用於為較長的事業生涯下一階段更新技能，可以學習新東西，或避免自己跟不上科技進步。除自願暫停工作，若失業或環境改變，你的事業之路也可能非自願地中斷，總之就是會在不同階段間插入多次暫停。

這是長青課題真正的收穫。不是承諾無止境地辛勞，為事業精疲力盡，而是受益於壽命延長的好處，提供更多選擇。長青社會將改變工作與休閒的平衡。二十世紀因平均壽命增加，因而退休後有更多閒暇時間；如今隨退休年齡提高，**二十一世紀的趨勢是退休前有更多閒暇。**

由此又回到長壽社會與老化社會的鮮明對比。長青課題越成功（即健康與生產力保持越久），退休會越晚，事業暫停會越多，在退休前就享受閒暇。高齡化社會走得越久（史楚布魯格情境），因健康欠佳及無法工作，退休年齡變化越小，有更多閒暇被迫留到健康較差的晚年。因此除非有長青措施做後盾，否則我們應反對提高退休年齡的作法。

這麼說我們應該讓退休退休嗎？退休還會存在，而退休年齡概念也仍是政府政策的重要變數，但二十世紀的單一年齡概念，使人人都要在此時硬性停止工作，早已是過時的想法。為適應人生變長，我們需要更全面的政策，不是只單純地把退休年齡連結到平均壽命，重視健康及維持生產力的廣泛措施（從成人教育到工作再設計）都有其必要。我們也必須體認到，人人的老化方式各自不同，對年長工作者一視同仁的政策太過粗劣。在長青世界退休不會消失，但會更加不固定，每個人的經驗不同，在決定工作與閒暇的界線上不致太重要。

不過有一種情況可能為退休畫下休止符。以極端的彼得潘情境為例，所有年齡的健康與死亡率都一樣，再假設這奇蹟世界，薪資年年不變。根據這些假設，年復一年都相同，所以你每年都做相同的工作決定，也從不退休，直覺上這可以成立。退休是人生晚期的一個句點，因健康及生產力變差而不再繼續工作，但彼得潘情境沒有老人，生產力不會下降，健康不會惡化，所以不會有退休。

極端的彼得潘情境當然是虛構的，但它呈現的是更好地變老的世界，要是工作對年齡更友善，退休真有可能永不發生，一直持續工作，死而後已。退休消失，我認識幾位大學教授，好像正朝這方向走。老年歲月過得越像年輕時，就越能選擇何時退休。覺得厭煩或該告一段落，或許會引發你最後選擇退休，或者你可能一直工作到生命終點。這不能做為一般政策，可是對某些人，那是回應壽命延長的方式。

適合老人的工作

我岳母住在紐約市長島，最近在八十歲時退休，最後的工作是規畫紐約州著名花園之旅，並擔任花園之旅的導遊。導遊名列「年齡友善」工作前十名，[24] 反之要用到水泥和混凝土的工作是倒數十名，那需要體力和耐力，身體負擔沉重。我不敢賭岳母沒有能力做這工作，但我想，要她去鏟水泥，恐怕做不久。

在此要強調的是，長青課題若要成功，必須開創更多「年齡友善」

的工作。我們不能只靠改進年長工作者的健康，讓他們變「年輕」，也需要調整工作環境來支持他們。比較不同年齡的工作者，會發現年長者較看重的職業是自主權多、能安排自己的時程、彈性工時、不需太多體能、壓力小，[25] 他們也重視較好的工作環境、步調慢、不受目標緊逼、不必為他人負責的工作。有這些特點的工作，就是對年齡較友善。

當然不只年長者重視這些，我們也都很在意，重點是年長者更在意。舉例來說，六十歲以下工作者願接受低 7% 至 10% 的薪資，交換能自定時程的工作，六十歲以上願降低 15%。[26] 同樣地，年輕人願接受薪資低 8%，但只需中等而非強度體力活動的工作，五十多歲的人願犧牲 18%，六十幾歲可接受低 30%。

開創年齡友善的工作，可使人較容易工作更久，有利於長壽經濟紅利。還有一個較不明顯的好處，年長工作者常見的顧慮之一是，守住工作不放會阻礙年輕人晉升的機會，年齡友善工作會將這個顧慮降至最低。

這年輕人與老人間的難題，經濟學家稱之為「勞動總和謬誤」（lump of labor fallacy）。除非工作數量是固定的，長者工作更久才會導致年輕人失業。但老人工作越久，花的錢越多，就可支持企業雇用更多人，為年輕人創造就業機會。過去百年已有有力的先例，即女性就業大幅提升，儘管許多人曾經擔憂失去工作，但更多婦女進入職場，並不代表男性的工作機會減少。

不過老人工作會在其他方面影響年輕人。當一大群人在找工作，雇主知道一定找得到人，付的薪資就較少。當老人與年輕人越為相同的工作競爭，這效應就越強，年輕人的事業前途就越受老人事業延長所影響。若老人與年輕人不是直接競爭相同的工作，這類問題便可減少。所以創造年齡友善工作的政策，也會降低對其他年齡層的影響。

好消息是 1990 到 2020 年間，美國四分之三的職業都變得對年齡更友善，即自主權增加、能自設時程、彈性工時、體力需求較少、壓力較小等等。[27] 這有部分是因為相對於體力勞動，辦公室工作快速成長，但也反映新科技使工作方式發生基本變化。對年齡最友好的工作，雇用人數增加 4,900 萬人，為五十歲以上的工作者創造有利環境，他們占勞動力的比例已從五分之一成為三分之一。即使在疫情期間居家上班習以為常之前，工作變得較不費體力，也更有彈性，年長者較易於工作更久。

不過也不全是好消息，並非所有產業都對年齡友善。營建、製造、農業等主要產業，在年齡友善措施上表現最差，這類行業做事需要的技能，與年齡友善的工作如金融業差異很大。這導致有些長者身陷對年齡較不友善的產業，而對年齡較友善且成長快速的工作，不成比例地轉向年輕人，美國就出現這種現象，年齡友善的新工作超過半數流向年輕人。這不見得是壞事，例如哈佛大學的克勞蒂亞・戈丁（Claudia Goldin）對減少勞動市場性別不平等的建議，與年齡友善工作的特點有重疊之處，[28] 也就是較有彈性、體力要求及壓力較少、工作環境較好的工作普遍受歡迎，因此年輕畢業生也被吸引去做那種工作。

可是年齡友善的工作增加，也有負面後果。那畢竟代表老人和年輕人要競爭類似的工作。老人工作更久或許不致造成年輕人失業，但的確會影響他們的薪資和事業前途。企業與政府必須認真思考，支持老人就業，同時讓年輕人也能有事業發展的政策。

另一項挑戰來自某一類人，他們不易找到年齡友善的工作。缺少大專學歷的老人，絕大多數受雇於對年齡最不友善、改進紀錄也最差的行業，如營建業、製造業。[29] 他們有著雙重的挑戰，一是如何使他們現有的工作對年齡較友善，一是讓他們易於進入更合適的行業。前者可透過多用機器人分擔較耗體力的工作來達成，製造業已開始這麼做。[30] 有個常被提起的個案是 BMW 汽車公司，對德國巴伐利亞的丁戈爾芬廠（Dingolfing）的製造程序曾進行多次變革，目的在使工作對年齡更友善，最後成果是生產力提高。一些相當簡單的措施，如安裝新地板減少膝蓋疼痛、提供新鞋和椅子、設置可調整高度的工作檯、工作輪調以避免重複動作的壓力，都有助於使工作變得更年齡友善。

較不容易的是，如何協助教育程度不高的年長男性，在離開耗費體力的工作時，能夠轉換到其他行業。將來會有越來越多工作屬於照顧及社交互動性質，這對營建和製造業是很大的轉變。要轉職成功，必須十分重視職業訓練與再訓練，同時改變社會規範，使轉做具年齡彈性的工作更能被接受。

對個人職涯的意義是什麼？

正如政府只注重改變退休年齡是不對的，若你認為長壽對事業最重要的意義是工作生涯會更長也不對。有極為深遠的變化正在發生。一旦退休延後，你必須提早很久就改變行為。

整體來說，要受惠於長壽紅利，必須做的全面改變是重新設計個人事業。二十世紀時我們把人生分成標準三階段：就學、工作、退休，像三幅連環畫。這三階段的人生架構，形成社會老化論的基礎。老化加上年齡結構改變，導致工作人口減少，領退休年金者增加，經濟前景慘澹。

長青課題需要擺脫這種三階段結構。可惜各國政府至今仍傾向於改變三階段人生的參數：提高退休年齡，減少老人年金，加稅以支付這些開支。這對維持健康及生產力更久的長青議題毫無幫助。那應當怎麼做，對個人又有何意義？

為確保事業延長，生產力發揮更久，你需要深呼吸，然後思考以下幾點：

一、混搭人生：職涯延長將變成多階段。[31] 為維持健康、技能、關係、目標更久，你必須改變和轉型，在不同階段要注意不同結果。

也許你是二十來歲，已經工作幾年，但想找時間去旅行。你還不確定自己的未來，也想花時間找出自己真正想做的事，及最有價值的技能。也許你是三十幾歲，希望結婚生子，或發現入錯行想轉換事業跑道。到四十多歲，你心想已工作二十年，可是還有三十年要做，你寧可重新接受不同的訓練。

到五十多歲時，你可能需要有時間照顧父母；六十多歲時經濟情況還不允許退休，但你已準備改變生活型態。也許你能活到七、八十歲，仍然想要工作，但需要壓力較小的職務。

形成這種多階段職業的，是把閒暇轉移到退休前的長青安排。壽命延長給我們更多時間，那些時日可分散到整個人生。隨時光流逝，我們也不得不做更多轉型和變動。這兩方面會促成多階段的人生。

二、有備無患：為準備接受多階段人生帶來的自願與非自願改變，你需要考慮個人財務、專業與個人人脈、個人認同，重點在於要使自己日後有選擇餘地，所以必須刻意投資生活和工作以建立更多選項。財務安排不只是為退休，也是為度過可能不工作或收入減少的日子。人脈關係非常重要，因為你需要能夠隨情況改變，去發現新管道與職業選擇。要是人脈網絡太集中於當前的職業，無助於你轉行，太過認同當前的工作，同樣會使你日後轉換其他工作倍加困難。當人生變長，你的品味與價值觀會改變，所以你需要給自己適應這些變化的空間。

三、重回學校：好好變老的長青要務，代表一輩子都重視健康和教育。你很可能會活得更久，若要享受這多出來的時間，你必須跟上未來的腳步。開展第一階段的事業後，尤其不能放棄教育，或陸續吸收新知，或以一段時間接受再訓練，人必須活到老學到老。當公司及學校嗅到進修市場不斷擴大的商機，各種短期課程與長期學位學程蜂湧而出。不論在課堂裡或線上，你要持續檢視接下來該學什麼。

四、多元發展：由於工作時日加長，才剛起步的人打下好基礎就很重要。你要發掘自己擅長什麼、喜歡什麼，而且不只思考目前工作需要的技能，也要考量這職務能讓你學到什麼，可用於未來轉職。反過來說，在某個專門職位或行業待得越久，個人技能對那種職務就越有用，怕的是在其他地方用處不大，如今工作生涯延長，這種風險就大很多。

你需要做一番自我檢核，回答幾個基本問題，如：你現在做的產業正在走下坡嗎？你目前的工作是否不受年齡限制，未來幾十年可穩當地做下去？你是否感覺自己再做下去，會覺得了無新意、很厭煩？你是否具備可帶到其他職務或行業的技能？你能想像自己說服別種產業的可能雇主雇用你嗎？職涯拉長，雖然會增加無法繼續做目前工作的風險，但也給你更多時間，投資與轉換到新工作。

五、跨越高峰：三階段的人生（就學、工作、退休）十分重視事業發展及成就，一般的觀念是「唯有往上爬」。當工作期拉長，並分成多階段，這種想法就不合時宜。工作動機會隨不同年齡而改變，想從工作中得到的東西也不一樣，或許隨著年齡增長，你希望要求壓力少一點、責任不會太重、彈性較大的工作。薪水可能也隨之較少，但是這反映了不同形式的事業進展。從財務角度看，需要繼續工作是為賺更多錢，但重點在一生的總所得，而非收入每年都要持續增加。

企業該怎麼做？

上班族需要改變職業結構的另一面是，雇主也需要改變作法。對此人們當然要問，企業到底為何該費心改弦更張？

美國在 2021 年新冠肺炎後有 1,150 萬個職缺，卻只有 600 萬人失業，英國也是有史以來工作數首次多過失業者。雇主拚命招人，勞動市場卻吃緊，使工資上漲的壓力增加。據國際貨幣基金組織（International Monetary Fund, IMF）指出，這種前所未有的人力短缺，最主要的促因是年長人力出走。[32]

那簡直彷彿未來要傳達訊息給我們。年長者占勞動力更大的比例時，企業必須以政策加以支援才能留住他們。目前有太多公司幸運地甚至不知道，勞動力的年齡分布和更多人退休後將產生的問題，年長者只占勞動力的較小部分時，不必特別重視他們。但現在情況已經改變，2000 年時，美國五十五歲以上的工作人口只占六分之一，到 2050 年會增加到四分之一，因此雇主必須認真看待對年齡友善的工作。以生育趨勢來看，企業將發現，彼此要爭奪年輕員工越來越少，任用越來越多年長員工。**提供可融入多階段職涯的工作，有助於企業贏得這場競爭**，於是企業在年齡分布的兩端都必須爭取人才，也就有誘因提供不同的工作方式，及建構個人職涯的方式。

　　儘管有這些經濟主張，可是許多公司仍對支持高齡化的勞動力態度遲疑，這往往反映單純的年齡歧視，及懷疑年長者的生產潛能。最令人氣餒的例子，很可能來自元宇宙大師、臉書共同創辦人馬克・祖克柏。祖克柏在史丹佛大學演講時說過：「年輕人就是比較聰明敏捷。」2024 年祖克柏滿四十歲，且看他在什麼時間點會斷定他沒有更年輕的員工那麼聰明敏捷，那會很有趣。

　　至於年長者的生產力是否較低，有眾多得出各種結論的研究可供你挑選。能夠確定的是，生產力隨年齡下降是普遍根深柢固的假設，缺少強力符合的實證證據支持，有太多變數使一概而論的結論不可取。同年齡層內的異質性、教育等因素的重要性、不同產業的差別、各職業須完成的任務，都代表年長者與生產力無簡單的關聯性。

　　或許最精準的簡述是，生產力通常隨年齡增加，之後可能停滯。但這忽略不同職業的顯著差別。[33] 體力衰退在某些行業必然代表生產力減弱，即使網球王者羅德・費德勒也不得不在四十一歲時終於放下網球拍。可是有些行業的生產力，甚至可能隨著經驗增加，華倫・巴菲特是公認歷來最成功的投資人之一（目前排名全球富豪榜第六名），年過九十的他仍在工作。此處強調的是，對高齡勞動力以偏概全的假設恐怕不對。

　　根據社會老化論，重視生產力是否隨年齡衰退是很自然的想法，不過，照例總會有不同的方式來呈現問題，揭示真正的挑戰。過去的勞動力一直是金字塔型結構，年輕人多，老年人少。未來的勞動力將是各年齡層的分布更為平均，真實情況也就是勞動力年齡越來越多元化，而非只是年長者變多。

　　要是年長年輕員工可互換，勞動力的年齡結構就不重要，老人與年輕人一樣可擔任相同職務。從彼得潘結果就看得出，現在老人與年輕人在某些方面更相似。1990 年時，美國二十五到四十九歲工作者，可能大學畢業的人數幾乎是五十到七十四歲的兩倍，到 2020 年人數幾乎相同。

但年長與年輕工作者的差異，不只是健康與教育程度，例如剛進入職場的年輕畢業生，可能知道更多當前的一般科技趨勢，反之年長員工對公司運作及公司客戶更瞭如指掌得多。

隨年齡增長，技能會改變。當祖克柏接近四十歲，他可能不再是那一行行寫程式創建臉書的厲害青少年，但經營數十億美元的公司，經歷多次併購，與位高權重的政治人物打交道，他從這些經驗中似乎學到其他技能可彌補。技能也會出現其他變化，例如有證據顯示，年長工作者一般較少受自我意識驅使，會從經驗而非理論出發，並更擅長對隊友和顧客發揮同理心。[34]

若年長者與年輕人技能不同，企業可善用這種多樣性提升績效。怎樣使這麼做發揮效用，從對生物醫學研究者的一項研究中可找到線索。[35]直覺也許告訴我們，剛取得資格的研究員，遠比資深者更可能做出新構想的實驗，但觀察團隊而非個人，結果就不同，產生新構想最有效的方法就是結合年輕與資深研究員。事實證明，結合創新與經驗，比區分年老或年輕團隊的效能更高。

跨世代連結將是未來創新的重要動力。團隊越多元化，越可能產生新構想，促成科技成長。[36]鑑於有那麼多國的人口下降，工作年齡人口變少，未來創新成功將有賴於納入年長者。確切的組合視產業性質會有不同，例如軟體公司的需求就與會計事務所不一樣，然而隨員工工作生涯延長，企業需要有所因應。目前很少有公司把管理員工年齡結構當成優先要務，但長青社會必須這麼做。

保持活力

愛因斯坦發表歷史性論文的時候是二十六歲，主題包括特殊相對論及質能等價公式，提出可說是史上最著名的公式：$E = mc^2$。詹姆斯・華生（James Watson）二十四歲時共同撰寫描述 DNA 分子是雙螺旋結構的論文。史蒂夫・賈伯斯二十一歲創辦蘋果電腦。比爾・蓋茲十三歲自學電腦程式設計，六年後創辦微軟公司。這些驚人成就或可解釋，我們為何往往期待年輕人會有戲劇性突破及激進想法，或許也可說明為何有那麼多人把社會老化與缺乏創新聯想在一起。「社會老化」一詞有雙重含義：一方面它只提統計數字，指人口年齡上升；一方面也有情緒性共鳴，暗指衰落、腐壞、缺乏創新。

不過也像生產力一樣，有關創新的實證證據也許並不如你以為的那麼一清二楚。有關著名發明家和諾貝爾獎得主的一項研究顯示，過去百年裡，著名突破發生時的平均年齡上升。[37]2000 年成功破解人類基因組的兩位主要科學家克萊格・凡特（Craig Venter）與法蘭西斯・柯林斯（Francis Collins），當時分別是五十四和五十歲。到二十世紀末，著名發明家平均比百年前大八歲。2016 年根據專利申請案及產業獲專利數，美國創新者的年齡中數是四十七歲。愛因斯坦、華生、賈伯斯這類少年英雄，依舊引人注目，但正日益稀少。

關鍵在於要承認，因各領域都變得愈加複雜，隨知識累積，要成為某領域的專家，需要更多時間的學習。年輕創新者因此更難想出偉大的發明，這表示比起純憑能力，經驗日益重要。

從長青經濟觀點來看，這雖令人鼓舞，但結果提醒我們仍須謹慎。我們能期待八、九十歲的人有重大突破嗎？在思考長青課題時，這或許是最難回答的問題。在健康與死亡上，極端的彼得潘情境可永保青春，但不曾論及好奇心問題及渴望學習探索。

　　好消息是，有許多軼事證據顯示，追求科學發現及創新沒有年齡限制。美國天文物理學家查爾斯・格里利・艾博特（Charles Greeley Abbot）曾任史密森尼學會（Smithsonian Institution）早期主任，他在101歲時成為年齡最長的專利註冊者（與太陽能有關，他研究了七十年）。德州大學奧斯汀分校（University of Texas at Austin）約翰・古迪納夫教授（John Goodenough）2019年以研究鋰離子電池共同獲得諾貝爾化學獎，他當時九十七歲，直到百歲仍在追求電池技術突破。*

　　這些都是可能的情況很好的例子，但不見得代表實際可能發生。工作職涯太長的風險會形成年長領導階層，產業及社會主要是迎合老人，若老人保守，只顧維護自身成就和工作慣例，則跨世代團隊比較不可能有創新精神。如德國理論物理學家馬克斯・普朗克（Max Planck）曾簡潔地說：「科學是一場喪禮進步一次。」

　　確實有年長工作者角色日益重要的證據。2005至2019年，標準普爾（Standard and Poor）股價指數的五百大公司，新上任執行長平均年齡由四十五歲，提高到五十九歲。[38] 美式足球四分衛湯姆・布雷迪（Tom Brady）、職籃名將雷霸龍・詹姆士（LeBron James）、足壇巨星克里斯蒂亞諾・羅納杜（Cristiano Ronaldo），以過去認為不可行的年齡，仍在球場上叱吒風雲。連好萊塢都出現類似現象（至少是男演員），2000年票房最高電影的男演員平均年齡是二十歲（可說是受第一部哈利波特電影

---

* 編按：古迪納夫教授於2023年6月離世，距離他的101歲生日還差一個月左右。

賣座的影響），到 2021 年已提高到將近四十歲。[39] 湯姆・克魯斯五十九歲時回鍋飾演三十六年前演過的角色，在 2022 年推出《捍衛戰士：獨行俠》，再次大賣座，片中有不少劇情環繞的主題是，老一輩飛行員還是技高一籌，有很多可教給年輕人之處。

所有這些不見得是問題。有越來越多人維持更久的健康和生產力，這正是我們對長青世界的期待。但為確保工作生涯延長對各世代都公平，不會妨礙創新，改變勢在必行，好把年齡多元化植入人力團隊，而務必使各年齡層的聲音都能被聽到也會更重要。或許也需要新的事業途徑，對高階職位納入任期限制，確保高階流動性，也使年輕員工有晉升機會。多階段職涯為新入行者提供機會，也需要探討，以促進創新。

不過最重要的挑戰將是對個人。隨年齡增長，個人必須體認，穩定性與再造新事業間的取捨。我們需要保持長青，就是要用與維持健康和技能同樣的心力進行自我更新，並對新事物持開放態度。

第六章

金錢與人生

要是找不到睡覺時能賺錢的方法，就得一直工作到死。

——華倫‧巴菲特

　　十七、十八世紀行走在英國的道路上，心臟不能太弱，那是攔路搶劫猖獗的時代。惡名昭彰的劫匪如迪克‧特平（Dick Turpin），以及人稱「邪惡女士」（Wicked Lady）的凱薩琳‧費瑞斯（Katherine Ferrers），在鎮與鎮之間的鄉下道路上偷襲旅客，以此維生。他們發明流傳很久的一句命令：「要錢還是要命。」在講述那時代的無數小說和電影中，每當蒙面壞人拿槍指著嚇得半死的被害者時，都會發出這句命令。明智的旅人會採取適當防範措施，以確保抵達目的地時，錢和生命都完好無傷。

　　如今這句命令應很熟悉，當壽命延長就需採取行動，確實守住自己的錢。問題多半在於，當前沒有殺人越貨的攔路盜賊，而是人生道路越來越長，花費隨之增加。我們不能選擇要錢或要命，長青生活是二者都要，所以怎樣保證不要太快把錢花完？前一章談如何賺錢支應較長的人生，本章則是談如何管理賺來的錢，做好個人財務安排，以因應更長的壽命。

伊索寓言裡有螞蟻和蚱蜢的故事。夏天時螞蟻辛勤工作，蒐集儲存穀物過冬，蚱蜢喜歡在陽光燦爛的月分跳舞唱歌，譏笑螞蟻勤勞。冬天來時，蚱蜢沒東西吃，向螞蟻乞食，螞蟻拒絕，還建議蚱蜢跳舞過冬，並懺悔夏季閒散安逸。

數百年來這寓言引起無數的道德論辯，在稱讚螞蟻勤勞及有備無患的美德，與批評螞蟻缺乏善心愛心之間拉扯。如今它對較不抽象的一種現象：退休金規畫，提供有用的見解。本書的主題之一是，社會傾向於低估晚年潛力，但你不能批評金融部門有此傾向，金融業認為長壽很棒，因為那正是告訴你需要存更多錢的機會。隨人生變長，你活到冬天的可能性增加，看來我們都必須多學螞蟻，少學蚱蜢。對金融業者這是快樂的結果，有更多資金可管理，有太多費用可賺取。財富管理公司很喜歡百歲人生的概念。

然而長青財務課題，原來比簡單勸戒要順從內在的螞蟻儲蓄更多錢複雜得多。尤其長壽要我們回答三個關鍵財務問題：需要存多少錢以支應更長的人生？若更長的人生變成多階段，何時該存錢，何時借錢？最後是如何因應不知能活多久的不確定性？回答這些問題需要改變財務行為，也需要新的金融產品與服務。後面會看到，沒有單一的正確答案。處理前景不明是長壽的一大財務挑戰，需要保住錢財與生命也是。

錢財（正是我要的）

巴瑞特・史壯（Barrett Strong）1959 年推出新歌〈錢財（正是我要的）〉（Money〔That's What I Want〕），成為摩城唱片（Motown）第一張暢銷唱片。此後這首歌有不下數百個版本，有眾多明星都翻唱過，如傑瑞・李・路易斯（Jerry Lee Lewis）、伊特・珍（Etta James）、披頭四（The Beatles）、國王人馬樂團（the Kingsmen）、滾石樂團（the Rolling Stones）、小理查（Little Richard）。我十幾歲時第一次聽到這首歌，要感謝飛蜥樂團（Flying Lizards）很棒的古怪版本（YouTube 上這首歌的影片是團長戴夫・康寧漢〔Dave Cunningham〕用叉子在茶壺上打鼓）。那是會讓任何財務顧問心中大喜的歌。

如歌詞所說，不光是理財顧問拿著小冊子爭取我們的錢，並強調儲蓄的必要性。每個人的天生直覺都假設，活得越久就需要存越多錢。但不一定得這麼做。

首先這取決於退休後需要多少錢，譬如靠政府提供的退休金也許可活得很寬裕。目前美國社會安全給付，每年平均付給退休人員 21,408 美元，略多於一般（中等）收入的三分之一。[1] 英國最高的政府退休金是每年 10,600 英鎊，也約是中等收入的三分之一。對所得超過一般平均的人，或無法靠三分之一收入生活的人來說，政府退休金不夠，所以還需要另外存錢。

據美國聯準會統計，好消息是美國四分之三的人口都有某種形式的退休儲蓄，[2] 壞消息是，五分之三的人覺得退休儲蓄不符所需。英國政府則估計，有 1,250 萬人的儲蓄不足退休所需。[3] 據一項對六大經濟體的研究，一般人將來會比儲蓄多活八到二十年。[4] 要是事先不計畫，或計畫不切實，財務邏輯會告訴你，需要增加儲蓄。

為人生延長籌錢只有三種方法，儲蓄是其中之一，工作更久是另一方法（如前一章強調的）。鑑於目前儲蓄是如此不足的統計數字，工作更多年似乎是應對挑戰的重要方法。如果像彼得潘那樣從不退休，一直工作到死，那就完全不必存錢。

　　但就算不把延長的壽命全都拿來工作，還是不見得要存更多錢，反而可能存得更少。延後退休使退休後的時間長度不變，就可把為退休存的錢分散到更多工作年數中，每一年就可少存一些。

　　還有第三種方式，是本章一開始華倫‧巴菲特的引言所說，讓錢二十四小時為你工作。投資報酬率越高，你睡得越好，因為知道第二天早上起來，又會擁有多一點財富。當然這其中有潛藏的風險。投報率高通常代表風險也大，如果成功，很好，萬一今天投錯熱門股，明天起來可能變窮很多。

　　過去幾年若曾投資加密貨幣，你應該太清楚追逐高報酬而來的風險。且看 Terraform Labs 的命運，這家 2018 年成立的加密貨幣新創公司，立即以數位貨幣 Luna 代幣在投資界聲名大噪。2022 年二月初到四月底，Luna 加密貨幣的價格上漲一倍多，[5] 那種投報率若能持續，可解決大部分的財務問題，可惜很難做到，不久 Luna 就迅速失色。如果你買在最高點 119.18 美元一代幣，將正好碰上大量拋售，形成恐慌，使價格跌至不到一美分。[6] 高風險投資的問題在此：必須在正確的時機脫手，則長壽的財務問題迎刃而解；若猜錯時機，問題就變得更嚴重。

　　投資加密貨幣是風險資產偏極端的一面，無法預測回報率適用於所有投資。如前一章提到，1985 年時，英國投資人的儲蓄可賺得比通膨高4%。按這比率，你的錢在十八年後購買力會增加一倍。目前 2022 年的利率低於通膨，這代表存錢的購買力絕不會翻倍。投報率的變動及不可預測，使長期財務規畫很困難。

　　管理長壽有另一個重要的不確定性，你究竟會活多久？如果活到一百歲，像螞蟻的策略只是積蓄，將需要很多錢。萬一不幸活不過七十歲，只知存錢也是很糟的決定。還有各種其他的風險，你會健康活躍能持續賺錢嗎？你是否需長期支付醫藥照護費？長青課題成功執行是減少這類風險的上策，但也需要金融部門提供新的理財方法。

所以這些是生命延長對個人及金融業的挑戰。克服挑戰需要綜合工作更久、儲蓄更多、追求更高投報率，並找出針對活得很久的保險之道。為適應壽命變長，我們必須決定，怎樣組合這些回應的收效最佳。

財務規畫問題的核心，在於一項基本而棘手的難處。若想確切知道將來需要多少錢，必須回答四個問題：何時停止工作？退休生活需要多少費用？儲蓄的投報率如何？我會活多久？或許你可猜測這四個問題的答案，但無法得知實際情況，這是極度的不確定性，也難以消除。由此可知最佳策略並非只是存更多錢，而是需要多管齊下。解決這種不確定性也是金融業的一大挑戰。

尋找資源支應長壽所需，還有另一種解決辦法：全部請別人付錢。從經濟觀點看，街頭抗議提高退休年齡，是對籌資方式的政治論辯：加稅或延後退休。但也涉及由誰付錢，若社會安全及退休給付不因應壽命延長而改變，那麼政府不是得加稅就是政府債務必須增加，然則政府借債只是延後加稅，所以不論採取哪種方式，若不改革，只是把負擔加在現在或未來的課稅上。解決壽命延長沒有魔法，資源總要有出處，應出自延長工作年數嗎？該出自普通納稅人，還是企業及有錢人？或許應該把整個退休金爛攤子交給未來世代去解決？

誰該承擔長壽帶來的風險，也發生類似的拉鋸情況。許多企業及政府正改變，相對較慷慨的確定給付退休金（defined benefit pension），那是根據工作年資及最後薪水，決定可領多少退休金，然後一直付那金額到你過世。但現在轉向確定提撥制（defined contribution scheme），不是根據薪資多少，而是取決於薪資中有多少存入退休基金，及基金的投資表現如何。確定給付制提供二種極具價值的確定性給個人：你知道每年可拿到多少錢，也知道活著時每年都拿得到。而在確定提撥制下，若基金成長不多，可拿的退休金就變少，如果活得很久，基金可能用盡。於是維持退休生活水準的風險，由企業與政府轉移到你我個人。

退休金危機存在嗎？

正如討論老年學，很快就會轉到論辯長生不死，討論高齡化社會似乎也必然導致退休金危機即將發生的可悲警告。永生吸引我們注意，因為它指向窮無盡的時間，談退休金危機則使我們的感官備受打擊，因為提到缺錢令人心煩意亂。

美國物理學家理查·費曼（Richard Feynman），因研究量子電動力學獲得諾貝爾獎。他曾說：「銀河裡有十的十一次方星球，那曾是很大的數目，但也只是一千億，比國債還少！我們以前稱之為天文數字。現在應稱為經濟數字。」[7] 在著手檢視退休基金的缺口時，那些數字確實變得非常「經濟性」。

世界經濟論壇（World Economic Forum）估計，僅是美國，目前訂定的未來退休金給付金額，與未來領取退休金者預期的金額，不足多達 28 兆美元。[8] 這赤字不會消失，只會惡化。世界經濟論壇預測，若是不改變當前的制度，缺口每年會增加超過三兆美元，到 2050 年將達到 137 兆美元。

這令人憂慮的財務前景成因很簡單，就是未能隨人口現實做調整，不只美國如此，這是全世界的問題。計算起來相對簡單，人活得越久，退休金就要付得越久；生育得少，工作的人就少，付給退休基金的稅也少。

結果造成退休基金龐大的缺口。

國家儲蓄不足，使許多政府出資的退休基金運作方式就像金字塔騙局（pyramid scheme）＊，較早的成員領走多於當初繳納的錢。令人憂心的是，現行制度如同任何金字塔騙局，到最後一定倒塌。若退休世代的人特別多，如嬰兒潮世代，更是火上加油。因此政府要提高退休年齡、增加提撥金額，降低福利給付。

除了政府出資的退休金之外，也有雇主承諾的確定給付制，雇主若是未保留足夠的錢以履行退休金承諾，不足部分必須利用將來的獲利加以補足。

英美有許多確定給付制，是付給公務員的公部門退休金（不同於付給一般大眾的政府退休金，如社會安全福利）。英國的公務員退休金義務總值達 2.2 兆英鎊，規模約與政府整體債務相當。[9] 美國在州層級的義務也很大，加州公務員退休系統（California Public Employees' Retirement System），一般稱為 CalPERS，2020 年控制 4,400 億美元的資產，是全球第五大公共退休基金，[10] 但那 4,400 億只等於未來需給付金額的 72%。但加州已名列績效較佳的州，紐澤西、伊利諾、肯塔基等州的公部門未來退休金目前經費只及 52%。[11] 政府這些公部門的退休金短缺，必須以未來加稅或撙節政府開支的某種組合加以彌補。

從這些數字可看出，現有的經費與未來承諾的退休金之間，有巨大的經費缺口。然而還有許多其他的退休金缺口，使情況更嚴重。最重要的

＊ 編按：金字塔騙局又稱龐氏騙局，是指參與者付費或買產品加入，然後透過招募更多新成員來獲利，新成員再拉更多人加入，一層壓一層，形成金字塔結構。隨著金字塔擴大，底層參與者難以獲利。台灣俗稱老鼠會。

缺口在於，並非人人都幸運能期待退休金。據國際勞工組織統計，全球僅四分之三退休年齡的人，獲有某種形式的晚年財務支持。[12] 那是因為全球195 國裡，僅 106 國提供政府出資的退休金。為不在其中的千百萬人提供財務安全顯然是優先要務，對許多老人所屬的低、中所得國尤其是挑戰，年老時一無所得，比只收到一部分預期的錢，問題更大。

同理，若退休金是比照薪資，而你的薪資比別人低，領到的退休金也會較少，於是社會不平等造成退休金差距，這與退休制的經費多寡無關。據世界經濟論壇估算，日本男女性的退休所得相差近50%。[13]「零工經濟」（gig economy）打工族如 Uber 駕駛及外送服務員，無法參加與工作有關的退休金計畫，也日益引起關切。

有個相關的問題與確定提撥制有關，它不像確定給付制，不至於有資金缺口，因為領取的限於原本提撥及後來增長的錢。但有可能出現更重要的缺口：需要的錢多於能領的錢。要是投資不足，或投報率令人失望，則確定提撥退休金就不會多，你恐怕免不了大吃一驚。

所以談到退休金，處處都有缺口：現有承諾背後的經費不足，個人需要與可能領取的金額有差距，誰拿得到與誰拿不到退休金之間有著天壤之別。

我們很容易因費曼的天文／經濟數字規模，感到負擔過於沉重。重點在於承認這問題雖令人生畏，但屬於長期性質，幾十年後才會出現。數字如此龐大，是因為它們代表所有已知的未來債務總數，桌上不會忽然啪的一聲出現 137 兆美元的發票，我們必須找到這筆錢，目前仍有時間防止問題。

以美國社會安全基金為例。那是政府的錢，來自過去繳的稅收，再投資於低風險的美國國庫券，每年政府取錢支付退休金、殘障及其他聯邦福利給付。目前基金的資產有 2.9 兆美元，聽起來好像很多，但目前預測，基金會在 2035 年告罄，這年分見於許多危言聳聽的頭條新聞。但這並不表示美國在 2035 年必須停止支付社會安全福利，目前基金本身僅支付約總支出的 20%，其餘來自稅收。

從現在到 2035 年若不改變，屆時美國有兩個選項，或刪減退休金20%，或加稅／減少開支以彌補差額。還有第三選項，政府可發行更多公債籌資，但這並非長久之計，聯邦舉債上限始終是華府政黨的政治爭議源頭之一，投資人願意借給政府的錢，最後也可能有極限，但這確實使政府得以再延後清算日。

拖延問題或許有誘人之處，但最好還是現在做出必要的改革，以縮小經費缺口。越早面對退休金赤字，最後須支付的帳單越小。

如何消除這些經費缺口呢？有一種可能性是，政府與企業的承諾跳票，你拿不到退休金。美國五十歲以上的人約四分之一認為，到他們退休時什麼福利也拿不到，五十歲以下的比例上升到近二分之一。[14]

大多數政府與雇主不會直接違約，但會改革退休金制度，消除經費差距，以便能實行更久。原則是使退休金所得更接近一生繳納的提撥款金額，所以五十歲以上的美國人，約二分之一認為將來領到的退休福利會比現在少。

使退休金制更能持久的政策你很難反對，誰想走無法持久的路？但能持久的退休金制不同於慷慨的退休金制。你最後拿到的退休金，取決曾交給自己的基金多少錢，如果交的不多，將來拿的就少。第二個問題是，政府為使退休金能持續下去所做的改革，往往是承諾未來採取行動，而非現在立即改變。政府提供的退休金版本是聖奧古斯丁（St. Augustine）著名的禱告：「主啊，使我做貞潔的人，但還不是時候。」

1983 年美國社會安全修正案宣布，退休年齡由六十五歲提高到六十七歲。這是勇敢但合理的改革，只是並非 1983 年實施，也未在 1993 年實施，這過程從 2003 年開始，先增加為六十五歲兩個月，然後每年加兩個月，2008 年是六十六歲，2027 年才會到六十七歲。在宣布提高後，經過四十四年才完成。眼光放遠總是好事，但這次需要望遠鏡。

緩慢逐步改革將產生世代公平問題。漸近式退休金改革，使負擔轉嫁到年輕人身上。他們的退休金制，從精算角度看仍是公平的，然而他們也必須補足老一輩的差額。越快採行可永續的退休金制，加在後世子孫上的財務負擔越少。

我們由此再回到長青課題：確保延長的人生更健康，生產力維持越久。退休金危機向來談的是錢的問題，但終究與資源有關。若工作的人變少，退休的人變多，社會如何生產退休者所需的商品與服務？解決之道在國家和個人層次都相同。我們可增加儲蓄，政府則是加稅或削減開支，如降低社會安全給付。我們可工作更久，政府則提高社會安全及退休金給付的年齡。政府也可賺取較高的投資報酬，未來的退休金將由未來的稅收支付，這代表要促進 GDP 成長。

工作更久及促進經濟成長這兩項，是長青課題的重要環節。設法變得更健康，生產力更持久，是產生壽命延長所需資源的唯一方法。要是整個人生賺的錢不夠支付退休金，就會一直竊取年輕世代來彌補缺口。若終生的生產力更多，問題即可解決。

所以退休金危機存在嗎？確實有大筆帳要付，因為針對壽命延長做的調適還不夠，若不求變，帳面金額會越來越大。但真正的危機可能不在財務，而在退休金概念上。簡單說，退休金與退休的概念，反映的是三階段人生的想法。我們在面對人生變長的意義時，實在看不出應維護目前形式的退休金制度。退休的時機及性質已改變很多，那勢必代表退休金也必須徹底改變。

追根究柢退休金危機的原因，不是壽命越來越長，而是延長的形式。史楚布魯格式的延長，代表不健康、生產力弱的時日變多，生活水準因此勢必降低。解決這問題便是長壽要務的目標，我們要為更長的人生創造更多的資源。

越是以長青方式變老，越要考慮比退休金永續性更廣的問題。政府出資的退休金，到底目的何在？是為克服短視近利，以確保老年有錢可用？是針對老年貧窮，幫忙年輕時無法儲蓄的人？或者只是獎賞能活到老年的人？這些目標的差別很大，很可能用差別很大的制度來因應比較好。且再更深入探討給付退休金背後的理念，若這是一種普遍的基本所得，旨在提供財務安全，那為何只付給特定年齡的人？當人生更長，工作更久，必會遇到轉換期或震盪期，這種收入對處於那種時期的人，不也很有用嗎？取用退休基金為何一定要等到最後？

簡單說，退休金危機不止一端。但最能反映真實面的並非財務，而是資源。癥結不在存多少錢，或稅金由誰付，而是如何在一生中，創造足以支撐活得更久的收入。所有這些挑戰，都可藉著活得更健康、生產力維持更久來緩解。長青課題可消除退休金危機，但解決退休金的財務問題，不等於完成長青課題，我們需要從相對的角度來看這問題。

個人財務安排

二十世紀除出現政府出資的退休金，也見到資產管理業的成長，使個人能透過各種投資產品，增加自己的退休金。美國目前有三十三萬名個人理財顧問，一般（中等）待遇將近十萬美元。[15] 全球接受管理的退休基金估計達 56 兆美元，[16] 大企業也不比這大多少。

由於政府致力降低對退休金危機的曝險，資產管理業注定將更為茁壯。同時當社會安全退休金不再慷慨，政府便越來越強調所謂的自動加入制，這制度名副其實，一旦受雇就自動加入退休金計畫，每年投入一定比例的薪水到個人名下帳戶。確實投入的比例及員工或雇主如何分擔，各國不同，但自動加入制成長快速。

澳洲 1992 年透過公司退休公積金制（company superannuation scheme）實施自動加入，所有員工都必須參加，雇主每年按薪水比例提撥公積金。比例由 3% 起，目前是 10%，最終將達 12%。澳洲人稱為「特大號」（supers）的總投資額，目前是 2.3 兆美元。英國在 2012 年實施自動加入，並要求個人至少提撥 5%，雇主至少 3%。美國國會 2022 年，選擇成為自動加入制度的一員，兩黨罕見地一致通過 SECURE 2.0 立法（SECURE 是一長串字的縮寫：Setting Every Community Up for Retirement Enhancement〔促使各社區改善退休〕）。在眾多為增加投資退休金誘因的條文中，有一條是要求雇主以最低提撥率，自動將員工加入退休計畫（即 401(k)）*，提撥率會隨時間逐步調高。

有那麼多國實施自動加入制，等於擁有個人化退休基金的人越來越多，於是管理退休金的責任及風險由企業及政府轉移至個人，這使懂得如何理財加倍重要。

---

* 編按：401(k) 是美國的退休金帳戶計畫，相關規定明訂在國稅法第 401(k) 條中。員工和雇主可提撥部分薪資至個人的退休帳戶，個人可享受稅收優惠。此外，401(k) 不只是儲蓄而已，也是一個投資帳戶，通常公司會向外尋找 401(k) 管理顧問操作。

針對個人需要

三階段人生（就學、工作、退休）結束於短暫的退休期，很適於標準化的金融產品及建議。但當生命延長，退休變得更多樣化，工作生涯也分成多階段，一體適用的建議就不再行得通。有人可工作更久，也想這麼做，有人不行也不想；有人重視金錢及購買力，有人重視較簡單的樂趣。不同的人喜好與情況不同，想追求的選項也不一樣，這跡象是理財業已想到但尚未完全擁抱的名詞：**個人財務**。

長青社會的個人財務規畫，精義在於決定要如何運用多出來的時間，然後制訂計畫籌備需要的資金。現在有太多理財建議是輕重緩急顛倒，反而建議你應調整人生，去適應財務計畫。十九世紀大娛樂家巴納姆（P. T. Barnum）除創造「每分鐘都有受騙者誕生」的名言，也說過：「錢是糟糕的主人，優秀的僕人。」良好的財務規畫必須把錢當僕人。面對人生變長，多存錢也許對你行得通，也許行不通，要是行不通，你等於讓錢成為主人。如果要請教專業理財建議，對方越早問你人生想做什麼，越晚拿出投資小冊子，越好。你必須支持自己喜歡的螞蟻和蚱蜢組合。

當財務計畫越來越針對個人的需要，而投入個人帳戶的資金越來越多，對理財建議的需求也隨之增加。這會產生一個問題，只要錢一多，就有理財詐騙的風險。當產品變得複雜，又是量身裁製，造假及不當銷售的風險就更高。再加上年紀越大，越易於出現認知問題，如失智症，所以生命延長可能為歷史悠久的金錢詐騙開啟全新的篇章。

這造成緊張狀況。個人化理財建議的需求增加，卻碰上主管機關熱中於確保只有有證照的顧問可提供建議，在需求剛好增加時限制潛在顧問的人數。在長壽世界，提供財務建議不是只針對相當富有的人，而是必須確保對人人都便宜且方便。較簡單的解決之道，是對「機器人顧問」及聰明使用 AI 寄予厚望，藉以對許多人提供簡易管道及良好建議。

　　無論用不用顧問，無論是請教真人或機器人，很難不得出以下結論：花時間增進自己的財務金融知識是個好主意。金融教授奧莉維亞・米契爾（Olivia Mitchell）與安娜瑪麗亞・魯薩迪（Annamaria Lusardi）曾調查財金知識的普及度及其好處，她們發現，大多數美國人的財務金融知識不足，當問到利率、通膨、風險等三個關於投資的基本問題時，知道正確答案的人不到一半。[17] 但這不只限於美國人，大多數國家都有相同問題。教育程度會造成差別，高中畢業生僅五分之一答對，大專畢業生五分之二，研究所五分之三，但仍有太多人的財務金融知識水準很低。男女也有差別，德國女性二分之一答對（美國五分之一），男性五分之三答對（美國五分之二）。很有趣的是，證據顯示，女性知道自己很可能答不對，男性相反地過度自信。知識不足對投資是壞消息，但過度自信自己的專業能力也不好。

　　最要緊的在於，研究發現，財金知識攸關重大，懂得財金的人較可能規畫儲蓄、投資、賺取高報酬，較不可能欠下卡債，較可能以符合成本效益的方式更換房貸。當退休金環境改變，個人要為自己未來的財務負起更多責任，了解自己的財務如何運作就變得更有價值。

工作、儲蓄或投資？

　　為說明財務安排的兩大要事：財務規畫個人化及財務知識重要性，接下來看看可如何思考為長壽籌備資金的不同取捨。你有三種策略可選：工作更久、儲蓄更多、投報率更高，這些的相對優劣如何？

　　具體來說，假設你計算過，退休後除了領取政府退休金，你每年還需要一萬美元，那麼退休時必須累積多大一筆錢才辦得到？若退休期比想像中長，投報率不如預期，會有什麼變化？

　　如前面強調，這問題很難回答，因為你無法確知到底需要多少錢、會活多久、投報率是多少。處理這不確定性，是管理長壽財務安排不可或缺的一環，不過暫且不把它當財務建議問題，當作數學問題看，並做非實際的假設：你知道自己可活多久、投資回報率是多少，就可對基本取捨有些概念。

　　計算結果見圖 5，圖中列舉若退休後想要每年可花一萬美元，根據不同壽命（退休年數）及投報率，各需要到退休年齡時儲蓄多少。同時假定你不打算留下遺產，因此計畫死亡時無錢剩下。

　　顯然退休後活得越長，需要越多錢。所以越下面的欄位金額越多。投報率越高，需要的儲蓄越少，所以橫向欄位越右邊金額越少。若想知道

退休期長度 （年）	投報率 0% （經通膨調整）	投報率 1% （經通膨調整）	投報率 2% （經通膨調整）	投報率 5% （經通膨調整）
5	$50k	$49k	$48k	$44k
10	$100k	$95k	$91k	$70k
15	$150k	$139k	$130k	$106k
20	$200k	$181k	$165k	$126k
25	$250k	$221k	$197k	$143k
30	$300k	$259k	$226k	$155k
35	$350k	$295k	$252k	$165k

圖 5：退休時需存多少錢

（上表計算是根據不留遺產或贈予的假設〔非實際〕，沒有活多久的不確定性，且保證投報率。）

每年五千或十萬美元各需要多少，只要分別乘上 0.5 或 10 即可。

　　這圖表讀來足以令大多數人警醒，無論想要退休期多長，他們的存款都不足。據美國消費者財務調查的最新數字，一般五十五到六十四歲（中年）美國人，退休帳戶中約有 13.4 萬美元。[18] 看似很多，但美國目前的死亡數據，六十五歲的人平均預期可再活十八年半。假定 13.4 萬美元的年投報率可維持在高於通膨 2%（目前還達不到），則可提供那十八年半每月 722 美元，對社會安全平均給付增加適中。二者相加每月的收入是 2,506 美元，約是平均中等收入的一半，以這金額你很有理由擔心活得比平均壽命長，因為你的錢必須維持更久，每月分到的會更少。

　　計算結果也顯示，知道自己的預期餘命對財務規畫有多重要。美國教師保險與年金協會（Teachers Insurance and Annuity Association of America, TIAA）有五百多萬會員主要來自教育界，管理的資產超過一兆美元。據精算師學會（Society of Acuraries）調查，公務員中以教師的平均生命期最長，活到百歲的可能性是別人的兩倍，所以長壽對他們是重要問題。[19] 教保協會調查發現，六十歲美國人的預期餘命，僅三分之一會員可選出正確選項，[20] 有四分之一不知道，另四分之一是低估，等於調查對象中有二分之一在規畫退休財務安排時問題嚴重。

　　圖 5 突出的另一點是，投報率很重要。若退休期由三十年延長到三十五年，每年要多一萬美元，而投報率是零，就需多存整整五萬美元。可是如果找得到投報率達 5% 的投資，就只需多存一萬美元。

　　這麼說，工作更久、儲蓄更多，或賭一賭風險較高的資產，怎樣才是正確的平衡？在此要回到個人財務的個別化性質上，沒有正確答案，有很大一部分取決於你及你的情況。假定因平均壽命增加十歲，你現在的預期退休期不是十五年，而是二十五年。如果每年的投報率扣掉通膨是 1%，按照圖 5，你現在退休時需要存下 22.1 萬美元，不是 13.9 萬美元，這在整個工作生涯中要多存很多錢。正是未能多儲蓄，造成許多國家、制度、個人面臨退休金危機。

　　或許更有吸引力的選項是多工作五年，退休期就只有二十年，這樣退休時需存到 18.1 萬美元，那也不是小數目，但別忘了，延後五年退休就多出五年可累積更多存款。也可能你覺得只需要退休十五年，就多工作十年，這樣退休時需存下 13.9 萬美元，但有多十年可累積，工作期每年就可少存一些，多花一些，退休期的錢也不會少。哪種情況是對的取決於個人喜好。比起未來，你有多重視現在？你現在可再多儲蓄多少？你多討厭工作？你可以長期工作嗎？記住，這是你的財務規畫，要如何安排，應依照你對這些個人問題的答案來決定。

財富／健康管理新模式

　　也許所有這些選項太令人無所適從，很難做決定，這可以理解，畢竟計畫漫長的人生並不容易。何況這麼做還有一個問題，真正限制住它，無法在財務規畫上發揮作用。

　　那就是不知需要多少錢退休、不知能活多久、不知投報率是多少、不知能延長工作多久等不確定性，這就像是猶太意第緒語（Yiddish）的諺語：「人類計畫，上帝笑看」的財務版。總之無正確答案。你只想管一件事：要存多少錢。但有太多未知數。假如你計畫七十歲退休，預計會活到九十歲，結果活到九十五歲怎麼辦？假如你預計退休儲蓄可賺得 2% 報酬率，結果只有 1% 怎麼辦？你計畫工作到六十五歲，但五十七歲就失業又如何？

　　前重量級世界拳王麥可‧泰森（Mike Tyson）有句名言指引出可行方

向。泰森在出戰另一位傳奇拳手依凡德・何利菲德（Evander Holyfield）前被問到，他是否關心對手的打擊計畫，泰森答：「人人在嘴上被打一拳前都有計畫。」面對長壽的財務意義，這些深不可測的未知數：個人健康、預期壽命、工作生涯，告訴我們任何計畫都要內建彈性，人必須有調整能力。

我在之前出版的書《100歲的人生戰略》（The 100-Year Life）（與琳達・葛瑞騰合著）中曾提到，評估個人財富時也應加入所謂的無形資產：個人知識技能、健康、友誼、目標、應變能力等。每年你都需要檢視這整個組合，務必堵住任何出現的缺口。不只金融資產要投資，投資這廣義範圍的資產才可培養能力，處理泰森所說「嘴上被打到」，這在漫長人生是會發生的。

要是投資績效差，你打算延長工作調整財務規畫，可是你具備工作更久的技能嗎？要是想享受更長的退休期，你的健康情況好嗎，還是會為不斷上漲的醫藥費頭痛？家人是否樂於你能陪他們更久？我們一生都必須避免個人儀表板上有閃爍的警示燈。

這在財務上有一些含義。例如它指出，規畫財務須納入健康評估。若在銀行有夠二十年用的資金，你或許覺得八十歲退休可安全地活到一百歲，萬一八十一歲就離開人世未免可惜，為協助財務規畫，你必須持續更新可能活多久。財務規畫產業對測量生物年齡越來越有興趣，原因就在此。針對何時停止工作、需要多少錢退休、醫藥費負擔大概多少等，都是越了解生物年齡，越能做出較好的決定。如同投資人定期檢查投資組合，你也需要定期檢查健康組合，檢查結果將影響財務規畫。

另一個該投資的關鍵變數是個人知識技能，及有助於保持生產力與受雇的各種特質，經濟學家稱之為「人力資本」。我們已討論過生命延長如何需要工作更久，至於處理投報率和預期餘命等不確定性，也包括必要時能工作更久。你必須不斷投資自己的人力資本，做為一種保險來源。用經濟學家的說法，**不想因活得太久而無錢可用，就必須相對於錢財資本，投資更多於人力資本。**

富者越富，貧者越貧

活得越久需要越多儲蓄，這是自然而然的想法，但長壽也有借貸上的意義。若活得更久造成工作更久，未來就有更多錢可賺，所以負擔得了現在多借錢。當然一輩子的財務要加總來看，因此不能一直借多於還。但工作期加長，就有更多時間為退休累積錢財資產，同時也償還債務如房貸及其他貸款。

長壽在這方面會使整個人生的財富起很大變化，繼而又造成世代間的財富分配變動極大。想工作越久，需要受越多教育，於是有更多人延後開始工作，負債隨之增多，結果是年輕時應預期財務上會比過去的世代窮。同樣地，五十多歲的人將來也比前輩有更長的工作生涯，所以他們還有時間償還債務、累積存款，相較之下財力似乎不如以往的五十多歲。反之，如果現在的退休期變長，年長者就需要更多錢支應多出時日的花費，因此人生週期的財富變化及社會財富分配都大大轉變，有更多財富掌握在老人手中。

這過程已經發生。美國 1990 年時，所有財富的 19% 由七十歲以上的人擁有，13% 在四十歲以下的人手裡，[21] 到了 2022 年比例變成 26% 及 6%。壽命延長促使長幼世代的財富越來越不平等，這不見得是老人未善待年輕人，或年輕人注定永遠貧窮的徵兆。生命週期各階段的財富，將因壽命變長而不同於以往。

生存保險

本章的主題之一是，人生變長的財務管理問題，因為能活多久及能賺到多少投報率都不確定。若能排除這些不確定因素，財務規畫就較容易，也較有把握，不論活多久都能達到保證收入。因此現在要把焦點由儲蓄轉向保險。

壽險是針對死得早使家人財務不安全的風險而設計。但平均壽命在增加中，我們需要開始思考生存險（living insurance）：找出確保活到很老時不會資源耗盡的方法。壽險保單不難了解，你每年付一筆保費，死時會領到一定金額的給付。美國約有一半的人投保壽險，這是規模龐大的產業，2021 年美國投保人付的保費淨額高達 6,357 億美元。[22]

不過壽險業並非向來如此。可想而知，現在拿走你的錢，承諾在你死時付錢給你，也免不了會有詐欺、醜聞、銷售不當之情事。早期的壽險業很難說是前途看好。英國第一張壽險保單於 1583 年發出，被保人是醃肉醃魚商威廉·吉本斯（William Gybbons），但他死時保險公司拒絕理賠。公司宣稱的理由是，那張保單以陰曆年（354 天）非日曆年（365 天）計算，這一點很重要，因為吉本斯正好死在相差的那十一天裡。買保險時仔細閱讀小字絕對有好處。回到那張保單，受益人把保險公司告上法院並獲勝訴。

然而經過多年，法規、公司聲譽、熟悉度孕育出規模以億計的產業。長壽為長程財務規畫帶來挑戰，難道不該預期生存險保單在未來幾十年會同樣迅速成長嗎？為明白為何需要這種轉變，且看一張十分嚴肅的圖：不同年代法國成人死亡年齡分布（圖 6）。

請先注意，平均壽命雖是有用的數字，卻並非很可靠的財務規畫指

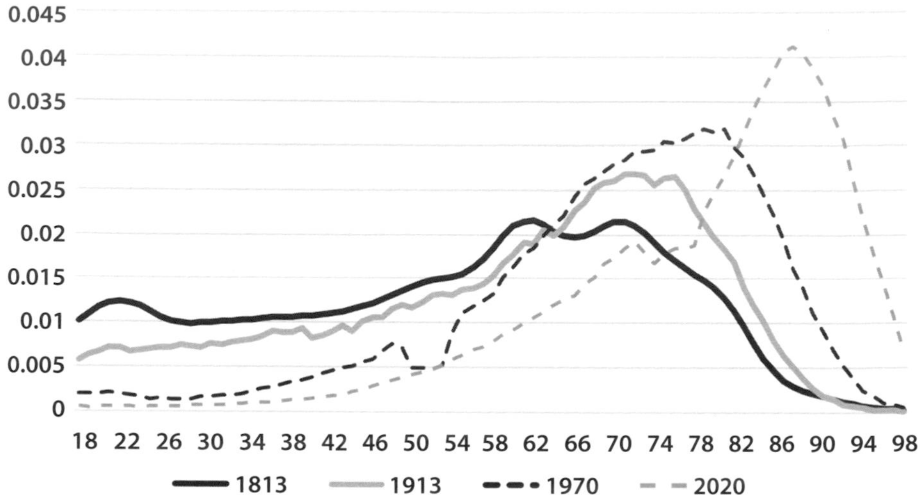

圖6：法國成人死亡年齡比例

（資料來源：HMD, Human Mortality Database: Max Planck Institute for Demographic Research (Germany), University of California, Berkeley (USA), and French Institute for Demographic Studies (France). Available at www.mortality.org）

南。法國 2020 年的平均壽命是八十二歲又八個月。但 2020 年僅有四十分之一的死者是八十二歲，也就是大部分人不合平均數，這代表何時會死有相當大的不確定性。平均壽命甚至不是最常見的死亡年齡：八十九歲，使得任何終生規畫都十分不確定。

另一個顯著特點是，可能的死亡時間不同，投保的需求就不一樣。假定你在退休年齡前離世（馬克宏改革前是六十二歲），未亡家人的財務遇到風險；或者你的工作生涯突然中止，財務計畫尚未完成，家人在風雨飄搖中。所以這年齡層會對壽險特別有興趣。

法國 1813 年有五分之三的成人在六十二歲前死亡（記住當時沒有退

休這種事，你會一直工作到做不動為止），到 1913 年這比例是二分之一，1970 年四分之一，2020 年八分之一。這絕非指壽險已經不重要（尤其退休年齡提高，並有更多人到老年時還未還清房貸），不過這確實指向現今很大的變局。現在的風險比較不是未停止工作前就離世，而是停止工作之後才過世。

這變化使得活得久的風險大增。1813 和 1913 年法國只有百分之一的成人死者超過九十歲，1970 年是十六分之一，2020 年是四分之一以上，這使生存險更值得重視。現在的風險不是儲蓄還不夠就死亡，而是用完所有為退休的積蓄後才死。

壽命的不確定性受兩項要素影響。一是個人，法國的平均壽命是八十二歲，但如我前面所說，大多數人都不合平均數，所以不太可能死於那年紀，因此需要保險來處理與平均數差異的不確定性。

還有第二種形式的不確定。平均數本身會改變。如法國的數據顯示，最常見的死亡年齡已提高不少，由 1813 年六十三歲，到 1913 年七十三歲，1970 年八十歲，2020 年八十九歲。未來不會再繼續增加嗎？如果你現在三十歲，對 2020 年的數據不會有什麼興趣。你會對 2070 年的預期情況更感興趣得多，這是準備終生財務計畫時需要知道的。

要是未來五十年的進展與過去五十年相同，則 2070 年的最常見死亡年齡將是九十八歲，若有老年學的突破助一臂之力，或許還會更高。也可能人類壽命有上限，還有因無法預見的人口、政治或健康因素，使常見的死亡年齡降低。規畫退休金時，該如何因應這種不確定性？金融部門面臨的挑戰是，設計出新產品，幫忙降低不確定性，好讓我們確定在退休期，不管活多久，每年都能獲得保證的收入。

在繼續討論可行的作法前，值得對生存險做更個人角度的檢視。很少人剛好在平均壽命的年齡亡故，這對家庭關係有重要意義。倘若你與配偶一起生活，財務規畫就須考慮你們二人會活多久的難題。好消息是由於平均壽命增加，中年死亡率降低，夫妻更可能一起變老，但不一定可能在差不多的時間過世。

精算師壽命說明網站（Actuarties Longevity Illustrator）是美國精算師學會與精算師協會（Society of Actuaries）開發的線上工具。[23] 你提供一些個人健康的基本資訊，它會深入了解你做為伴侶的壽命，例如根據我和妻子的資訊它告訴我，我倆之中有一人會活到九十六歲的機率是 50%，此事想來令人難過。做仔細的財務規畫絕對必要。但也要做一些符合「生存險」保障的其他痛苦交談。印裔美籍外科醫生阿圖‧葛文德（Atul Gawande）的精彩之作《凝視死亡》（*Being Mortal*），書中談到為生命終結交談的重要性，及攸關重大的關鍵抉擇。[24] 生命延長並不表示不會結束，只是更確定會在老年時經歷它。不只為個人也為伴侶關係做好相關準備，遠超出財務規畫的範圍。

收入保障

回到財務規畫，我們追求的是無論活多久，都有辦法在停止工作後保障收入。如何做到收入有保障呢？

目前已有一種形式的生存險存在，就是政府出資的退休金，如社會安全年金（Social Security），只要活著就會收到給付。社會安全年金是壽命變長時，提供收入安全的重要方式。目前可領確定給付退休金的人越來越少，若你是其中之一，情況也類似，那是根據退休時最後的薪水來計算，金額享有終生保障。

另外也許你出身富裕家庭，家人也願意無論活多久都養你。不過切記莎士比亞《李爾王》（*King Lear*）的遭遇，他把錢財分給女兒，期待她們奉養父親，卻太晚才發現：「不知感恩的孩子，比蛇牙銳利得多啊。」當壽命延長的日子一年年過去，連最親愛的家人可能也開始懷疑自己惹上了麻煩。

若你是上述的幸運者之一，應該恭喜你：你已有現成的生存險。但大多數人沒那麼幸運，若你屬於擔心的多數，該怎麼辦？

現在你該知道，繼續工作是一個選項，或廣泛來看，確保必要時可回去工作。2022 年就是如此，生活開銷高漲，金融市場下滑，「偉大逆退休」（great unretirement）說法盛行，年長者被迫回到勞動市場。換言之，個人賺錢潛力：人力資本，是最佳長壽保險。工作更久也有助於解決另一種風險：通膨上升。退休金容易受到物價上漲之苦，薪資是較好的通膨避險。

多儲蓄是另一條路，但想要財務安全，又想活到像珍妮‧卡爾門的122 歲，挑戰就很艱鉅。存到足夠的錢、舒適地活那麼久，超出大多數人的能力範圍，靠儲蓄也非常沒有效率。選擇這條路，不斷挪錢為六十年的退休期儲存，預料到死時，銀行帳戶會留下很多錢。如果生前不需要那些錢，或希望留下大筆遺產，富有地死去也許無所謂，但很少人有那種用不到的餘錢。

這就是保險發揮作用之處。保險是一種分散風險的方式，個人不必完全承擔可能性不大但昂貴的結果（像是活到 122 歲）。儘管並非每個人都會剛好活到平均壽命，但集體說來不會錯。這使保險公司得以集中風險，去除個別不確定性。

集中風險正是年金險的基礎，它是一種保障收入的金融資產。為了解年金險如何運作，請看以下虛構案例：有二十個七十歲的人都擔心錢會用盡，他們從假設的精算表得知，平均每年會有一人離世。所以儘管平均壽命是八十歲，但有一人七十一歲就會死，最老的可活到九十歲。若他們都想每年有一萬美元可花，但投報率是零，每人七十歲時就各需存到 20 萬美元（二十年各存一萬）。七十一歲死亡的會留下 19 萬未花、七十二歲死的 18 萬，以此類推。

年金險提供生存險，並可避免需要人人死時銀行裡還有錢。年金險有多種形式，且以這二十個七十歲的人為例，他們各投資十萬美元購買年金險，年金險每年發給仍活著的人每人一萬美元。這對七十一歲就死的人很不划算，付出十萬只領回一萬，但對活到九十歲的人卻很划得來，付十萬領回二十萬。但七十一歲就死的人，仍比原本必須存二十萬要有利。由於年金險，每人只須存十萬美元退休金，就能保障活到九十歲的風險。年金險集中風險，提供人人保證收入，避免必須過度儲蓄。

年金險十分合理，但基於各種理由，並不像財金教授希望的那麼盛行。有些投資人擔心年金險的流動性：若突然發現需要更多錢，易於變成現金的程度。

另一個問題是年金險常被視為很貴。相對於年金險的價格，每年得到的收入偏低，原因之一在於保險公司承受的風險，平均壽命增加的風險尤其成問題。年金險可幫忙匯集個人風險，但保不了平均壽命增加的風險。

設想要是老年學開發出長壽靈藥，使得那些七十歲的投保人都能多活二十年。現在平均壽命變成一百歲，九十一歲有一人死亡，九十二歲一人，最後死的是 110 歲。大家花 10 萬美元買年金險，但最早 91 歲死的人，總共可領到 21 萬美元，110 歲領 40 萬美元。由此看得出問題所在了：推出這年金險的公司，會因平均壽命延長而破產。

為因應平均壽命延長的風險，保險公司必須以資本形式保留資金，以備要支付多於預期的錢。保險公司錢被綁住，代價很高，因為可投資賺的錢變少。於是有些代價就轉嫁給投保人，形式是低利率，這使年金險買起來很貴。

不過年金險並非集中長壽風險的唯一方法。近來有一種金融投資重獲知識分子興趣，稱為唐提式（tontine）年金制，[25] 可上溯至十七世紀，名稱取自義大利金融家羅倫索·迪·唐提（Lorenzo di Tonti），他說服法王路易十四，試行他開發的一種募資制度。後因某些不明理由，唐提被關進巴士底監獄，但法國政府卻越來越常採用他的金融構想，那也是英國最早發行的政府公債形式之一。[26]

唐提制與年金險相同，核心概念是集中風險。年金險是提供存活時保障收入，而唐提制最單純的形式是，比別人活得久，收入就會變多。這造成一些齷齪的誘因，想除掉參與同一基金的其他人。公路強盜或許拿槍指著你，說「要錢還是要命」，唐提制則較像是「要你的命和我的錢」，使唐提制成為許多書籍、電影、電視劇很棒的戲劇主題。

唐提制不只受劇作家歡迎，1905 年美國有九百萬保單含有唐提制成分，但 1906 年美國政府宣布這種保單違法。眾多侵占公款的醜聞，及不當銷售與詐欺的投訴，加上大眾對從別人死亡而致富感到不安，使這種保單蒙上污點。

唐提制如何運作，又如何獲得污名？以下是唐提制基本概念的簡單例子。有三個人一起每人投入二萬美元，建立價值六萬美元的唐提制養老基金。這筆錢做適當投資，假定每年成長 2%，第一年就增加 1,200 美元，由三人平分，每人得 400 美元。

第二年有一人過世，他的二萬美元由另外二人平分，於是每人投入金額成為三萬美元，以 2% 的利率，第二年結束時他倆各得 600 美元。

到第三年又有一人過世，全部六萬美元都歸仍活著的那個人。年紅利增至 1,200 美元，並且最長壽者獲得全部基金。

別管吸引劇作家的聳動性，從長壽觀點看，唐提制有什麼可取之處？首先它解決保障收入問題。當然嚴格說來，唐提制並不保障收入，反而是活得比別的加入者久收入還會增加。這問題當然不難處理，令人擔心的是錢不夠，不是錢太多怎麼辦。若醫療照護費用隨年齡增加，唐提制收入會變多，甚至可能是優點。美國私人照護的花費，從成人日間照護一年二萬美元，到護理之家獨居房一年 10.8 萬美元，而這只是平均費用，[27] 是需要靠保險解決的開支。

唐提制的第二個優點是，降低令年金險頭痛的集體長壽風險。若平均壽命延長，加入唐提制的成員無人死亡，每人就保持每年 1,200 美元收入，不必為風險保留資本，所以唐提制的投報率應能優於年金險。

金融解方

所以有多種方法可針對壽命延長達到收入穩定的目的。我特別說明年金險及唐提制各一種版本，但變體版有幾百種，每種各具特色，提供不同風險組合與取捨。如本書的探討，沒有一種制度是完美的，年金險保障個人風險，但平均壽命的曝險程度使年金險變得很貴。唐提制不會暴露於集體風險，但需投入多很多的錢，才能得到相同水準的收入。

將來可能出現一系列的制度，提供各種不同的保險。沒有一種可永久提供完整的保障，卻可消除對能活多久及投報率的顧慮。

本章開始時間的問題，工作更久、儲蓄更多、追求更高投報率，需要哪種組合為生命延長提供財源。答案依舊是「看情形，要混搭」，不過還有一些建議。多存錢很重要，但不太可能是獲得財務安全的最佳途徑，投資個人人力資本如技能與健康也有必要，**保持健康、體適能、生產力、參與感，是維持財力與生命的上上策。再借助保險匯集風險的力量，就是因應長壽風險之道。**

保險業對我們還有一項助益。但並非避免活得太長的財務問題，而是避免活得長卻不健康。

壽險公司喜歡被保人活得更久。若說加入唐提制的人有除掉彼此的誘因，那麼壽險公司則有維持被保人活下去的誘因。活得越久，付的保費越多，付出壽險給付的時間越晚，保險公司也更有機會用保費投資賺取利潤。為此，有些公司已開始提供健身房會員、免費健康監測裝置、保健食品折扣及其他獎勵，讓人保持良好身體狀態。多利用這些方案可增進健康，保費隨之降低。

健身房會費折扣及健身手錶，是相對小的財務誘因，還有充分的空間可納入更昂貴的醫療照護福利。也許是對新出現的可延壽療法提供補助，我在網路上快速搜尋找到的是，七十歲美國婦女購買二十年 25 萬美元的壽險，每年保費是 5,000 美元，她多活一年保險公司就能多收 5,000 美元，並延後支付 25 萬美元，若能支持她再活二十年以上，保險公司就不必給付保險金。這對壽險產品納入延壽治療，及納入將來可能的老年醫療，都是很大的誘因：金錢與健康做互惠的結合。

長壽產業

我為籌得長壽的必要資源，提出三種方法，其中之一是運氣好、投報率高。由此要談到金錢與長壽的最後一個課題。

投資人總是積極地尋找下個「大熱門」，但沒有比長壽更熱門多少的事。把我們分析的兩大結果加在一起來看，數十億人活得更長，更好地變老，每個人代表數十萬美元的價值，那正是龐大的商機。我在倫敦商學院開一門課，名為「長壽產業」（Business of Longevity）。講者來自各行各業，對學生講述人類生命如此重大的變化，帶來無比商業潛力。

我已陸續談到，要挺身迎戰長壽要務的挑戰，有許多地方必須做出改變。我強調那對個人與政府的意義，但企業在促成改變上同樣地位重要。如同前面提到的金融業，生產及分銷長壽要務所需新產品與服務的則是企業界。

要是對老年學的潛力感到振奮，卻擔心壽命變太長錢要從哪裡來，則投資新創生技公司或許是某種形式的生存險。一旦老年學公司有所突破，使你的壽命延長，股價應會大漲，你就有錢購買其產品及支付長壽的開銷。

不過請對風險投資保持戒心，比生技公司早期風險更大的企業不多。生技公司倒閉的比成長極好的多很多，至於開發長壽療法的先驅，雖令人充滿樂觀，至今卻未有一種經證明可像藥物一樣有效。

不過還有許多方式可投資於長壽，且不像生技業風險那麼高。歐盟定義銀髮經濟為：「所有服務五十歲以上需求的經濟活動，包括其直接購買的產品及服務，暨由此衍生的進一步經濟活動。」像是美國退休者協會（AARP，成立於 1958 年，原名 American Association of Retired Persons）或國際長壽中心（International Longevity Center）等組織，強調銀髮經濟商機無限。道理很簡單，老年人越來越多，老人多半賺的比年輕人多，擁有更多財富，也花錢較多。五十歲以上的世代已占經濟很大一塊，未來數十年只會更大。於是出現推薦投資的簡報，介紹一大堆針對高齡人口的新創公司。

人口統計向來如此，很容易揮舞著龐大數字證明某種情況。據美國退休者協會統計，五十歲以上的花費對全球 GDP 貢獻是 45 兆美元，[28] 在美國每花費一美元，就有 56 美分是五十歲以上所花。若有某種魔法，可形成僅由美國五十歲以上花錢者組成的新經濟體，將是世上第三大，年 GDP 達 8.3 兆美元。其他國家也有類似趨勢，英國 54% 的消費支出是來自五十歲以上（3,190 億英鎊），預料 2040 年會增至 5,500 億英鎊（63%）。[29]

照這東一筆西一筆的數字，高齡人口完全不是負擔，而是世上最大且成長最快的「新興市場」。預期的受益產業，將與陪伴、照護、行動、處理失能疾病如失智症等相關。

以這方式看待年長消費者，可矯正經常與社會老化聯想在一起的暗淡無望，值得歡迎。年長者對經濟成長的正面貢獻能力不可低估，但對高齡工作者是經濟引擎的看法，照例有一些警告。有些銀髮經濟分析找到的優點有悖常情，例如有一則常被追蹤的統計數字是，日本自 2011 年以來，成人尿布的銷量多於嬰兒尿布，[30] 這當然是很大的商機，但更偏向「暗淡無望」，因為是靠不健康賺錢，而非促進長青未來，我們真心希望如此看待長壽社會五十歲以上的市場嗎？

想確定銀髮經濟的範圍，會遇到一個重要問題，那就是該如何定義老年。老年是從五十歲算起嗎？還是六十五歲？八十歲？甚至是否該根據時序年齡？

美國退休者協會以五十歲為衡量「老」的分界點，從以下說明或許可以理解。它成立於 1958 年，起先是為五十歲以上退休教師提供保險與支援，此後成長為有 3,800 萬會員的組織，透過對政府遊說、提供資訊、為會員交涉協議，以設法滿足五十歲以上會員的需求。這年齡層的商業潛力從一點可看出：該會（非營利組織）已累積淨資產 30 億美元，2021 年總收入 18 億美元。以五十歲以上定義老人，合乎該會一向的運作範圍及會員組成。

然而自 1958 年以來，人們老化的情況多元及平均壽命增加，造成區分這單一年齡層的問題是以「老」或有許多共同利益為標準。以五十歲起算老，一定人數眾多，並具有非凡的消費力，但如此定義一個單一市場是否有用不得而知。就像沒有單獨的五十歲以下市場，是否有五十歲以上的單一市場令人存疑。

認為有單一市場的想法，使企業落入年齡歧視偏見，那正是美國退休者協會積極主張要避免的。結果造成**銀髮經濟常著重於銀髮族的衰弱及需要**（照顧長者機器人、用藥盒、跌倒警鈴等等），**而非銀髮族的想要**（趣味、娛樂、旅遊、陪伴等等）。如麻省理工學院教授約瑟夫・柯佛林（Joseph Coughlin）所說，許多公司對年長消費者的態度，就好比假設青少年有興趣的產品只有抗青春痘藥膏。如果對青少年是這種態度，賣不了多少產品，對老年人也是同樣情況。

我承認對銀髮經濟概念感到不安。儘管它是試圖描述正面版的高齡化社會，卻易於落入同樣的刻板印象問題，並迎合想當然耳但可能不存在的同質性，以致掩蓋事實真相：在許多方面，目前的大變局是，老年人與年輕人越來越相像。

超越「銀髮經濟」還有一個理由，我們應該鼓勵長青社會而非老化社會，但是銀髮經濟與社會老化論只是一體的兩面，為企業披上正面的外衣。

長青經濟是支持改變老化方式，而非迎合老人的傳統需要。它關切的是結合健康與財富的新金融產品，有助長久維護健康的飲食，支持終身學習的教育體系，較偏老年學的製藥業，重篩檢、監測、數位保健的醫療照護，支持運動健身的休閒產業，支持長壽人生增加參與的社會企業。**長青產業兼顧人生各面向，而非生命終結點，橫跨許多不同的投資主題。**

銀髮產業及長青產業都很重要，都不能忽視，但我忍不住覺得，長青經濟將是最大、最有價值的成長部門。

萬一我得了失智症，我願意花很多錢以得到良好的照顧，但如果我認為有方法預防失智症，那麼花再多錢也願意。因此我相信長青經濟比銀髮經濟更重要，更有價值。

第三部

實現長青社會

第七章

人生的意義

人們常受到忠告，要為老年「準備」。但如果這只適用於存錢、選擇退休地點、培養嗜好，當退休日子來臨時，也不會活得多好。

——西蒙·波娃（Simone de Beauvoir，女性主義思想家）

　　至今我們討論長壽一直漏掉一件要事。我們探討過「如何」長壽：醫學和科學要怎麼改、行為必須怎麼變、工作及事業如何調適、財務如何安排。但我們不曾檢視過「為何」：多出的光陰為何珍貴，壽命延長為何重要？

　　螞蟻與蚱蜢的寓言強調為將來做準備很要緊，但另一則伊索寓言則警告，無腦的累積很危險。故事是說，有個守財奴把金子埋在花園的祕密地點，他每天把金子挖出來數一數，確定全部都在。有一天被小偷看到，小偷夜裡潛入花園，挖出金子後逃逸無蹤。守財奴心煩意亂，不以為然的鄰居問：「錢藏起來不用有什麼意義？」他給守財奴一塊石頭，叫他埋起來。這故事要告訴我們：黃金不用就毫無價值。

　　只知道死讀書追求長壽養生法的人也常遭到類似的批評。他們每天為求長壽，不得不斷食挨餓，為幾小時的高強度鍛鍊汗流浹背，日日一定服用保健品，並用精密數位裝置監控身體反應，這與一毛不拔的守財奴沒有兩樣。守財奴的金子以重量或錠塊計算，重養生者的金子則以生命增加多久計算（多出來的歲月恐怕也是用於更多斷食、運動、沉迷於養生）。他們或許為生命延長感到欣喜，可是說真的，活得越久目的何在？他們從中能得到什麼更多滿足？義大利有句名言：「在餐桌上不會變老。」如果食物、交談、好同伴能賦予生命意義、保持年輕，那麼斷食也許能延長生命期，卻贏不了讓甘迺迪總統多活一點的挑戰。你很少聽說有人與朋友一起斷食。

社會大環境也出現類似情況。平均壽命增加使晚年越來越長，但年齡歧視及缺少支援機構，限制老人的選擇，減少老人的機會。要是不能充分利用，多活幾年又有何意義？

所以我們擔憂活太老會失去人生目標與情感關係，整個人變得乏味無聊，且無足輕重。這或許也可解釋為什麼 2022 年益普索莫里（IPSOS Mori）對英國民眾的調查，僅三分之一希望活到一百歲。[1] 如何改變老化的方式，以保住人生延長後的意義及滿足感？

阿根廷文學家荷黑・路易斯・波赫士（Jorge Luis Borges）著名短篇小說〈永生〉（The Immortal）挑戰了這個主題。故事以羅馬士兵馬庫斯・弗拉米尼烏斯・魯福斯（Marcus Flaminius Rufus）的自傳呈現，他喝下某條溪的水，從此不會死。魯福斯苦思自己的狀況幾百年，最後終於聽說遠方有條河的河水可恢復死亡，他鬱悶地遊走世界尋找那條河，只求喝下河水，終結生命。

史威夫特用史楚布魯格人，說明活得久但不健康的壞處。波赫士進一步指出，就算健康的人生有一天也會變成壓垮我們的重擔。波赫士筆下的永生者，是陰沉、孤單、無熱情的生物。其中有個跟隨魯福斯的人叫做荷馬（Homer），他是希臘詩人，人們普遍認為他是《伊利亞特》（*Iliad*）和《奧德賽》（*Odyssey*，譯注：古希臘二大史詩）的創作者。荷馬與他的永生同伴（波赫士稱為穴居人〔Troglodytes〕）感到絕望，不是因生命短暫而是生命無盡。永生使人生變得不可承受地乏味，也使成就貶值。

英國哲學家、數學家、諾貝爾文學獎得主伯特蘭‧羅素（Bertrand Russell）有個著名的啟發是，只要時間足夠，黑猩猩隨意亂打，最後也能打出莎士比亞的作品。在波赫士的小說中，荷馬進一步推論說，只要有無盡的時間，每個不死的人「不可能只創作過一次《奧德賽》」。在不死的生命中，一切成就都有可能達成，人人都有時間嘗試每件事，所以到最後大家都一樣：「沒有人是重要的某某人，一個不死的人就等於所有的人們。」[2] 這是對多階段人生的不同看法。

穴居人無新經驗可經歷、無新挑戰可面對、無新事務可從事、無新東西或人物可學習、無新笑話可聽。要是我能經歷永生，我不只會活得夠久看到我最喜歡的足球隊托特納熱刺隊（Tottenham Hotspur）終於拿下英格蘭足球超級聯賽冠軍，我也會活到看他們連得十次冠軍而覺得乏味。

波赫士的故事非比尋常，而二十頁的長度夠短，不必永生也讀得完。但如同討論長壽時我們常因永生的問題分心，而未能注意更迫切的議題。不管學者對《奧德賽》究竟是誰寫的得出什麼結論，我們知道的是，荷馬生於約三千年前，要是他享有波赫士賦予他的永生，則不僅今天還活著，並且距太陽終將燃料用盡，人類或人類留下的一切遭到毀滅時，他還要再活約五十億年。如果你我有五十億年可期待，除非幸運地記性不好，否則覺得無聊、厭煩、提不起勁或許情有可原。真正的問題是，活到一百歲或一百二十歲時，是否也會覺得無趣而麻木？

邱吉爾爵士就這麼認為。他快離世時說：「我不介意死去，我已經看盡世間事。」他 1965 年過世時九十歲，臨終的遺言是：「我對一切都感到乏味。」像邱吉爾這樣擁有財富、成就、人脈的人，還會對人生感到厭煩，或許我們每個人從中都能學到什麼。

法國知識分子及女性主義者西蒙・波娃，對老化有同樣與眾不同的想法。她在 1970 年出版的《論老年》（La Vieillesse）中，對社會未善待老人及壓迫老人感到憤怒與挫折，那是灰暗且令人不安的書，不只寫身心衰老，還寫排斥、歧視、邊緣化，對社會如何低估及限制年長公民的能力提出強有力的譴責。

在波娃看來，有部分問題出在資本主義，她認為資本主義未提供老人有用的角色，因而加速老人孤獨與衰弱。波娃一生都是有馬克思主義傾向的社會主義者，她的理論不只是意識形態。當平均壽命增加，我們卻對老化及老人態度更負面，這是奇怪的矛盾。社會上死亡越來越屬禁忌，也更集中於老年，個人的社會角色及身分經常由工作決定，造成我們對晚年歲月的價值難以了解，就不去多想，社會體制也不關心。正是這種想法導致社會老化論總愛提及這個概念：「老年依賴率」，即六十五歲以上人口所占比例。我們對晚年最多只能想到這一點嗎？純以依賴定義老年？

對波娃而言，老年顯現一個基本問題。社會若不再用得上我們，我們本身的活動也受限於年齡歧視的排擠，則害怕老年失去目標，這並非變老自然而然的結果，而是反映深植於文化及體制內的年齡歧視。若真是如此，延長生命就沒有意義。波娃的結論是：

> 一旦了解老人的狀態，則呼籲更慷慨的「老年政策」如提高退休金、提供合宜住宅及有規畫的休閒，已無法滿足老人需求。該檢討的是整個體系，我們的訴求別無其他，唯有徹底改變人生本身。[3]

那可說是呼籲長青課題的號角，在五十多年前就提出。

波赫士與波娃提醒我們，不能指望老年學及科技保證長壽人生成為良好人生，我們能否更好地變老也取決於個人心理，及反映於文化中的外部老化觀感。長青課題若要改變老化方式，則心理和文化也要跟著轉變，我們需要擺脫自我設限，打倒波娃憤怒指責的體制性年齡歧視。

我們現在還在辯論這些議題，而波娃 1970 年就明顯看出問題，可見挑戰有多大。當前的文化與心理信念模式，是數千年的人類經驗、數百年的社會制約、數十年的個人經驗所形成。這是新長青時代，我們要改變老化方式會遭遇的問題。以現有心態如此根深柢固，我猜想，社會改變對老化的態度及偏見，比起老年學引發老化逆轉，恐怕將是更大的奇蹟。

現在我要轉向長壽較人性化的面向。長壽為人類帶來什麼基本機會？老化方式改變對人生各階段有何不同意義？文化對老化的態度，需要用什麼方式改變？在我們尋找厲害的新療法以改進生物老化的同時，手上已有可支配的強大力量：心智。對未來老化有正面自我知覺的人，會比不這麼想的人活得久：多七歲半。[4]

是該成長的時候

討論長壽和老年學不免會轉向永生，有一個原因。人類的存在是建構於兩個矛盾的基本觀點上，一是求生欲屬人類本能，用進化生物學的名詞來說，我們是「生存機器」，為繁殖及保障物種存活，需要維持生命。另一個則在心理層次上，還有更深的含義，我們意識最清楚的就是本身的存在，但正由於有意識的思想始於對自我存在的覺察，就無法充分了解不存在的意義。十八世紀德國偉大的文學家、思想家約翰・沃夫崗・馮・歌德（Johann Wolfgang von Goethe），一語道破人類意識與無知覺概念間的緊張。他說：「會思想的人不太可能想像不存在，想像思想及生命都停止。就此而言，人人的內在都帶有（本身）不朽的證明。」[5]

但同時我們太清楚自己一定會死。儘管所有年齡層的死亡率都降低，但人生死亡率仍頑強的固定在百分之百，即使不知時間和方式，但我們知道生命會有終點。這形成「死亡的矛盾」（paradox of mortality）：**知道會死，但不知道不存在是什麼樣貌**，[6]提出這概念的是劍橋大學利華休姆未來智慧中心（Leverhulme Centre for the Future of Intelligence）主任史蒂芬・卡夫（Stephen Cave），人類史上從未放棄追求長生不老就是基於這原因。遠自埃及的吉薩金字塔及美索不達米亞上的吉爾伽美什史詩（Epic of Gilgamesh），一直到現代拚命踩跑步機並投資老年學的億萬富豪，我們想方設法要否定死神。

但古典哲學曾為這矛盾提供解答，羅馬政治家塞內卡（Seneca）說：「**學習活著要花費一生……學習死亡也要花費一生。**」法國文藝復興時期哲學家蒙田某篇文章的標題是：「學哲學是學習死亡」，正反映他對研究主題的定義。

在此要強調的是，生命延長給我們累積智慧與知識的機會，就算身體出現變化，肉身的短暫性變得清晰，心智卻發現基本而長存的東西，可超越個別的自我。從這角度看，把老化看成生物現象是錯的，**老化也不單純是時序時間的流逝，而是對自我、對時間的意義、對人在其中的地位，有更深入的認識。**

由此得出發人深省的見解是，活得更久的終極優點在於，它提供個人成長或「成人發展」的前景，成人發展應是何形式有不同的主張。寫過黑猩猩與打字機的羅素，也寫過題為「如何變老」（How to Grow Old）

的文章，他很有資格寫這主題，他那時八十一歲（後來活到九十七歲）。
他在文中指出：

> 人類的個別存在應像河流，源頭小，局限於狹窄河岸內，經岩石與
> 瀑布激流而下。河流逐漸變寬，河岸後退，水流趨於安靜，最後看
> 不出任何縫隙，併入大海，無痛地失去個別存在。[7]

認為智慧超越個人需求與觀點的想法至今依舊存在。因此有些司法
機關，包括美國最高法院，都沒有法官年齡上限，這可嘲諷祖克柏說的，
年輕人就是比較聰明。儘管最新科技進展是年輕人懂得最多，但也有其他
重要形式的知識會隨時間增長。

另一種看法是把成年發展與個人成長，當作學習自知之明。當一個
人的事業表現於一系列突出的角色：搖滾變色龍大師大衛‧鮑伊（David
Bowie）從齊姬星塵（Ziggy Stardust）到阿拉丁清醒（Aladdin Sane）與
瘦白公爵（Thin White Duke），* 則他把老化看成一連串轉型，或許也
就不足為奇。這些轉型對鮑伊而言，目的是為到達一個定點，使老化成為
「變回原本自我應有本色的特別過程」。就像鮑伊許多優異的作品，這些
信息並非完全原創，但呼應西元前六世紀希臘詩人品達（Pindar）的見解：
「變成你該有的本色，在懂得那是什麼後。」

---

* 編按：大衛‧鮑伊（1947-2016）是二十世紀最具影響力的英國搖滾音樂人之一，文中提到
的齊姬星塵是 1972 年專輯歌曲中的雙性外星人，阿拉丁清醒是 1973 年的專輯，瘦白公爵
是 1976 年專輯中的角色形象，外表冷漠、俐落，是大衛‧鮑伊音樂生涯中的標誌性的形象
之一。

　　此處的重點並非某天醒來突然變老，發現失去自我或個別意識，而是一段發覺之旅，找到真正的自己，然後活出最充實的人生。那是更長的生命，使你享有更加認識自我、更能表達自我，並且不論多老都保證可充分實現潛能的福氣。

　　一九七〇年代德國心理學家保羅・巴爾特斯（Paul Baltes），由這想法建立起人類發展延續整個生命期的觀點。他主張人人變老時，面對不同的挑戰、挫折、機會，「帶給個人發展方向、力量、宗旨」。但這持續發展的見解不符合文化上的假設，我們往往認為，個性與信念是年輕時定型的，會隨年齡固定下來。這缺乏彈性的認知，鼓勵人們相信，老年是通往脫節與厭倦之路。若僅以衰弱定義老年，邏輯上就不可能把老年連想到發展與成長。

　　這困境反映著不可避免的不對稱。老人知道年輕是怎麼一回事，年輕人卻難以想像年老是什麼。這可呼應到歌德的主張，我年輕時知道我是誰，所以很難想像年老時變成不同的人。我無法理解，現在界定「我」的特點未來將不存在，或是由新形式的「我」取代。這也許是太多人認為，老化不會發生在自己身上的原因。

　　不過這困境也反映出，整個人類歷史上，年輕人不曾預期會變老，的確也多半活不到老年。當活到年老只是少數人的經驗，則強調成年發展很早就完成是合理的。可惜後果是使老年成為附件，與人生其餘部分及計畫不相連貫。二十世紀發明退休，部分就為解決這問題，但隨壽命增加，退休已證明應付不了相關的要求。

　　若要長青晚年，要樂在其中，我們必須承認，老年是個人整體發展不可缺的一環。我們應了解，嚮往及潛力是與時俱進的，開闢發展的新途徑，將使我們在任何年齡都能欣欣向榮。為做到這一點，態度及個人作為都須改變，以延長成年發展期。那些途徑是為找尋智慧、表達自我、持續工作、轉換行業、建立社群、養家活口、或追求個人興趣，將因人而異。但重新思考長壽人生的關鍵在於，承認成年發展並不止於二十一歲甚至六十五歲，那是持續不斷的過程。承認這一點對扭轉過去傾向於低估老人及我們晚年的潛力，助益甚大。

再次似曾相識

重塑人生情節聽似令人生畏，但以前不乏這類例子。儘管老年學對改變老化觀感潛力無窮，人類卻也有過、做過相同的事——且一再發生。

據法國歷史學家菲利普‧阿里埃斯（Philippe Ariès）所說，把童年當作明顯特殊的情緒發展階段，這概念到十七世紀才出現於西歐。[8] 之前兒童基本上被看成小大人，人類史上同樣也是大半時間，個人很快且經常突兀地由兒童變大人。但 1905 年美國心理學家斯坦利‧霍爾（G. Stanley Hall）出版開創性著作《青春期》（*Adolescence*），為這階段提供有條理的定義及分析。

「青少年」（teenager）一詞也是二十世紀的發明，自一九三〇年代起逐漸常用，當就學期延長成為常態，成年期就延遲。這麼說來，我父母從來沒當過真正的「青少年」，他們十四歲就開始做明確是成年人的事：工作及付房租。如今與年齡相關的行為還在變化，正規教育時間加長，結婚生子延後，社會學家也指出，有「成年初顯期」（emerging adulthood）的人生新階段出現。[9] 如同我父母不曾像我那樣經歷青春期，我三個子女二十幾歲到三十出頭的日子，也與我大相逕庭。

晚年階段也發生類似的轉變。現代對老年及退休的看法，受二十世紀初發明退休金影響很大，最值得注意的就是定義老年始於六十五歲。重新定義老年，隨之而來便需要定義「中年」及其特徵。[10] 當生育率下降，「中年」時期扶養子女的負擔減少，變得更重視個人需要，反映這現象的是 1965 年出現「中年危機」一詞，由加拿大心理分析師兼管理顧問艾略特‧賈克（Elliott Jaques）首創，他當時四十八歲。與其他年齡相關的刻板印象相同，「中年危機」在電影導演及雜誌圈比在學者圈更流行，許多學者質疑是否有中年危機存在的證據。[11]

在較廣的歷史脈絡下，長青課題只是人生道路歷來不斷修正的最新版。長青課題要求重新定義人生各階段，以使延長後的下半生獲得成年發展的支持，但下半生求變的同時，也必須促成上半生有所改變。**長青課題要求年輕時多投資未來，並由於它把未來的時間變長，所以現在可做更多的選擇，有更多的可能性。**

健康與生物學必然會影響多階段新人生的樣貌，也會影響該做什麼及可在什麼年齡做。當然這向來是如此。莎士比亞劇作《皆大歡喜》（*As You Like It*）裡，無可救藥的悲觀者宮廷小丑賈克斯（Jaques），發表後世稱為「男子七年齡」的言論，開頭是戲劇史上最著名的句子之一：「全世界就是個舞台……。」

賈克斯對人類生命期說出最陰沉的概觀，他形容「嬰兒在護士懷裡低泣和嘔吐」、學童「哼唧吵鬧」、「帶著悲傷小調」的戀人、士兵「做各種奇怪詛咒」、「肚子圓滾滾」的法官，到第六年齡「鼻戴眼鏡，肩背小包」，然後賈克斯來到第七的最後年齡，訴說缺這缺那的苦惱：「無牙齒、視力、味覺、什麼都沒有」。

我們先從道林格雷的角度看起。若道林式人生的夢想成真，到第七年齡時健康仍很好，我們還有牙齒、視力，能品嚐美酒，什麼都不缺，那就需要另行定義晚年。

我們不能定義老年為「無」或欠缺，而必須以存在及意志來定義老年。我們必須更為欣賞年老歲月、想從老年得到什麼、成年發展期延長會如何。目前在界定老人需求時太過重視健康，有害於更廣泛的發展概念。當有更多人活到老年，我們對常見的老年經驗必須有不同的想法。

當然我們要保持比例原則，提倡不要只注重衰老面的同時，也不應過度補償及提升晚年到崇高的地位。為老年及長壽人生找尋正面角色時，易流於目的論：把人生看成為某種目標或使命而活，從中才能找到生命意義及方向。這麼做的危險在於，把成年發展看成一定要朝智慧或自省之類的前進。

這種目標導向概念對老年是沉重負擔，我們對人生其他階段並無此要求。**長壽人生的終極優點在於，有更多時間做自己想做的事。**那不是比賽，不應有壓力或害怕失敗。在經歷人生各階段時，找出以自己的情況，怎樣算是成功，這才是延長成年發展期的用意。

改變個人老化方式

心理學家羅伯特・巴特勒（Robert Butler）在 1969 年接受《華盛頓郵報》（*Washington Post*）卡爾・伯恩斯坦（Carl Bernstein，後因揭發水門事件出名）訪問時，首創「年齡歧視」（agism）一詞。巴特勒定義年齡歧視為，「有系統地因年老以刻板印象對待並歧視老人」，年齡歧視始終是延續成年發展遍及整個人生的一大障礙，也是低估老年能力的主要因素。

我們很容易找到年齡歧視的例子，無論是分配醫院急診室的醫療資源、雇用與解雇歧視，或媒體用手部皺紋及疲憊老人的畫面來報導老化，或日常在購物中心的互動稱「多可愛的老婦人／可憐的老某某」等等。當老年人口增多，年齡歧視趨於普遍，再加上年輕人注定會變老的新現實，這種待遇大多數人遲早會經驗到。更糟糕的是，年齡歧視與別種偏見（如種族歧視及性別歧視）交相作用時為害更大。

年齡歧視因兩種限制影響到行為：深植於文化中的外在限制，以及反映於個人心理的內在限制。文化中的年齡歧視塑造集體行為、政策、體制，限制老人能有的選擇。雇用高齡員工的歧視，則剝奪老人就業機會，使那些機會流向年輕人，老人想工作更久的能力就受限。[12] 另一方面個人內化年齡歧視對年長者更不利，若相信晚年生產力會降低，現在就不會為它投資，這等於製造實現自己預設的預言，形成失業或工作低就的風險。

對年齡歧視的批評有三項。首先，根據年齡的刻板印象向來不切實際，老年一般都遭到誤解，年輕人很難想像變老是怎麼回事，也就無法認同老人，於是老人被當作「跟我們不一樣」，由此衍生出歧視、排斥、偏見、刻板印象。人類歷史上多半時候年輕人不太可能活到變老，因此對老年有「非我類也」之感可以理解。但在長青世界不然，年齡歧視是未來的自己將承受的偏見，是傷害未來自我的行為，依平均壽命趨勢，這種可能性前所未有的高。

第二種對年齡刻板印象的批評，在於未能反映老化的多元性。要找出老人成就非凡的激勵事例不難，以二戰老兵百歲人瑞里斯特·萊特（Lester Wright）為例，2022 年他在百歲以上年齡組，創下百公尺短跑 26.3 秒的新世界紀錄；三浦雄一郎八十歲時登上聖母峰山頂；或美國企業家兼時尚偶像艾瑞絲·愛普菲爾（Iris Apfel）九十七歲時被 IMG 簽為模特兒；前面也提過米克·傑格，七十九歲還表演搖滾樂。但我們也都認識很多人由於基因遺傳、環境、運氣不好，或這些因素加起來，而未能享有這種老年。

晚年活動及成就的多元化,是對刻板印象的嘲諷,尤其他們的刻板印象太過集中於最糟的結果時。

第三種批評是,就算年齡刻板印象過去有些準確性,如今已不復存在。再回到祖克柏說的,年輕人就是比較聰明。過去百年來,我們入學讀書的時間不斷增加,我父母都是十四歲就離開學校、祖父母十二歲,現在在英國要十八歲才受完教育。當教育程度隨世代提高,若教育真能使人變聰明,自然就會認為年輕人較聰明。但教育程度提高已趨於平緩,年老與年輕的教育程度已更相近,1950 年美國六十五歲以上人口有二十五分之一上過大專院校,目前是將近五分之三。[13] 現在二十五至六十四歲的人有四分之一是大學畢業,與六十五歲以上的五分之一相差不多。所以年老與年輕員工更可能學歷相近。

年齡歧視存在並有不良後果已很明顯,美國退休者協會估計,雇用方面的年齡歧視,每年使美國損失約 8,500 億美元。[14] 但諷刺的是,當年齡歧視日益成為社會問題,社會卻從未像現在這樣老年人擁有強大的政治力量及金融實力。當美國總統八十歲又要競選連任,當高所得國的就業成長多半體現在五十歲以上,這些人也是美國每花費一美元就占 56 美分的年齡層,[15] 可見年齡歧視顯然比簡單的以偏概全,有更細微的差異在其中。

年齡歧視盛行是因為人類深植的本能,知道年輕與年老有很大差別。就算反對常見的負面刻板印象,想要以正面刻板印象取而代之,如強調老人較有智慧、較擅長更有效率的團隊合作、較準時等等,往往也是在做年齡歧視的事。對老化方式的多元性我們也許未能適當承認,但我們確實認為,時序年齡(已活幾年)、生物年齡(健康狀態)、死亡年齡(死前年數)的差別,會造成行為與態度不同,因此很易於接受年齡刻板印象。

在長青世界,有三種老化概念的關係會改變老人的行為,長青人生不會隨老化而消失，但會改變老化方式。為了解老化可能受到什麼修正，年齡歧視刻板印象可能引起哪些誤導，行為必須如何改變，我們必須說清楚這三種不同的老年概念。

我們太易於從健康角度看老化，但我們知道老化不僅止於此，所以就算老年學能做到極端的彼得潘情境，使九十歲與二十歲的健康及死亡風險相同，可是由於時序年齡還是會不一樣，這種情況下的九十歲不是新二十歲，而是新九十歲。有哪些行為會使九十歲變新呢？我們會期待九十歲與生物上如雙胞胎的二十歲，一樣頻頻進出夜店嗎？多活七十年的人生經驗會如何影響他們？九十歲還有三十年可活，與九十歲只有五年可活，行為會有什麼不同？

對風險更開放

年紀越大往往越不願冒險，[16] 也越不想嘗試新事物、結交新朋友，或投資股票，這是變老的本質反應，還是在長青世界會改變？

亞里斯多德對哲學的影響非同小可。但即使如此，他對老人的某些看法很少當代老年病學家會認可，而這也透露出年齡歧視的歷史有多悠久。他認為老人膽小、憤懣、猜忌、嘮叨，他相信老人因不幸活得夠久，看到希望落空，所以憤世嫉俗。反之他覺得，年輕人受希望帶動多於經驗，也較樂觀。依照他的說法是，時光流逝加上對人生失望，使得老年人比較排斥冒險。

不愛冒險的另一種看法，與距死亡年齡越來越近有關。如果預料還有很多年可活，就禁得起賭一賭投資，若投資失利，仍有時間加以彌補，最後還是獲利。但當所剩時間不多，對孤注一擲就會感到緊張。

這兩種解釋當然可能都對，因此老年厭惡風險既是經驗的累積，也是來日無多使然。可是只要死亡年齡重要，其意義就很清楚。在長青世界，年紀越大對風險應比以往世代更開放，這可能表現於更有興趣嘗試新職務，找尋人生新挑戰或友誼，持有股票投資更久。

更像金鋼狼

另一種年齡刻板印象是，年紀越大越保守，對改變越封閉，習慣越固定。然而這廣布的年齡成見，並未有學術研究明確相符。老人雖因病痛和退休，選擇受限，行為較固定，但有證據顯示，老人對新想法往往比年輕人更開放。[17]

不過這種刻板印象有其道理。就算六十歲的智力與認知功能與二十歲不相上下，但適應新想法和習慣的誘因不同，六十歲不只需要學習新東西，還必須忘掉已有的知識。相形之下二十歲有不同的選擇，他們唯一要決定的是，要不要投資一個新或舊的技能，他們也有更長久的未來可受惠於學習新事物。

這段的用意，並非證明所有老人都保守、不肯改變。如果你是喜歡學習的人，不論是六十或二十歲都會熱中於新事物。這裡要表達的是，老化並非一成不變，而是取決於認知、生物、死亡年齡的混合。

隨著平均壽命增加，使得任何年齡比起以往都有更多時日可活。人生變長代表可年輕更久，至少從死亡年齡看是如此。所以投資未來，學習新技能，把舊知識與習慣留給過去才是正理。你在心理上必須像金鋼狼，要再成長，再充實個人價值、技能、關係。

前瞻與當下

波赫士呈現的穴居人的陰森幽靈仍隱約籠罩著我們。長青人生到什麼時間點會持續太長？我有時也會感到厭煩，但我有一長串想做的事，並且清單還在加長中。每過一年清單不會縮短，而要達到邱吉爾成就的一小部分，我需要很多無窮盡的時間。厭倦生活確實無法避免又那麼難以承受嗎？但那是五十七歲時撰寫關於老化的煩惱，我無從知道未來會帶來什麼。如美國喜劇演員史蒂夫·賴特（Steven Wright）所說：「我打算永遠活著，目前一切順利。」

在這個脈絡之下，我對朋友兼同事蘿拉·卡斯坦森教授（Laura Carstensen）的研究備感欣慰，她是史丹佛大學長壽中心創辦人，人生新地圖（New Map of Life）概念開創者，我很高興能參與這一專案。

儘管我們如此害怕老年，研究人員卻不斷證明，最不快樂的是中年時期。[18] 快樂到老年最後確實會下降，但仍高於中年的最低點。中年人往往害怕變老，卻總對老年比較快樂感到驚訝。卡斯坦森為解釋這明顯的矛盾，便觀察成年人的行為如何隨時間變化，她的結論是，人生各階段會重新調整目標的優先順序，因而發展出她命名的「**社會情緒選擇論**」（socioemotional selectivity theory, SST），這是乾淨利落的現代版主張，認為基於對死亡的體認，人會隨年齡變得更明智。

年輕時因未來還有很多時間，我們強調著眼於未來的目標，像是讀書求學、認識新朋友、體驗不同的人生。年長之後，所剩時間縮短，我們更重視當下目標，像是花時間在熟悉的事物上，那些必定會帶來意義與快樂，例如對既有關係比對交新朋友更有興趣。

結果是年輕人較投入累積知識及探索，儘管這些事可能情緒挑戰較大。年齡漸長後，**更重視立即產生情緒意義的目標**，所以老年人較快樂。卡斯坦森再進一步研究，以確定這是未來時間縮短的特性，而非年老的固有結果。她發現年輕人會因為各種原因，而認為自己前途有限。

社會情緒選擇論另一特點是，未來時日減少會影響人生態度。當生命所剩無幾，內心會轉而尋找更能滿足情緒的刺激，結果產生「**正向偏見**」，使老人回憶過去時會比年輕人更往好處想，對日常事件也較少負面想法。卡斯坦森甚至在新冠疫情早期，發現支持這理論的現象：儘管老人在全球性疫病中死亡風險較大，表現出的心理壓力卻較低。[19] 卡斯坦森並不是說老人在逼迫自己苦中作樂，反而時間的影響及不同的人生境遇，促使老人改變選擇要做什麼事，並把他們導向更能滿足情緒的經驗。

她的理論有許多可取之處，既是提醒也是解釋，為何一般老人描述的幸福感程度比中年人高。在晚年被賦予負面意味時，這是必須強調的重要事實。卡斯坦森的理論也注意到晚年的成年發展與調適，但不指定該怎麼做。老人更擅長把握當下，專注於重要的事，保護情緒狀態。這並非老人發展出更高的意識層次及高超的智慧，只是老人因應時不我予而調整及成長。

卡斯坦森的理論也清楚說明，人生變長將如何改變行為。變成「老朋友」需要時間，對已八十歲預期餘命只到八十五歲的人就更難。她訪談的一位老人說：「八十歲時很難再結交新的『老朋友』。年數上就是行不通。」可是平均壽命若延至一百歲，計算結果就變了，並出現全新的交友選項。預期可活更久，投資於新關係的需求也會增加。

我們在此接收到熟悉的訊息：當來日方長，更新及投資未來就是長青人生的關鍵。它也建議一項有價值的新技能：**年長者要追求新事物，接受必要的不舒服，勿總是專注於更直接的情緒回報。**

代溝與忘年之交

卡斯坦森的研究也讓我們看到，忘年之交在長青世界為何更為重要。

儘管平均壽命增加，死亡率仍會隨年齡提高，年齡接近的友誼在老年變得「危險」，因為朋友過世的機率提高。目前美國的八十歲老人，有五分之二可活到九十歲，但兩個八十歲的朋友都活到九十歲，就只有六分之一的可能性。在老年失去一輩子的莫逆之交，可能是痛苦孤單的經驗，投資結交比自己年輕的人，可把風險降至最低。可行方法是透過與親屬、鄰居、同事，或更廣的社交網絡，與人們親密連結。跟所有的長青提議相同，越早留意此事越好。

若友誼「投資」及「風險」聽來像冰冷的經濟分析，不像人性情感，在此要特別強調，**跨世代關係具有獨特的人情溫暖，受益的是老青雙方**。有些實驗是請老人院的老人去看望幼童，結果發現對老幼雙方都有好處，與老人同住換取免費宿舍的學生，也報告相同結果。正面的跨世代關係一直是好萊塢電影的主題，表現於《小子難纏》（*The Karate Kid*）、《拉嬤上路》（*Grandma*）、《天外奇蹟》（*Up*）等多樣化影片。

年齡差距在長青世界特別有價值，少子化的家庭會有更多關係是跨世代，年輕年老朋友間的情誼，對老一代相當於金鋼狼再生的心理版。在人生變長、生育變少的世界，應鼓勵這種關係，不只是從個人角度，也是為社會凝聚力。

改變文化對老化的態度

因應個別需要，避免內化年齡歧視，是每個人的責任。但我們也需要重新設定社會的文化假設，不徹底改變對老人及老化的態度，就無法掌握長壽帶來的優點。

縱觀歷史，對老人有二種對比鮮明的觀點，都影響著我們的想法。

一是看老年的晦暗面，如西蒙‧波娃的《論老年》，老人體力及認知能力衰退、失去獨立性、遭社會排斥、越來越接近死亡，這些都呈現老年是不好的經驗，對波娃而言：「與生命相對照的應是老年而非死亡。老年是對生命的嘲弄。」

另一種對老年的看法較樂觀，最著名的闡述見於西塞羅的對話體作品《論老年》。西塞羅創作出羅馬元老院老議員加圖（Cato）與兩個三十多歲年輕人萊利烏斯（Laelius）、西庇阿（Scipio）的對話，他聰明地顛覆通常歸給老年的負面說法，並以優點呈現：「成就偉大事業靠的不是肌肉、速度或身體敏捷，」他寫道：「而是靠反思、品格、判斷，這些特質在老年通常不會……變差，甚至反而更好。」

西塞羅要表達的是，老化並非一切都變差。享受人生有許多方式，個人的需要和想要會隨年紀改變，對年輕人這或許看似失去的過程，但西塞羅說，這是得到的過程，是個人成長的說法，接受身體衰退，但承認有其他東西會隨年齡進步。他建議注重內在，把年齡看作更加成熟而非衰落的過程。

這兩種相對看法的平衡，一直隨時間不斷起起伏伏，不同文化之間也有差異。[20] 有一種說法是，工業革命到來，使社會更強調以工作生產力衡量個人貢獻，並傾向對老年持較負面的觀念。較注重個人表現的西方文化，比起較以集體為重的社會，常被認為對老化有較多負面觀感。以儒家思想為本的社會，強調孝道及慎終追遠，尤其被認為對老人抱持較多正面價值觀。

就像許多冠冕堂皇的理論，這些推斷的文化差異，禁不起曝露在實證觀察下。一項對二十六國的研究發現，雖存在跨國差異，但並不如預期那般僵化，[21] 尤其缺乏東西方或貧富國的愚蠢二分法的證據。很有趣的一項突出發現是，六十五歲以上人口比例越高的國家，對老人的觀感越負面，這可解釋為何日本受儒家影響，卻在對老人的態度上貼近西方國家。日本出現新名詞ろうがい（rogai），漢字是「老害」，泛指老人對社會的負面影響，從壓低經濟成長到日常的惱怒，如被動作遲緩的老人耽誤時間。這提醒我們，對老年的態度並非固定，是可以改變的。

徵求：新的老化文化

長青課題需要的，不是只在這種對立論述間來來去去，也需要遠離對晚年過度正面或負面的觀念。

遭波娃如此憤怒概述的負面觀點，在長青時代顯然必須丟棄，悲觀的展望不可能有助於體認晚年的潛力。西塞羅較正面的展望，使他的主張有許多可取之處，他的看法強調成人持續發展及強化現有特質，他的關鍵訊息中具有長青元素：勿低估晚年，要重視晚年生活品質。

不過這當中也有不諧和之處。西塞羅筆下的元老院議員加圖是富裕老人，有可動用的土地和資源，他有財力可以沉思，專心於內在平靜。要是換成古羅馬的老奴隸，想必很難獲得內在平靜。

西塞羅這篇作品中，把老化當成發展道德品格，不免有一言堂的意味。許多企圖為老年描繪正面圖象，及界定「更好地變老」的意義，都有這共同的問題。當代的「成功老化」概念（指老年具有高生理、心理、社會功能，無重大疾病）常遭批評為暗示有「不成功」的老化形式存在。[22]相對於另一面是死亡，難道不是所有老化形式都應視為成功嗎？

西塞羅的說法還有一種意味，即劍橋哲學家摩爾（G. E. Moore）所稱的「自然主義謬誤」*，這種謬誤是認定順其自然就是好的。「是」如何並不代表「應該」如何，第二次長壽革命是改變老化方式，必須避免落入這種謬誤。若老年學可顯著改善生物年齡，老化就不必符合西塞羅的主張，接受身體衰弱，從老年的收穫中找到安慰。但就算沒有科學突破，如果我們喜歡，也應準備好優雅並活躍地變老，不要哲學思維並逆來順受地變老。

注意遣詞用字

另一位劍橋哲學家路德維希・維根斯坦（Ludwig Wittgenstein）曾說：「語言限度代表境界限度。」當我們論辯老化及需要向更長青的文化前進時，目前使用的詞彙會有問題。我們對相關但各自獨立的老化、老年、生命終點、死亡等概念，太容易陷入語意的糾纏不清。有個很好的例子是，我們多半認為長壽及生命延長，代表距生命終點的日子變多，而不是整個人生的時間變長。同樣地每個人都在「老化」中，但高齡化社會總被解讀為專指老人。

這用語混亂可解釋為第一次長壽革命所造成，因為嬰兒及中年死亡率降低，現在大多數人都到年老才死，死亡與老年在統計數據上變得比以往更接近，矛盾的是，老年與生命終點的距離其實在擴大。要是堅持官方定義，以六十五歲以上為「老」（不該如此），則 1851 年時，確實是生命終點緊接著老年。當時瑞典六十五歲人口僅約四分之一預期可活到八十歲，僅五十分之一可活到九十歲，[23] 目前則是四分之三與三分之一。

對此顯而易見的反應之一，是重新界定老代表什麼。不以時序年齡

---

* 編按：自然主義謬誤（naturalistic fallacy）是誤將自然現象與價值判斷混淆，認為自然現象就是合乎道德或正確的，忽視了「事實」與「應該」之間的區別。

（六十五歲以上）定義，可用預期餘命來界定老年，也可用死亡年齡重新界定老年為「還有不到十年可活」。照這定義，瑞典的老年在 2022 年時應始於八十歲，1951 年七十二歲、1851 年六十六歲。聯合國就採取這種方式界定，那是根據石溪大學華倫・桑德森（Warren Sanderson）及維也維根斯坦人口學中心（Wittgenstein Centre for Demography）塞吉・謝巴夫（Sergei Scherbov）的研究結果。這二位研究人員提出，根據預期餘命的「未來年齡」（prospective age）新概念，[24] 依此重新定義誰是老人，「高齡化社會」及老人比例上升的說法，就得不到什麼統計數字的支持。

　　由以上討論可明顯看出，「老化」及「老」的含義，依脈絡會有不同，而現有詞彙不足以應付，這些語言限制易造成混淆。因此在公共討論中，「高齡化社會」一詞幾乎不知不覺就從「老化」轉到「年老」再轉到「生命終點」。

　　美國語言學家班傑明・李・沃爾夫（Benjamin Lee Whorf），世人常記得他的主張，北極因紐特人（Inuit）及尤皮克人（Yupik）講到「雪」有許許多多不同的字眼，這反映雪對他們生活的重要性。後來沃爾夫所謂「語言相對論」的例子變成某種都市傳說，被一個批評者指稱是「愛斯基摩語彙大騙局」，雖看似有許多發音不同的字詞是用在下雪的情況，但有些研究人員，包括哈佛語言學家史蒂芬・平克（Steven Pinker），認為其中只有少數是用於真正的白色霜狀物雪。[25] 無論因紐特人有沒有關於雪的眾多詞彙，長青世界都需要更豐富的詞語，來討論老化及老年議題。

　　然而，我不確定為「老」及「老化」創作新定義，是不是釐清混淆的最佳辦法。也許時序、生物、死亡年齡及同類字眼，可用於建立新長青詞彙。但要定義「老」的理由有千百種，更取決於背後脈絡，所以定義精準屬技術問題，非關文化。

要是我們改為**把老化看成可塑過程，每個人會以不同步調走不同的個別路線**，就能開始創造有關老化的長青文化。這文化幫助我們以好好變老的終生目標為重心，並承認老化是人人必經的過程，不依賴簡單的刻板印象，支持終身發展概念。關鍵在於把老化看成一種不斷變動的狀態，無人能置身事外，沒有事件或狀態能把人分成不同群體。

人生慢慢來

當生命延長，在各階段之間轉換的過渡期會變多，有時可能猝不及防（失業、離婚、突然生病），有時是延續和累積的（培養新興趣或習慣、願接觸新事物、變得無聊或坐立難安、逐漸發現有些事體力難負荷）。

這樣修正對老化的看法，可幫助我們重新建立衰老概念。長青觀點認為，並非年老所有一切都會衰退，衰退之處也並非都很重要。我們會到達體能尖峰，也會有最能賺錢、社會接觸面最廣、或最快樂的不同時刻，由此看來，人生經常是越過一個又一個高峰。我們得要丟棄年齡歧視的用語，如「人老不中用」或「過氣了」，重要的是走過人生不同階段時，要保持夠好的狀態，以因應下一階段的任何要求。就像接力賽交棒，我們必須確保下一階段有最佳可能的開始。

古埃及的死者是連同器官及食物一起埋藏，因為相信來世還會需要。這是永生觀念，但我們也不妨考慮類似的禮物，好幫助自己在長青人生向前邁進，讓未來的自己興旺發達。隨人生各階段開展，就應思考下一階段該怎麼做，**當未來變得更長，更需要較年輕的自己多出力相助。**

可是未來的我想要和需要什麼呢？為何要在乎這些？這是該有的疑問，挪威哲學家約恩‧埃爾斯特（Jon Elster）簡潔地點明這問題，「目前的絕對優先，有點類似我在所有其他人之前的絕對優先。」他說，「我是我——別人都在『外面』。」[26] 當人生變長，我們需要面對兩個相關問題：只重現在不重未來，如何建立今日之我與明日之我的連結。

面對長壽人生，我們有義務照顧越來越多的未來自我。六十歲的我與七十歲的我會不一樣，而我現在也許必須考慮八十歲，可能也要考慮九十歲。如何負起這責任？已故英國哲學家德里克‧帕菲特（Derek Parfit）的作品提供一絲線索。

帕菲特的事業生涯多半在牛津大學萬靈學院（All Souls College）度過，1990 年我得到那裡的研究獎學金，因而有許多機會在萬靈學院餐廳及飲食部的莊嚴環境中，與帕菲特邊吃飯邊交談。現年五十七歲的我但願二十七歲的我少花點時間回覆他親切詢問我的研究，應該多用點時間請教他，他在道德哲學上的開創性研究。

我總覺得帕菲特有魅力又和藹可親，但有許多關於他的加油添醋的故事，[27] 據說他痛恨浪費時間，每天都穿同樣的衣服、吃同樣的食物，以把做決定的時間減至最低。他熱中高效率時間管理，所以會邊刷牙邊讀哲學論文，論文越來越長，他一直讀一直刷，用掉數量可觀的牙刷。[28]

帕菲特的研究重心是，為超越利己行為的道德行動建立札實基礎。他透過一連串巧妙的思想實驗，分別包括瞬間移動到火星、複製腦部，還有自科幻小說獲得靈感的各種其他狀況，由此主張「自我」觀念遠不如想像中強烈。他尤其不同意，自我身分是由占據肉身、不斷遊走時間、累積經驗的那個人界定。在帕菲特看來，對自我身分最要緊的並非生理，而是心理的延續，他是指個人過往的信仰、渴望、價值觀、行為，與個人現在的這些之間的連結。

例如現在撰寫此書的我，與當年對長壽產生興趣的我，有心理上的持續性。那時我對原本有興趣的總體經濟學感到乏味與挫折，並發現長壽這新主題非常有意思，我開始學習更多，也思考、撰寫、與他人討論這主題，我的觀點逐步形成與演變，我的技能、興趣、友誼跟以前不同，這使我對未來、對重視的事、對社會應如何看待長壽改變想法，我因而受激勵撰寫此書，組織性表達我的見解，希望能改變別人的看法。現在則大大不同了，我的身體已上年紀，體內的細胞大多已換過，所以在身體上，我幾乎不是過去的那個我，我珍惜及看重的東西也變了，朋友與工作關係也不一樣。我搬家，離開原住城市，離婚又結婚。我走的路、我的身分之所以成為我，不在於我的身體全經歷過，而在於經驗的心理連續性，因而這些造就了我，也定義了我。

這種連續感是個人身分的核心，做為老年老化的長青文化基礎也有吸引力，**以心理而非生理為重心，就可看出老化不見得是衰退**。假使出現金鋼狼似的療法，把我的身體恢復到二十七歲的狀態，那當然會大大改變我的外表及未來可能性，然而突然擁有六塊腹肌及腰圍變細，並不能改變我的心理歷史，我仍將是五十七歲，不是二十七歲，我的身分取決於心理連續性，而非生理上的再生。這很符合老化是過程而不是單一事件或狀態的概念，也不涉及某條路是否比別的好或壞，那是演進和調適，不是指定一條路給你走，走什麼路實質決定你是怎樣的人。

但帕菲特的見解也帶來長壽的問題。前面提過，要認同未來的自我很難，當人生變長，陸續發生的轉型與身分變化會更多，要連結到未來的自我會更不容易。未來的自我在時間上越來越遙遠，實質上越來越像陌生人，我們為何要那麼努力去關心一個不認識的人？

帕菲特的理論在此出現有趣的轉折。如果個人身分來自心理的連續性，定義這身分的就是更廣泛的互動及連結，我見過和相處過的人也是我的一部分。由於自我感與生理上的我不是密切關聯，我對與我有連結的人，包括未來的自我，應採取道德且善良的行為，在某方面那些人全是我的一部分。

帕菲特的理論把身分認同從牢固的時空感釋放出來，有助於降低對老年「非我類也」的感受，也可藉以防止我們把年輕時期純粹當作急於為晚年投資而毫無樂趣的工具。未來的我對今日的我也有義務，帕菲特的理論有一種非時間感，考量到承認現在，又把現在圈在更廣的義務及連結網裡，而定義我的正是這些。

這理論呼應佛教思想，也可解釋印度北部某寺廟誦經時曾納入帕菲特1984年的著作《理與人》（*Reasons and Persons*）。2017年過世的帕菲特，想必會認可這種形式的心理連續性。對帕菲特而言，他的主張不只是哲學思想，也改變他對自己人生的看法。

> 當我相信（生理身分很重要），我似乎禁錮了自我。我的人生彷彿一條玻璃隧道，我穿過其中，一年比一年快，隧道終點是黑暗。當我改變看法，玻璃隧道的牆消失了，我現在活在開放空間裡。我的人生與他人的人生仍有差別，但差別縮小，我與他人更接近。我較不在意個人餘生，我更關心他人的人生。

由此可知帕菲特對身分的看法，十分不同於波赫士想像出來的穴居人。在波赫士的故事中，永生使人失去身分，因為人人沒有差異。帕菲特則把身分建構得更寬廣，他的理論強調與他人的連結，也與卡斯坦森的社會情緒選擇論產生共鳴。

帕菲特的理論還建議，緩和甚至解決死亡的矛盾性，使死亡變成一種很不一樣的轉型。

當我相信（生理身分很重要），我也更關心無法避免的死亡。我死後，世間不會有一個活著的我。我現在可重述這事實，儘管日後還會有許多經歷，但無一可藉由一連串與經驗記憶有關的直接連結，或因執行較早的意圖，連結到我目前的經歷。有些未來的經歷或許以較不直接的方式，連結到我目前的經歷。日後會有一些對我人生的記憶，日後也可能有受我經歷影響的想法，或因我的建議而做的事。死亡會斷開目前經歷與未來經歷間較直接的關係，但斷不了各種其他關係，這就是世間不會有活著的我存在的全部意義。既然看清這一點，死亡對我似乎不那麼糟。[29]

　　心理連續性概念超越生命期，並再次肯定跨世代友誼的價值。若朋友活得比你久很多，你的心理連續性就延長。

新文化的基本要素

　　這麼說來，我們重新設想過的適合長青人生的老化文化，應該具備哪些成分？

　　首先是個人能動性（agency）＊更強烈。我們必須少假設老人的樣貌及需求，改以提供更多選項及更簡易的平台，好方便老人自己做決定，破除年齡歧視是合宜的起點。改變醫療保健體系方向，由介入轉為重視生活品質，也有助於增加個人選擇。人都會變老，所以醫療照護必須考量老人想過的生活，以那種生活最要緊的事項為目標。

＊　編按：能動性（agency）指個人主動影響和掌控自己生活的能力。

西塞羅強調內在接納老化，這固然重要，但應以外部行動、社會參與、個人本身目的加以補足，**人們需要能建構自己未來想要的人生。**

我們需要不帶指示或評斷的老化評估。我們不會給中年獲勝或打敗青春期的人獎勵，即使要給也不知該用什麼標準，老年也與其他年齡一樣不是競爭，個人本身是老年過得如何最好的裁判。搖滾巨星大衛・鮑伊把老化當作通往真正自我的一連串進程，這見解發人深省，我身為大學教授，則深受西塞羅強調反思所吸引。然而**長青課題真正的重點在於，使所有年齡──包括老年──都照自己想要的方式度過。**

最要緊的是，不再把老化看成是事件、年老看成是狀態。法國著名意識流大師馬塞爾・普魯斯特（Marcel Proust）著名的七卷小說《追憶似水年華》（*À la recherche du temps perdu*），講的是人生與時光流逝。金氏世界紀錄認證這是有史以來篇幅最長的小說或許不為過，長度是托爾斯泰《戰爭與和平》的兩倍。普魯斯特在最後一卷《重獲的時光》（*Le Temps Retrouvé*，很合適的金鋼狼標題）中寫道：「現在我開始了解老年是什麼，或許在所有現實中，老年是人生保存最久的純抽象概念。」

我們不易認同老年，因為那是未來人，與現在的我不一樣，所以老年對我們是抽象的。我們明白到某個時間點，就不再是年輕或中年的自己，而變成另一個人，那是原本自我的年老版。可是現在很難看出那個人，因此我們假設必然會發生一個事件：「老化」，隨之解除抽象，進入可辨認的「年老」狀態。這事件／狀態過程最顯著的例子，就是六十五歲時變老的官僚概念，那已成為實際區分年輕年老的界線。

對老化及老年如此偏狹的看法，會產生種種問題。首先，老化是終生持續在發生，並非發生於某一年，也沒有停止老化的固定年齡，個人狀態從此對改變免疫。長青課題最大的挑戰之一是說服年輕人，不是只有老人才會老化，年輕人也要思考這件事。年輕時這或許不是最迫切的問題，但年輕人必須明白，老化不是六十五歲才開始。

同樣地，老化對不同的人發生的速度不一樣，這一生物現實使定義「年老」幾乎不可能，老化的過程太多樣化，擠不進刻板印象中或方便的信件格裡。身為哲學家與數學家的伯特蘭‧羅素把人的存在比喻為河流，也適用於生物老化。我們都漂往同一方向，但水流與激流會把某些人沖得較快，有些人則可能漂得較平緩，何時開始不會決定你能漂多遠。環顧四周，會看見有人拚命划槳，有人讓河流出力，人人最後的目的地都相同，只是不會在同一時間到達。

把老年視為單一狀態的概念，也會更強化對「非我類也」的反感，使年齡歧視及恐懼變老雪上加霜，破壞今日之我與未來之我的連結，這是長青課題的災難。

反之，若把老化當作持續的過程，就能更清楚今日如何連結到明日，及如何善用年齡的可塑性。老化是持續走過時間的過程，不是穿越過一扇標明「老年」的門。在這個年輕人可期待變老而且可能非常老的時代，焦點一定要放在老化是過程，不是事件或目的地上。

第八章

世代挑戰

未能投資年輕人反映出缺乏同理心，也是基本常識的重大失敗。

——科麗塔・史考特・金恩（Coretta Scott King，

美國民權領袖馬丁・路德・金恩遺孀）

　　1945 年二月我父親二十歲生日時，正在皇家海軍掃雷艦上服役。同月，邱吉爾、羅斯福、史達林在黑海度假地雅爾達（Yalta）集會，決定戰後德國的命運，當時距歐戰結束僅三個月。一年內父親將離開海軍，重回平民生活。

　　四十年後我慶祝自己的二十歲生日。與父親不同，我距離戰爭最近的是聽反戰抗議歌曲，當時英國音樂排行榜冠軍曲「19」，是保羅・哈卡索（Paul Hardcastle）的歌，哀悼在越南犧牲的眾多年輕士兵，他們平均年齡僅十九歲。一年內我要考慮申請哪個研究所、擔心車諾比核災、哀傷英國在阿根廷手中被踢出世界盃——更確切地說，是馬拉度納的「上帝之手」那一球。

　　2019 年是我最小的兒子滿二十歲。在氣候變遷日益熱烈的辯論中，英國創下當時有史以來最熱的八月銀行假日 *，倫敦西區的氣溫達攝氏

33.3 度，對這多雨的島嶼是很高溫的日子。微軟則投資 OpenAI 組織十億美元，該組織剛推出的人工智能聊天 ChatGPT-2，具革命性潛力可改變未來的就業模式。在下一年內，小兒子將在全球疫情中大學畢業，要在競爭日趨激烈的勞動市場找工作。

三代，三個極為不同的二十歲生日。世界如何對待我們，我們面對什麼樣的未來，各有不同的任務發給我們。日常生活裡我們各自關心不同的事，也各有近期的重要障礙須克服。人人都必須因應生命變長的現實，但是將在生命週期不同的時間點，在不同的環境下因應，由此在經濟、社會、政治層面及家庭內部，會出現一些世代挑戰。

尤其是像我的兩個兒子這種年輕世代，他們面臨兩種老一輩不曾有過的特殊挑戰。他們是第一群長大後不只可能並可預期活到九十、一百歲甚至更久的一代，長壽要務對他們而言是最重要的。不過現在的年輕世代還有一個特點，由於歷來壽命增加，使他們成為第一批變老時父母輩多半仍活著的世代。當各年齡層都因應長壽課題改變老化方式，跟隨在後的族群會產生某些後果。從白金漢宮就找得到可稱為壽命延長塞車效應的例子。

故伊莉莎白二世女王 2022 年辭世時九十六歲，是英國史上最老的國王，她格外長壽的後果之一，是其子查爾斯三世國王也成為一項皇室紀錄的保持人，以往從未有王位繼承人等那麼久才繼位，查爾斯終於繼承母后的王位時，他已等候七十年。

---

* 編按：銀行假日（bank holiday）是英國、部分大英國協國家、部份英國前殖民地和部分歐洲國家銀行和其他金融機構停止營業的公共假日，政府和企業通常也會放假。八月銀行假日通常是八月最後一個週一。

老一代活得久對年輕世代的影響，不限於享有特權的皇室，一般家族企業、財務安排、房屋住家、生活方式都受波及。年輕人及中年人被迫老得不一樣，那影響到他們的就業、退休金、稅賦、投票實力。

長壽要務的一個關鍵面向就是世代挑戰。如何使年輕人領悟，他們必須老得不一樣，才能充分享受更長久、更健康的人生？與這相關的是必須轉移政府的視線，勿以為老化挑戰只是當前老人的問題。這使我們想到，所有世代挑戰中最大的一項是，如何在做長青盤算時顧及跨世代公平，避免世代衝突，善用世代多元化的潛力？

世代的意義

在我家，「世代」是直線接續的概念。兒子是我的下一代，就像我是父親的下一代。「世代」一詞在這脈絡下，是強調家庭樹的層次，及不同世代的遺傳親等，但「世代」還有另一重意義提供不同觀點。一九二〇年代匈牙利社會學家卡爾·曼海姆（Karl Mannheim）提出家庭樹之外的另一概念，指世代是由一堆交互連結及共同特殊經驗構成的社會概念。[1]

每個人的時間旅程都有兩個層面。時序上年齡會增長，一次一個日曆年。父親、我、我兒子在某個時間點，都會是二十歲，但我們也隨歷史的腳步經歷時間，這使我們的老化脈絡不一樣，父親二十歲時正值世界大戰，我兒子二十歲時 AI 開始展現力量及潛力。世界若差別如此之大，老化方式也大不相同，1945 年時滿二十歲，與 2019 年時滿二十歲，是天差地別的經驗。曼海姆從這洞見出發，主張世代是由出生於差不多時間，在相同生命週期階段，經歷相同歷史現實的一群人組成。

因此曼海姆的世代概念，是三個不同因素互動下的產物：群體（與你同時出生的一群人）、時代（你存活的期間）、生命週期（從年輕到老的進程），某個世代要有特點，就必須有一種共同經驗與前一代不同。這裡有個明顯的例子，即生於 1946 至 1964 年（或 1965 年，因不同定義）的嬰兒潮世代，這戰後的世代生於和平、繁榮、重建、普遍樂觀的世界。千禧年世代（1981 至 1996 年生）是嬰兒潮的子女，主要相關的是個人電腦、行動電話、網路等快速散播。正是這些歷史背景，使各世代在年老年輕之外還有其他差別。

曼海姆理論的三因素中，生命週期的影響最易於了解。每個人隨年紀增長會有不同變化，許多人體重更容易增加。那些夠幸運而擁有房產的人，當房價隨時間上漲，房貸慢慢償還，他們會發現自己越來越富有。以我家來說，我們三代人二十歲時都很瘦，也都沒有房產，如今我比二十歲的兒子多了很多磅（包括英鎊與體重磅），可是從曼海姆的世代觀點看，單是這一點並不足以使我與兒子屬於不同的世代，那只是生命週期效應。

因此時代效應在定義世代的社會概念上也很重要。我父親的二十歲生日必定是在戰時的掃雷艦上安靜度過，已褪色的黑白照片顯示，食物配給使他不只瘦，更是皮包骨。快轉到小兒子二十歲時，他面對天壤之別的狀況，大學最後一年及工作第一年受新冠疫情封鎖影響，使他的成年之路在可做及不可做什麼方面，也與我迥然不同。

最後是群體因素。我兒子是「數位原住民」，生於網路無所不在的時代，第一批 iPhone 上市時他八歲，螢幕與 app 的世界對他與同齡的人很自然，他從來不必站在電話亭前從口袋裡掏零錢，或真要找一個未遭故意破壞的電話亭。我記得從固網電話到行動電話到智慧型手機的轉變，而我父親生於根本無電話的家中。因對多變的科技有不同的接觸，使我們成為不同的族群，也影響我們如何溝通、互動、取得資訊、運用時間。

　　世代的社會概念使兒子的年輕歲月與我南轅北轍，我將來的老年歲月也同樣會與父親大不同。我們三個都有過二十歲，但從世代的社會角度看，我們的二十歲絕不相同，長青課題也要求我們不必經歷相同七十歲。

　　曼海姆的世代概念，是獲各方熱切取用的學術概念之一。主流媒體喜歡區分及細分過去與現在的世代，各賦予特定的價值觀、特徵或癖好。我父親生於 1925 年，是「沉默世代」（Silent Generation），明顯節儉、忠誠、堅定。我生於 1965 年，依你用哪個時序定義，我或是嬰兒潮世代（有自信、競爭心強、目標明確），或是「X 世代」（生於 1965 至 1981 年，機敏、獨立、善於平衡工作與生活）。小兒子屬於「Z 世代」（1997 至2012 年生），這顯然使他高度合作、自立自強、腳踏實地。

　　從以上可看出，世代標籤有淪為胡說八道的危險。它們像是人口占星術，把出生時期任意連結到你可能願意具有的共同特質，但那對我顯然禁不起驗證，譬如 Z 世代表現的特徵範圍，遠大於一般 Z 世代與一般嬰兒潮世代的差別。依賴世代刻板印象做社會分析會有很大的問題，在我思考子女不同的個性時，從未想到要根據有二人是千禧世代，有一人是 Z世代。在我的專業履歷中，我同樣從不覺得要以世代標籤來描述我自己，那能提供的資訊不多，也不太有用。

　　有關世代的許多文字是誤導且不科學，但並不表示從世代概念中得不到資訊。倫敦國王學院政策研究所所長巴比‧達菲（Bobby Duffy），在其著作《世代迷思》（*The Generation Myth*，暫譯）中，討論到人口學領域，書的副標題為「出生時間為何不如想像中重要」（*Why When You're Born Matters Less Than You Think*），他記錄了許多世代間的差異，比如英美的年輕世代信仰宗教的較少，對性及種族議題較有包容性，但這並不表示不同世代間是兩極對立。

在幾乎每個重要的文化議題上，很少有跨世代鮮明決裂的跡象，這確實值得注意。社會趨勢往往在年輕人身上最明顯，但很快就散播到廣大人口中，我們可把這些趨勢想成是電扶梯，把社會從一套價值觀帶向另一套。年輕世代比較會是社會創新者，因為他們沒有需要修正或改變的價值觀成見，也就是他們最先跳上電扶梯，但其他人很快就跟上，使用網路就是很好的例子，所有年齡層都是上升趨勢，老人只是需要較多的時間跟上，主因在於他們不像新生代是吃可攜式螢幕及社群媒體長大的。在其他的因素上，像是宗教信徒變少，各世代彷彿一座人類高塔，最年輕在最高層，不過根基是發生於過去世代的變化。重點在於世代間的差異不代表無法和解的對立。想像年輕人是在上升的電扶梯上，老人是在下降，無論這想法多誘人，事實是：我們走的方向都相同，只是出發點不同。

由於長青世界中，跨世代的連結性更重於以往，所以這一點很重要。生育率及死亡率下降，代表年輕與年老人口的分布更平均，不同年齡層隨機互動的可能性也高出很多。三階段人生（就學、工作、退休）隱含的意義是區隔年齡，明確的表現則是如設立退休社區。多階段人生打破這模式，尤其如果能工作更久更破除了三階段人生模式。再者跨世代的互動越多，年輕人對老人的態度越正面。[2] 這使達菲發現的世代不同但不對立更為重要，我們不是從天生敵對的立場出發。

吸引年輕人重視

父親、我、我兒子二十歲時的人生固然差別那麼大，但我們有一共同特點，我們二十歲時都不曾想過如何為長壽人生做最好的準備。我父親有最理直氣壯的藉口，二十歲時在打世界大戰，你不會太擔心八十歲的生活，你最多祈禱可活到二十一歲。但放在較和平的年代這也是挑戰，二十歲看八十歲不只是抽象概念，也是遙不可及，二十歲時有其他的事要忙，擔心如何變老應該不是其中之一。

不過這時候，不同的二十歲族群的感受就很重要。我兒子的二十歲與我父親的二十歲差別很大，其中之一就是活到老年的可能性。據 1945 年的數據，我父親活到八十歲的機率小於四分之一，他七十七歲過世，符合那低迷的統計預估。

但我最小的兒子估計有四分之一的機率可活到九十九歲。據英國政府統計機構 2019 年的數據，他二十歲時有四分之三的機率活到八十歲，十分之一的機率活可到 104 歲。[3] 這與家父和我的未來差別很大。

舞台及影視明星迪克・范・戴克（Dick Van Dyke）高齡九十七歲，一語道盡這些數字的意義，他說：「早知道會活那麼久，我會更好好地照顧自己。」可是怎樣讓現在的年輕人和中年人想到那麼遠呢？這是新的挑戰，因為他們是有一半以上機率可活到九十歲的第一代，然則現有的社會常規不足以使他們保持長青直到最後。

在史考特・費茲傑羅（F. Scott Fitzgerald）的短篇小說〈班傑明的奇幻旅程〉（The Curious Case of Benjamin Button）中，不幸的班傑明・巴頓是越活越年輕，他出生時外貌像七十歲老人，可是年紀越大外表越年輕，班傑明的時序年齡與生物年齡成反比。二十歲時他被趕出耶魯大學，因為他看來像五十歲的神經病，五十歲時他看起來像二十歲，讀哈佛的第一年成績優異，但大四時他是五十四歲，生物年齡十六歲，因生理心理能力都在退化，學業及運動都難以負荷。老年時他進入幼兒園，對過往毫無記憶。在班傑明的世界中，無論從哪個角度看，年輕人都知道年老是什麼情況。然而在實際生活中，我們是朝反方向老化，對未來年老的自己無法認同，無法想像。這使得要應對長青課題與年輕人的關係不亞於老年人，甚至更為密切，對非長青思想形成一種挑戰。

解決之道有部分也許在於**長壽知識力**（longevity literacy）：對生命長度及由此而來的不同可能性提升大眾的認知。我前一本書《100 歲的人生戰略》在日本出版時，翻譯的書名是「人生轉變」（Life Shift），目前日本正在製作針對學童的版本，紐西蘭和英國的小學也採用此書與畢業生討論事業生涯。事業與財務規畫、注重健康行為、強調時間及善用時間，全都是提升長壽知識力的要素。

知識是一回事，經驗完全是另一回事。所以麻省理工學院年齡實驗室開發出年老同理心系統（AGNES：Age Gain Now Empathy System），那是一套老化裝束，試著接近老人的動作與視覺技能、彈性、靈敏度和力氣，目標在協助企業為老人家設計簡單好用的產品。年輕人穿戴年老同理心系統時，能使他們更加懂得老化的生理過程，也使他們有機會暫時當一下班傑明·巴頓──年輕時變老。

但長壽知識力有一個問題，就是根深柢固的短期思考傾向。我們覺得很難去想太久以後的事，很難現在就採取有益於很久以後的步驟。在傳達長青訊息時，必須對這一點很小心，長青人生的好處絕不只是針對未來，長青課題並非年輕時犧牲，以換取健康富足的晚年。

長壽的要務是使可預期的健康、有生產力的歲月變長。越能做到如此，延長後的人生其實就是給我們更多時間，任何年齡都可取用。現在想休假去旅行？若日後可多工作一年，這就不成問題。想現在撥出時間生兒育女或照顧年老父母？日後工作若更有彈性，一生的總收入不致受損。可是晚年的健康如果像史楚布魯格人，那早年的決定對生活水準會造成更嚴重後果：錢變少、健康變差。如果人生變長是指二十、五十、八十歲時有更多選擇，必然要靠長青課題相助，**支持長青要務必須動員所有年齡層，由此帶來的好處也是終生受益，那不是短期犧牲換取長期收穫。**

有哪些主題可說服年輕人開始思考長青之事？我強烈懷疑，退休、退休金、壽險等議題能否吸引他們，那些多半是當老人驚醒於長壽的財務現實時，令老人寢食難安的問題。不吸引年輕人並非由於他們不感興趣或覺得不重要，越早開始儲蓄，複利會為你效勞更多，只是那不像是與年輕人談長壽時理所當然的起頭點。我認為提升周遭長壽意識，最好的主題可能是健康、體適能、有多出來的時間要好好利用等。

電視節目聚焦老年學，及「打敗」老化的提示與捷徑，使我感到很緊張，不是我不相信老年學的潛力，只是目前已知有可能與最後達成的成果有很大的差距。但好萊塢做過很多好事，拍一部關於老年效應的好電影，對吸引年輕族群注意十分有用。以《復仇者聯盟》電影中飾演雷神索爾出名的澳大利亞演員克里斯·漢斯沃（Chris Hemsworth）為例，《復仇者聯盟：無限之戰》中透露索爾已一千五百多歲，以他的年齡，不可否認他看起來很棒，那是彼得潘式的結果，附帶線條分明的腹肌。

漢斯沃在國家地理電視紀錄片系列《極限挑戰》（Limitless）中，也探索過現實生活的長壽之路。他曾泳渡北極峽灣，禁食四天，沿摩天大樓吊車步行，及幾項令人卻步的體能任務。他也試穿年老同理心系統，反應是「這套服裝很爛」，因為索爾跳完一堂有氧課後，發現自己根本精疲力盡。這節目除體能外，也探討精神面及老年學。以我研究長壽議題來看，不得不承認，漢斯沃的影片吸引年輕人與我討論長壽主題多過任何其他。無關退休金，無關生命終點，而是堅定的基於年齡可塑，老化是過程，我們如何反擊，正如漢斯沃所說「反抗時間能對我們做的事」，這就是正面的長壽論，而非負面的社會老化說法。

照顧未來

在使年輕人明白長壽要務的重要性之外，我們也須督促政府了解，老化不只是老年人的事。對此社會老化論也是在幫倒忙，它把老化看成事件，老年當作狀態，再加上政府只為眼前打算，導致重視現在而非未來的老人。

又由於政治偏見，這問題有將來變得更棘手的風險。單是嬰兒潮世代的人數，及老人較可能投票的事實，民主政府就不能輕忽年長選民。[4] 這實際上已然發生，長久以來英國的退休族屬於社會貧窮階層，如今考量住房開銷後，英國一般退休人員可花的錢，比許多成人上班族家庭多。[5]

政府永續退休金的改革腳步緩慢，使財務負擔轉嫁到年輕世代身上，必須靠年輕人繳稅，填補過去退休金承諾的缺口。但年輕人換得什麼回報？我們務必使支付老人生活不致造成一個世代享福而犧牲另一世代。

這有兩種作法。一是確保年輕及中年人終生的生產力都超過以往世代。這可使他們就算為老一輩支付社福開支，仍享有生活水準高於前人的最大可能性。

二是努力促成目前的年輕人成為史上最健康的老人。好好變老實在太有價值，若科學、醫藥、管理技術，可幫助現在的年輕人變成未來的健康老人，就是任何財務服務的最佳回報。使長壽人生更有生產力及老得更健康這兩大作法，當然是第五章講述的三層面長壽紅利的主要成分，也帶來跨世代公平。

就像必須使年輕人參與因應長壽的挑戰，我們也需要提醒政府，正視人口現實。高齡化社會課題從六十五歲以上人口眾多出發，長青課題則從有很多人會活到超過六十五歲著手。

世代衝突

社會老化論的靜態本質，及強調當前老人的需求，有為世代衝突煽風點火的風險。像「老年依賴率」這種詞語，慫恿把老人視為負擔、剝奪年輕人急需的資源等概念。

世代標籤泛濫則將火煽得更旺。長青課題的主要見解是，年輕人從未像現在這麼可能活到老，所以年輕人應該更關心要求社會照顧老人。但世代標籤切斷那種連結，不同世代反而變成像羅琳筆下的霍格華茲學院，一旦分類帽選上你成為史萊哲林的一員，你就永遠不能加入葛來分多學院。同理你也逃不掉 Z 世代或嬰兒潮世代的標籤，那導致你及同類人與「非我類也」對立。有些評論家認為，這種世代隔閡終將取代階級鬥爭，成為現代政治的主軸。[6]

2019 年底，世代緊張因對使用「OK boomer」（好了老人家）的爭執而浮上檯面。這用語始於十年前，但重新出現在抖音，很快就爆紅，成為千禧及 Z 世代的口頭禪及網路迷因，用以嘲笑嬰兒潮世代的長者。它曾出現在美國最高法院，美國最受歡迎的電視遊戲競賽節目《危險邊緣》（Jeopardy!），有個問題的答案也是它。

這語句帶有輕蔑、諷刺口氣，對象是被認為自私、跟不上時代的年老世代。很多人迅速從販賣 OK boomer 的 T 恤及帽 T 等相關商品賺大錢。有個十八歲少年說：

我們做「OK boomer」商品，是因為我個人對譬如降低大學學費無能為力，老人當年的學費便宜多了，然後他們又把學費變貴……對恢復環境我個人難有作為，是老人他們的企業貪婪破壞環境。我個人難以消除政治貪腐或改革國會，使其不再由不代表大多數世代的老白男主導。[7]

年輕人批評老人不是新鮮事，以年輕人是社會創新者的角度來看，的確要預期並鼓勵他們批評。老年人悲嘆一代不如一代也一樣非新鮮事。西元前八世紀，希臘詩人海希奧德（Hesiod）曾寫下：「若依賴今日輕佻青年，我們民族未來無望，因年輕人全都魯莽到令人無言。」現代版呼應海希奧德輕蔑的語氣，可見於以「snowflake」（雪花）標籤奚落年輕一代，批評他們過分情緒化，妄自尊大，易被激怒。

這種世代間彼此不滿，歷史上所在多有。英國文學家喬治・歐威爾（George Orwell）如此形容：「每一代都自我想像比上一代聰明、比下一代有智慧。」[8] 不過這次不同。出生率降低，壽命變長，跨世代和諧與合作的必要性更勝以往，也就是說世代衝突的代價前所未有地高。

另一個重要差別，可上溯至曼海姆的世代定義。我們定義世代的重點常放在，認定區隔世代的主要改變在於曝露在什麼科技下。千禧世代與網際網路一起長大，Z 世代是 iPhone，α 世代（Generation Alpha，2012 年後生）擁有像 Alexa（譯注：亞馬遜公司推出具語音互動等多種功能）這類會與他們說話的科技。但以科技區隔世代忽略生長背景，這是另一個區別世代的關鍵特徵。目前最早生長在老一輩陰影下的世代，老人不但人數眾多，並位居商業及政治要津。

當世代的重要本質有部分是壽命及人口年齡結構的變化，則世代爭執有可能到達前所未見的程度，前英國主管大學暨科學的高階官員大衛・威立茲（David Willetts），在 2010 年的著作《撙掐》（The Pinch，暫譯）中曾加以探討由此引起跨世代齟齬的可能性。「撙掐」是指所有高齡化社會在某時間點一定會經歷的常見事件，威立茲把英國關鍵撐招時間點定在2035年，那時嬰兒潮世代大量進入八十歲，退休金、醫療、照護等開銷，對年輕世代生活水準影響最大的便是此時。威立茲書名的副題是「嬰兒潮如何搶走子女的未來——為何應物歸原主」（*How the Baby Boomers Took Their Children's Future—And Why They Should Give It Back*），賦予嬰兒潮世代的印象有如蝗蟲過境，活著時一路吞噬資源，留給隨後而來的人一片荒蕪。此書的要義可借用詩人菲利普‧拉金（Philip Larkin）的詩作〈這就是詩〉（This Be the Verse），常被引用的最前面幾行：「他們把你搞砸，你爸你媽。他們也許不是故意，但他們做了。」

當人多勢眾的嬰兒潮世代到達退休及老年，對長壽人生準備不足的問題表露無遺。問題在於現有體制只是拼拼湊湊，以應付嬰兒潮世代意外長壽，但未經改革以支持長青課題。於是年輕世代感到經濟進展停滯，未來又不確定，世界則正努力因應氣候變遷，及 AI 對就業造成的後果，比他們年長的世代卻是別有一番景象，嬰兒潮世代進入老年時，帶著水準超越過去任何世代的財富、健康及平均壽命，況且人數又那麼多。當然，像這樣訴諸世代標籤問題很多，並非嬰兒潮世代每個人在健康及財富方面都很好地變老。不過對比仍然十分強烈，老年人明顯比上一代富裕，年輕人則感覺進步停滯。

所有因素皆已俱全，我們有理由擔憂世代衝突。耶魯大學的經濟學家成田悠輔教授 2021 年接受日本網站採訪時，因其刻意刺激的言論引起矚目：「我感覺唯一的解決辦法很清楚，到最後不就是老人集體自殺或集體切腹嗎？」[9] 三十七歲的成田絕非唯一對日本人口危機提出不尋常建議的人，日本電影《七五計畫》（*Plan 75*）的劇情圍繞著，推銷員說服年老公民加入政府的自願安樂死計畫。在以史楚布魯格結果為特徵的世界，顯然需要對安樂死做更廣泛的討論，但強迫集體自殺已超過那一步，成田自己也這麼說，他說他現在用不同的語句表達他的看法，但強調並非真的贊成集體切腹，只是試圖以不那麼戲劇化的方式指出，有必要結束老人在日本政壇及企業界的主宰地位。

當公共辯論轉向提到置老人於死地時，考慮所有世代挑戰中最重要的——達到跨世代公平——顯然就有其必要。如何把對老化的態度，**轉換**成支持現在及未來的老人，並對各世代都公平及包容？

未來可能會有麻煩

從長壽觀點看，在某些國家尤其英美正出現一些跡象，顯示年輕人與中年人未到達長青人生必要的里程碑。

有些最令人擔憂的統計數字是健康方面。一般來說較年輕的族群，比老年人好更好地變老，但是我們看到改善趨勢走緩的跡象，有些地方甚至變差，[10] 尤其值得關注的是肥胖增加。1988 到 1994 年，美國二十至三十九歲的人有五分之一過胖，至今這比例已倍增，四十到五十九歲也有相同趨勢。[11] 最令人憂慮的是，兒童肥胖也在增加，以前是十分之一，現在是五分之一，[12] 肥胖人數增加得比腰圍快。肥胖是非傳染性疾病及多重慢性病的一大風險因素，這些趨勢對未來的老化是壞預兆。年輕世代一般比父母及祖父母輩少抽菸、喝酒，但這只有部分幫助。

心理健康也值得關切。過去十年，美國有憂鬱症青少年及有心理疾病大學生增加一倍以上，自殺率及非致命自殘的住院數也上升。[13] 這些趨勢本身已值得憂心，對長壽前景也投下不祥的陰影。

出問題的不只最年輕族群。估計美國有 3,260 萬成人受酒精使用障礙症影響，美國國家衛生院的定義是：「一種醫療狀況，特徵是儘管有不利社交、職業或健康的後果，但停止或控制使用酒精的能力受損。」[14] 前面提過的「絕望之死」由此而來，造成美國中年死亡率增加，因此而死的人超過百萬。[15] 這是當前重大公衛危機，也使人對老化的未來感到悲觀。

所得成長停滯

經濟與金融統計也令人發愁，部分原因是，高所得國的生產力成長普遍趨緩。個人一生中薪資提高的原因，或是符合平均薪資上升趨勢，或是受益於升職或年資紅利，而成長較快，於是到結束職涯時，薪資通常都比一開始高出許多。

嬰兒潮世代平均出生於 1955 年。假定持續工作四十五年，從 1975 到 2020 年，在美國他們將經歷人均 GDP 年成長 2%，在英國 1.5%。反之 1980 年生的千禧世代，2000 年開始工作，此後二十年只能受惠於美國年成長率 1%，英國 0.4%。這種跨世代差異聽來或許不大，但四十五年累積下來確實可觀。這意味著美國嬰兒潮平均所得在四十五年內提高二倍半，英國提高二倍。假定千禧世代到停止工作時是相同的低成長率，預測他們在美國的薪資只會提高一半，在英國少到只有五分之一。跟父母輩比起來，他們的所得增加很少。

成長減緩的部分原因是教育程度不再提高。嬰兒潮及再來的 X 世代，讀大學的比過去多出很多，因此他們的所得比父母或祖父母高很多。但教育曲線漸趨平緩，年長工作者具大學文憑的人數，可能幾乎與 Z 世代不相上下，年輕人不見得會因此比父母窮，但確實更可能與父母所得相同，使數十年來子女預期會比父母富有的進步也畫上了句點。

若老一輩希望年輕一輩付更多稅，以支付他們的退休金及醫療照護費用，必會出現問題，而且這還未考慮到即將發生的 AI 科技進步的影響，AI 使年輕世代面對極大的不確定性。AI 會提升生產力、薪資、生活水準拯救我們，還是會取代我們的工作，使我們財務不安全，這問題連 ChatGPT 都無法回答。

除擔心所得，財富累積也成問題。現在有許多年輕人的學貸負擔比過去沉重很多，剛還清學貸，為退休儲蓄的難題接踵而來。目前走向第六章探討的確定提撥制（依繳給職業退休基金的金額計算）的趨勢，代表年輕世代無法經歷像過去確定給付制（依雇用年資及最後所得計算）那般慷慨。他們也將面臨更大風險，因為確定給付制使個人享有對儲蓄或投資報酬不足的保險，但在確定提撥制下，風險由個人承擔。年輕世代可望過著最長壽的人生，但也面臨無法調適長壽人生的最大風險。

居住問題

年輕人壓力最大的領域之一是住房。許多國家尤其英國，數十年來房價上漲比所得快，二十世紀下半葉有許多時候平均房價約是平均收入的四倍，到 2022 年上升至九倍。[16] 這對有房屋主是很棒的消息，對首購族卻是壞消息。過去為房屋付 10% 的定金約需年收入 40%，現在需要 90%。你必須多存很多錢，許多年輕人想擁有房子也遙不可及。1965 年出生在英國的人，平均二十一歲就買得起房子，我兒子生於 1999 年，預測要等到三十五歲才買得起。

可想而知英國房價持續攀升，二十五至三十四歲的有房族由 50% 降到 30%，[17] 這表示租屋或仍與父母同住的人大增，三十五至四十四歲的人持有房子的比率也同樣下降，他們現在租屋的可能性是二十年前的三倍。年長的屋主幸運太多，1961 年時，六十五歲以上擁有自宅的人只占三分之一，現在是四分之三。

這種房屋所有權形態的變化關係重大。年老世代占房屋財富的比例比過去高很多，不只由於房價上漲，也因為嬰兒潮世代人數眾多。人數的影響很重要，嬰兒潮因人多，與過去的世代相比，確實擁有大量財富，可是經過人均計算，優勢就少很多。嬰兒潮因人多，財富也多，但嬰兒潮世代的個人不見得較富有。

要是目前的趨勢繼續下去，代表的意義不免令人擔心。年輕人延後進入房市，到老年時擁有的房產財富勢必較少，若要達到與目前的老人相同的富裕水準，就得工作更久或儲蓄更多。始終無能力買房的人，退休時將面臨住房開支變高，因為要付房租，能用的錢隨之變少。

這些是需審慎的趨勢。若要轉型到長壽社會，使年輕人和中年人一生都興旺昌盛，生活水準不因須資助老化社會而受影響，我們還有很長的路要走。

老人政治興起

當社會適應長壽人生，但以不對等的方式進行，可能引發跨世代緊張。若老年人工作更久，年輕人延後開始工作，則老人與青年之間的財務不平等將加劇。不過這若只是反映生命週期變化，就不必是世代問題。當年輕人變老時，也終將受益於老年財力較高，所以就整個人生而言，不會處於劣勢。當生命週期有變，拿今日的三十歲與四十年前相比並無益處，在財務上，現在的三十歲可以是新二十歲。

可是年輕與年老世代不平等，反映的如果不是人生週期改變，而是某一世代利用體制圖利自己呢？要是問題源自「老人政治」（gerontocracy）興起，即老人主宰政府，不肯讓出權柄，反而用於維護自身利益，年輕人又如何上進呢？

　　現在有人擔心這已經是問題，因為美國參、眾議員照例都在任數十年（其中七人的任期已超過五十年）。2020 年總統大選是喬・拜登（七十七歲）對唐納・川普（七十四歲），當時的眾議院議長是八十二歲的南西・裴洛西。

　　在美國這引起越來越多對服公職設年齡限制的討論。年齡限制概念絕非聞所未聞，美國憲法規定，三十五歲以下不得被選為總統，參議員至少要年滿三十歲，眾議員二十五歲。若對年輕人有規定，為何不能也用於老年人？有一項民調發現，近五分之三的美國人支持對服公職設年齡限制，最受歡迎的強制退休年齡是七十歲。[18]

　　與所有的民調相同，乍看之下贊成限制年齡的主因並不明顯，深入挖掘後透露的是許多人認為，只要健康良好，限制年齡並無必要。由此可知，限制年齡其實是一種年齡歧視，是假設老人生理和心理上難以擔任公職。對此前南卡羅來納州長妮基・海利（Nikki Haley）在五十一歲時並不主張限制年齡，反而建議對所有七十五歲以上候選人，做「心智能力」測驗。為何是七十五歲？她不曾對此門檻說明原因，但值得注意的是，當時她被預期要爭取黨提名，對手是七十六歲的川普。也許要求對總統候選人做心智能力測驗是好主意。但真要做，當然應該所有年齡都做，不是只對超過七十五歲的人？

　　限制年齡不只出於考量心智或生理健全，也因為擔心故步自封及抗拒結構性改變。又是妮基・海利的話：「我們準備好了。準備越過陳腐的思想及淡去的過往名號，我們非常願意讓新世代領導我們進入未來。美國並未過氣，只是政治人物已過氣。」[19] 那是對跨世代衝突及需要避免老人政治的明確聲明。

高興的理由

以上分析雖略述孕育跨世代衝突的沃土，但也有許多較樂觀的理由。空談比事實的腳步快，雖有許多理由使世代衝突概念進入人們的想像，但它似乎不至於取代階級衝突，成為帶動政治的主力。例如除家庭內部規範以外，很少有世代對立的證據，子女還是會尊重並感謝父母及祖父母，長輩對晚輩也是如此。有民調顯示，年輕人一般多半支持對老人提供財務協助，[20] 這是反映利他主義，還是他們明白自己有一天也會變老，不得而知，但可以知道的是，目前跨世代關係依然緊密。

另一個目前世代衝突相對平淡的理由是，嬰兒潮及千禧世代這類標籤顯著區隔年齡差異言過於實。如巴比・達菲所說：「不實的年齡標籤助長不實的世代戰爭。」[21] 經濟環境與社會信念是持續的過程所形成，不是明顯間斷的改變，再加上各年齡層本身的多元性，顯然並非單一的嬰兒潮隊在與千禧世代隊對陣。

有些迷思來自世代標籤，例如人們普遍認為老人不關心環境。克蘿伊・史瓦布里克（Chlöe Swarbrick）二十五歲擔任紐西蘭國會議員時，在國會演講提到，氣候變遷對她那一代是非常真切的問題，他們會經歷到很高的可能性是，越多時日可活，就越會受到氣候變遷影響。當時反對黨國會議員五十二歲的陶德・穆勒（Todd Muller）立即反嗆她，她也快速回以「OK boomer」（好了老人家）的奚落。

儘管長者也許較不關心，但並非完全不接受全球暖化的威脅。畢竟我們搭的是相同的電扶梯。皮尤研究中心（Pew Research Center）2021 年的分析發現，67% 的 Z 世代及 71% 的千禧世代，覺得「氣候應是最優先要務，以便為未來世代確保地球的永續」，而 X 世代的比例是 63%，嬰兒潮是 57%，因此各年齡層的多數都同意氣候議題應是當務之急。指出氣候變遷是個人最關切的事項，千禧與嬰兒潮世代的比例僅有些微差距：33% 對 30%。[22]

根據這些數字，史瓦布里克是十分之七認為氣候第一優先的千禧世代之一。穆勒是 X 世代（非嬰兒潮世代），X 世代有十分之六以氣候為第一優先，因此穆勒不同意氣候優先屬於個人意見而非 X 世代整體。世代之間固然有差別，但並非觀點完全對立的敵對陣營。

對前進方向有共識，並不會使衝突風險全部消失。年輕世代若更熱中於激烈的變革，那輩分比他們高的人活得越久，將不斷成為挫折來源，尤其當他們普遍感覺時間快來不及的時候。但我們再次需要小心，勿落入簡單的年齡刻板印象，年長世代有許多人認為迫切需要改革，就像年輕世代也不乏覺得沒必要的人。或許人生所餘時間最少的人，最想在有生之年看到改變，因此支持更急切的措施。著名的環保人士大衛・艾登堡爵士（Sir David Attenborough）表達得最有力，他認為在氣候變遷上，「再怎麼做都不夠激進」，艾登堡已高齡九十六歲。這句話同樣容易出自二十歲的格蕾塔・童貝里（Greta Thunberg）＊。

世代繼承

另一個可樂觀的理由是，年輕世代在某些財務措施上追隨年長世代的腳步，部分是出於壽命增加造成的生命週期變化。譬如目前在嬰兒潮手

＊ 譯注：格蕾塔・童貝里是瑞典環保少女，曾在瑞典議會外發動「氣候大罷課」，並在 COP24 上發言。

裡的龐大房產財富，最終將以繼承方式傳給年輕世代，生育率降低也使年輕世代將與較少的親人共享這些遺產。但拜平均壽命延長之賜，未來的繼承人可能必須等待，他們的父母可能活得較久。這代表年輕世代現在可能財務上不及長輩，但是隨年齡增長，他們會比過去的世代收到更多意外之財，只是錢會來得較晚。

談這麼多社會層次的跨世代衝突，家庭卻有方法處理世代緊張。倫敦帝國學院教授詹姆士‧塞夫頓（James Sefton）估計，英國每年有一千億英鎊以遺贈方式轉手，[23] 約相當於 GDP 的 4%，另有 110 億英鎊是父母在世時以贈予方式傳給子女。父母幫忙出房屋頭期款已十分普遍，因而出現新的縮寫字：「父母銀行」（BOMAD，Bank of Mum and Dad）。塞夫頓說，世代之間並非冷酷無情，這些金額之大，正顯示：「老一輩確實關心下一代，也傳下可觀的金額。」

英國長者提供育兒照顧，估計相當於約 1,320 億英鎊，另有 370 億英鎊用於照顧老人，二者相加，年長世代總共提供將近三千億英鎊，[24] 那張社會安全網大於英國政府的退休金及社會安全總支出。如此龐大的貢獻，在跨世代衝突的故事屢屢被搬出來時，卻經常遭到忽視。所以跨世代合作的證據遠多於不合，但合作較不受注意。

問題出在慷慨的贈予並非人人拿得到。不是每個嬰兒潮世代都有房子，也不是每個人都能繼承豐盛的遺產，所以長壽有製造更多跨世代不平等的風險。有富裕的父母幫助很大，但如果沒有，就必須自己在這世界闖出財路。這當中或許世代衝突的成分不多，而是跨世代流動問題——個人經濟狀況受困於父母的經濟狀況。我們必須確保壽命延長不致造成立足點的不平等更惡化，因此把重心放在讓年輕人有機會，是長青時代加倍重要的促進平等政策。

拉平曲線

至於擔心老人政治，可從另一角度看待這變化。老人過去一向是少數，年輕人選票主宰選舉，如今不再如此。問題在於這變化對國家是好是壞，若是壞，誰是受害者？這涉及一些有趣的民主議題。

主張年老選民變多，造成政治爭論傾斜，這邏輯意指過去年老選民較少時，是朝另一方向傾斜，過去是年輕選民的需求主宰政治。由此看來，老年選民增加是「不公平」的說法很難成立，或許這正是要矯正過去老人需求遭到忽視的問題（假設年長議員比年輕議員更迎合年長選民的需要）。目前美國有 5 位參議員、13 位眾議員超過八十歲，而參議員總數是 100 人，眾議員 435 人，即 3.3% 的國會議員超過八十歲，總人口則占 3.8%。這不成比例嗎？對社會不好嗎？假設社會傾向於低估老人的能力，則有更多老人參與決策，或許是必要的矯正措施。

在政治上討論老人政治，相當於在經濟學上辯論高齡化社會。都是建立在「銀髮海嘯」即將來襲的感覺上，那將阻礙創新與變革，也將導致具體及比喻上患有關節炎的政體動作遲緩，注定衰弱。

然而人口趨勢最驚人之處在於它製造年齡平等，而非年齡宰制。圖 7 顯示聯合國預測，美國人口從 1933 到 2100 年將大幅變動，由年輕人占多數老人占少數，轉變為各年齡分布較一致。是的，老人人數增加很多，尤其是七、八十歲，那是平均壽命延長的結果。但圖 7 顯示，老化趨勢已使曲線拉平。人口日趨年齡多樣化，每一年齡帶的人數更平均。年輕人也許正失去人數優勢，但看來較不像是因年齡而被剝奪選舉權，較像是有拉平效果。比較恰當的說法是，這是脫離青年政治（ephebocracy，罕見詞，意指年輕人當家的政府），而非轉向老人政治的運動。

除非認為年輕選票應比老年選票更值錢，這般邁向年齡平等才會是

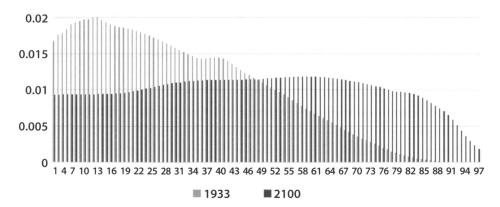

圖 7：1933 及 2100 年美國人口年齡分布

（資料來源：筆者是根據 HMD, Human Mortality Database (1933) 和聯合國預測 (UN Projections, 2100) 計算）

問題。有一種論調認為，年輕人有更多未來可期，所以由他們處理長期問題可能更好。有效利他中心（Centre for Effective Altruism）共同創辦人威廉‧麥凱斯基爾（William MacAskill）因此主張應依年齡權衡選票價值，越老的選票權值越低。[25]

可是如前面提到的環境議題，實在看不出年老選民比年輕選民較短視。要是這種主張成立，也另有含意，例如我們應降低投票年齡。還有，隨著壽命延長和死亡年齡提高，民主政治得到改善，政策不太有必要改變。一般英國人從未活到這麼老，也不曾剩下那麼多年可活，這有可能使英國的民主因平均壽命延長，變得較不短視而非更為短視。

然而最好別掉進有些選民價值較高的陷阱，以不同權值計算選票的概念，與傳統「一人一票」的民主觀點不相容。賦予年輕選票更高比重，明顯有年齡歧視及低估老人能力的意味。

　　不過問題也許出在完全不同的地方。該質疑的可能並非指年輕人是看得遠的選民，而是人人都是自私的，只會為對自己最有利的事投票。由此產生的問題變成，老人接受退休金及醫療照護，僅留下年輕人在工作，老人政治就會投票支持加稅及增加福利。於是人們擔心，無生產力的族群集結起來對付有生產力的族群，結果傷害到經濟。

　　這與民主政治早期限有財產者才有投票權的說詞相同，也說服起草美國憲法者允許各州自行決定哪些公民可以投票，最早是擁有土地的白人男性可投票。不過就算接受限制老人投票權這種可疑的民主論調，請注意仍有兩點使它站不住腳。一來，老人的確傾向於歡迎對退休金及醫療支出大方的政府，但這對老人選票的影響相對小，[26] 人們投票是基於更廣泛的議題。其次，在長青世界將有多很多的老人工作更久並繳稅，因此對於越來越多人想對具生產力的經濟活動課稅的現象，不需要太過擔憂。

　　以上這些也不代表一切都會有圓滿的結果，我們不應落入政治上的自然主義謬誤（見第 207、208 頁）。長青課題的整體用意在於，人類現在面臨深遠的變局，因此過去老人不那麼多時，行得通的安排及體制可能需要調整。我們在政治上必須小心，體制絕不能只受特定族群控制，也須提防老人政治。

　　但奇怪的是，美國在老人政治上很反常。日本儘管人口老化，首相並未更年長。歐洲在一九八〇年代初期，政治領袖平均年齡是六十七歲，現在是五十三歲。2019 年桑娜‧馬林（Sanna Marin）當選芬蘭總理時是三十四歲，她如果是美國人，憲法上就辦不到。目前的英國首相里希‧蘇納克（Rishi Sunak）四十二歲，是自 1812 年利物浦伯爵（Earl of Liverpool）二世以來最年輕的。歐洲人口或許老化中，但領導人越來越年輕。

　　美國為何特別容易恐懼老人政治？兩黨制度加上競選花費急速攀升，是否有利於細心培養人脈及有忠誠捐款者的候選人？若年長政治人物受惠於年長選民比例增加，是否可藉強制投票增加年輕選票？改變投票時間及方法，是否有助於提高年輕選民的參與程度？是否任期限制而非年齡限制有助於降低以上問題，鼓勵更多政治替換率？

　　從以上例子可看出，年齡多樣化及跨世代公平，並不需要依賴儀式性切腹或集體自殺。長青世界要求放棄對老人的限制及年齡歧視這類不分青紅皂白的簡單假設，但也需多加思考各世代的代表性。年齡歧視可能雙向作用：歧視年輕人（三十四歲為何不能做美國總統？所有的工作都需要經驗嗎？），也貶抑老年人。政治上的成功需要確保多元化觀點能表達及呈現出來，若要政策制定者留意其行動如何影響不同的世代，政治機制就得找出能兼顧各世代的新方法。當社會不再趨於老化，而是變得更年齡中立，我們應該找得出運用年齡多元化，對年長年輕都有利的體制形式。

　　從長青觀點看，這麼做應很合適。讓各年齡層在投票模式上獲得更平等的代表性，是跨世代公平的關鍵要素及手段。

長青待辦事項

　　如何應對這些世代挑戰呢？第一項最明顯的任務，是找出提升生產力的方法，若能使年輕世代富起來，他們就付得起目前老化社會的開支，並仍有餘裕。而提議提高生產力，是幾乎適用於所有問題的政策方案。德國有句俗語是「一切都好」或「都沒問題」（es ist alles in Butter），但較直譯的意思可能是，任何東西塗上奶油都很美味。政治人物對經濟成長也是相同感覺，經濟成長越快，就有越多資源可用於處理各種問題，威脅連任的問題就變少。經濟成長快速時，做什麼事都很容易。

或許有人認為，長青課題只不過是生產力上升即可輕易解決的又一挑戰，但我要說明並非如此。長青課題本身會促使生產力成長，長青挑戰是解決辦法的一環，**對年輕、中年、老年人的健康與技能都加以投資，使他們保有更久的生產力，以創造必要的更多資源**，如此一來公平問題也會隨之解決。

清單上面的下一樁待辦事項是，支持年輕人和中年人獲得道林格雷結果，健康與生命期要齊頭並進，重點是維護身心健康的預防措施，以及解決社會不平等，心理疾病既是需要立即注意的問題，也是未來老化會出問題的長期不祥徵兆。健康改善就算不會提高 GDP，也一定會使人更生活幸福。

許多國家尤其英國，也須優先處理有問題的房市，應該讓年輕人買得起房屋，不能只是老年人的資產。政府必須增加供給，而非採取刺激需求的其他措施，造成房價繼續攀高。

所有這些都需要從某處取得新資源。政府持續關注退休金及醫療照護等老化問題，是妨礙認真改革的主要障礙。目前美國社會安全及醫療保險占聯邦支出約 25%，照現在的政策，預計到 2052 年會增至 40%。[27]採取這種立場的政府，怎麼遏止得了開支不斷增加？可怕的是壓擠到對年輕及中年人的投資，那必然扼殺長青課題，助長跨世代不公平。

防治之道是改變對老化及政府政策的看法。歷史上很多時候老年人在財務上最弱勢，所以才會有政府發放的退休金。隨退休金制度改善，有越多人活得更久，工作更久，享有更健康的人生，就看得出老化方式十分多元。有些老人衰弱，但許多老人不是；有些需要財務支援，有些財務狀況良好，謝謝。

在長青世界，誰也不該低估老人的能力，包含稅務當局，稅捐減免及其他福利不應只根據達到特定年齡。在倫敦六十歲以上就可免費搭火車和巴士，那是很棒的福利，但我認識很多六十歲的人騎昂貴的自行車去上班。未能體認老年族群多樣化的健康、財富及能力，在長青世界認為不合理，**是所得及需求引發福利，不是年齡**。年齡在長青世界無法像過去提供許多關於需求的資訊，政府政策應據以調整，許多僅以年齡為準的政策需要重新檢討。

政府應考量其政策如何影響不同世代的人生，是否在所得及健康上對所有年齡層都一致公平？個人一生繳的稅及獲得的福利是否平衡？政府會例行公布當前稅收與開支的差額及未來債務的預測，政府也必須告訴我們，那些預測對不同世代的一生代表什麼意義：各世代會付出多少，獲得多少。[28]

報告現行政策對跨世代的意義，有助於達到兩個重要的長青目標，一是促進對跨世代公平的重視，二是鼓勵採取更長遠的作為，不只處理長壽挑戰，也包括處理如環境等範圍更廣的議題。

第九章

困境與進步

我們只看得到前方不遠處，卻看見許多待完成之事。

——艾倫·圖靈（Alan Turing，英國電腦科學及人工智慧之父）

　　法國詩人保羅·瓦勒里（Paul Valéry）擅長簡潔有力的雋言妙語，他寫過：「使夢想成真的最佳方式是覺醒。」我在本書嘗試突顯長壽新現實覺醒及實現長青夢想有多麼重要。**當今是年輕人預期可活到很老的世界，這需要我們重新思考人生、在各年齡做什麼事、並設法對更長久的未來增加投資。**看長青的良性循環能走多遠，這些改變甚至可能突破人類的壽命限制。

　　但無論長青課題多麼吸引人，都需要個人行為、經濟體制、社會習俗做出深層的轉變，前面各章曾對此詳加討論。而今長青時代已出現，但只代表必須改變，不代表會改得很快或容易。「夢想不會透過魔法實現，」美國軍人後從政的科林·鮑爾（Colin Powell，譯注：四星上將也曾任國務卿）說：「夢想需要汗水、決心、勤奮。」

　　正因為長青是嶄新的挑戰，所以會出現抗拒及應避免的許多失誤。

要說服政府在制定政策時，必須以長青未來為中心，必然會引起猜測、批評、疑慮，如何克服個人及政府層次的短視，掌握長青要務，是很大的考驗。對老化的刻板印象很難扭轉，這是阻擋改變的一大障礙，況且改變必須涵蓋社會各層面，等於有許多地方要改。這或許也解釋了為什麼人們不僅對更好變老的可能性出乎意料地抗拒，也抗拒採取步驟以達成目標。氣候變遷課題常見的情況是經過幾十年才達到目前的影響力水準，卻仍有很長的路要走，現在同樣的問題發生在長青課題上。

好在改變一定會發生。數百年來的改變已推高壽命，改進健康，創造人生新階段。不必懷疑，我們已進入壽命延長時代，也就是長青變化即將發生。讓它越快發生越好。

修正期望

有些國家已出現早期問題，特別是英美，我們看到的遠非長青課題向前邁進，反而是以往的進展受到威脅，但受影響的政府對扭轉頹勢著力甚少，這些國家對待國民健康不夠認真。

英美的趨勢不是長壽，而是有不少人口流向「短命」，絕對預期壽命在降低，比起別國的預期生命長度也明顯不足。英國目前落後平均壽命最佳值五歲，美國落後多於八歲，鑑於別國的平均壽命在增加中，因此英美降低絕非常態。政府在新冠疫情期間，為保護健康與人民壽命，不惜付出龐大經濟代價，訴諸極端步驟，但疫情後居然沒有人為壽命縮短抗議更令人吃驚。

另一個問題是，平均壽命降低的趨勢，可能鼓勵人們認為長青課題已不再迫切。但我們禁不起繼續忽略長壽的影響，我們已超越那時間點很久，以往增加的平均壽命已形成挑戰，政府卻不聞不問。某些國家的平均壽命不再增加，絕非假裝問題已不存在的理由，其實若能及早採取長青方式處理，有些問題可能不會出現。

不關心平均壽命下降或停止上升，與一種普遍的觀念有關，即認為晚年健康與預期壽命不如早年來得重要，如世衛組織「過早」死亡的概念表現得最明顯。目前在日本，七十歲婦女預期還可活超過二十年，在那麼長的期間都保持健康好處很多。在第一次長壽革命結束時，七十歲並不算那麼老，我們應調整對長壽新事實的期望。

那麼該如何促使政府採行扭轉早逝的必要政策？如何消除未同等重視晚年的偏見？或消除把老年學與科幻小說攪在一起的傾向，而非把它視為下一階段的醫藥進步？

已故奧裔美籍管理顧問彼得·杜拉克，常被譽為「現代管理之父」，他曾說「能測量的就能管理」。若要實現長青課題，政府必須為健康的平均壽命訂定測量標準。該怎麼訂當然會有一些問題，但我們訂得出國家會計制度，測量像 GDP 那麼抽象且複雜的東西，必然也找得到測量健康平均壽命的可靠方式。

訂出健康長壽的目標，有助解決以上困境。鑑於人口的年齡結構改變，道林格雷結果又是絕大多數人嚮往的，訂下這種目標自然是社會福祉應有的措施。政府方面也必須正視健康的不平等，為增進健康的平均壽命拉高低於平均的人，比拉抬高於平均的人容易。若以健康的平均壽命為重點，則避免「過早」死亡雖仍重要，但也要加倍重視七十歲以上的健康老化。這種目標也可釐清，**老年醫學是促進健康改善，不是促進永生。**

尤其採取這種目標，要求我們不能只走史楚布魯格路線，我們必須認真看待從新冠疫情學到的教訓，並採取符合那些教訓的行動。健康攸關重大，年齡相關疾病則是當前最大的健康挑戰，以健康的平均壽命為目標，是引導醫療保健體系以長青方式獲得健康結果的第一步。

把握時機就是一切

在人類約二十萬年的歷史，多半時候存在的世界是貝克特版的黯淡人生：「他們生育在墳墓上，光明只閃現一剎那，接著又是黑夜。」（《等待果陀》劇中台詞），更像是據實報導不太是詩歌。青銅器時代初期，出生時的預期壽命估計是十八歲，約二千年前羅馬帝國全盛期提高到二十二歲，十三、十四世紀的英格蘭達到三十三歲，美國早期的麻州在 1776 年獨立宣言剛發布後是三十六歲。[1] 到 2021 年，儘管全球處於疫情，全球平均壽命是剛過七十一歲。

長青時代由此開始，好好變老從未像現在如此有價值。構成第一次長壽革命的平均壽命快速改進，在人類歷史上是相對較近期的事件，難怪文化與社會對老年的觀念正在努力調適。有鑑於此，對開創以改變老化方式為主的第二次長壽革命，我們可務實地期待多快會有進展？

丹麥物理學家、1922 年諾貝爾獎得主尼爾斯・波耳（Niels Bohr）曾說：「預測很困難，尤其是預測將來。」我們花費二十萬年才完成第一次長壽革命，所以在預測達成第二次的速度上或許應當謹慎。

談到老年學的突破，唯一保險的推測似乎是，知識的增加會快過人類生物學複雜度的增加，也就是我們會探索出更多老化過程的祕密。在理解老化生物學及開發有用的療法上，我們可預期會有進展，只是進展需要時間，因為出發點和方向可能出錯。因此老年學對長青課題可能有什麼貢獻，我打算採取短期悲觀／長期樂觀的綜合立場。

不過如同本章開頭的引言，艾倫・圖靈表示，看不到遠方的未來，並不表示現在無法採取行動。科學的貢獻可能需要很長時間，但短期內最能促成進步的，是改變行為、體制、環境。正因人類史上大部分時期多數人都活不到老年，所以我們從未實驗過改變老化方式可到多大程度。

不過一旦啟動改變過程，重新思考老化的意義，並利用其可塑性，未來的變化會較容易。因為獲取長壽紅利——更長久、更健康、更有生產力的人生——無論平均壽命是八十、一百或一百二十歲，背後的機制都一樣，就是使健康、工作、人生目標延續更久。

因此我比較不擔心如何因應平均壽命可能再增加，我更憂慮目前狀況與應有的進展間現存的差距，我們需要緊急覺醒，才能實現長青課題，並對過去做出重大變革。一旦進入長青新時代，日後的轉變將以初步改變為基礎，繼續擴大加強。只是我們現在必須做出初步改變。

現在尤其需要規模、迫切感與方向。美國政府最近制訂降低通膨法案，將以 7,400 億美元預算及諸多措施，透過稅額扣抵及產業政策，達成綠色經濟目標，其中也包括降低醫療開支的措施。然而調整經濟方向，生產維護健康的產品，組織相關服務，也需要綜觀全局的視野。政府的行動步調需一致，同時處理健康、照護、技能、年齡歧視，使更多人能從五十歲工作到六十五歲。若社會其餘部分落後，老年學的成功就無意義。

長青激勵措施

當前對醫療支出持續進行的許多論辯，不是為達到更好的健康結果，而是為減少或抑制開支，美國目前的醫療開支占 GDP 約 20%，由此不難看出其原因。不過要成功實現長青課題，這是另一個須避免的困境。要是認為改善健康是國家大事，就寧願付出代價，不該接受的是，花那麼多錢卻得不到好的健康結果。與其以減少開支為目標，我們必須把重點放在達到健康的老化，為此需要大力調整激勵措施。

故諾貝爾獎得主、經濟史學家羅伯特・福格爾（Robert Fogel），把醫療開銷看作勝利而非問題。在人類歷史上，我們一輩子忙著生存，忙著取得生活必需品如衣食、取暖、遮蔽，到比較富裕時才有能力花錢在醫療上。不過比起花錢但維持健康，花大錢卻無法保持健康，顯然不值得。

二十世紀初美國普立茲獎得主、以揭發醜聞知名的作家厄普頓・辛克萊（Upton Sinclair）寫過一系列小說，曝露企業不法行為、無監管的市場危險重重及相關詐欺行為。他的代表作是《魔鬼的叢林》（*The Jungle*），描寫芝加哥肉市場駭人的勞動狀況。辛克萊以一貫銳利的筆觸，戳中任何改革議題都難免的關鍵問題：「如果是靠不了解賺錢，誰還會想要去了解。」這是醫療改革的一大障礙。

目前的醫療體系有大量經費支持，過去也得到很好的成績。可是未來的需求會從介入轉向預防，從治病轉向保健，如何使主持醫療體系的人，減少依賴曾使他們如此成功、賺到如此多錢的知識與政策？如何讓靠介入成功的外科醫生，改為以少開刀衡量成功？只占所有醫療支出百分之一的預防保健部門，如何取得政治力量以加速成長？

這並非全是赤裸的金錢私利，儘管金錢也許有其作用，這是要使主事者及醫護人員了解，在長壽時代需要脫胎換骨的改革，亦即接受他們辛苦得來的經驗和技術，無論在救命方面多麼有價值，但對幫助人們從源頭避免需要醫療的作用不大。危險在於這些健康的守護者也像索姆河戰役的將領（第100頁），用過去的方法對待未來：對已過時的計畫予以增強，花更多錢卻改善不了健康。

製藥業也有激勵失準的問題。開發出成功的藥物可賺很多很多錢，但目前的專利制度，並未正確獎勵對預防藥物的研究，畢竟在制定現行制度時，我們對疾病看法截然不同。

藥品專利通常的效期是二十年，一家公司一旦註冊專利，就有二十年時間可研究新藥，觀察藥效，並取得主管機關許可，再製造銷售，二十年後專利期滿，任何人都可製造那種藥。此時藥價大降，使用更為普及，原始開發者的利潤大半是在專利保護期間賺得。

問題出在從註冊專利到獲得完全許可製造某種藥品，通常需要十至十五年。[2] 製藥公司只剩約五至十年期間可獲利，這是開發方向可能偏差的理由。

為何會是這種狀況？首先可延命的藥售價可以高很多，即使能延長的時間有限。有研究顯示，人在知道自己快死時，為爭取多活一點，肯花很多錢。[3] 健康時，我們每年在預防藥物上往往花費很少。

預防藥物多半需要較長的試驗期，要看吃藥是否使人不會生某種病，比評估介入治療是否有效需要更久時間，這使批准藥物到專利失效的期間縮短。同理，預防療法賺病人的錢是分散到一生，遠超出專利期限，而晚期治療集中在少數幾年。

這些偏見指引製藥公司開發晚期治療而非預防藥物，以對付重症而非慢性非傳染病。[4] 以肺癌為例，有數種針對晚期病人的藥已獲核准，但不曾有早期治療甚至預防的藥獲准。藥品癌思停（Avastin）估計可使肺癌末期病人，預期餘命由 10.3 個月延長至 12.3 個月，藥價在 4.28 萬美元到 5.5 萬美元，對肺癌末期的病人而言，這無疑是值得付出的價格。但是若有降低罹患肺癌機率的藥會更好，我們需要促進道林格雷結果的藥品創新，而非史楚布魯格結果，那可能需要延長專利期，或是對現行制度做其他變更。

追根究柢所有這些問題，都需要改善獎勵措施方向。政府必須追求好的健康結果，而非以削減醫療開支為目標，醫療保健體系必須以健康的平均壽命為重，對應製藥業必須獎勵，集中研發維持健康而不是治療晚期疾病的藥物。

終極的奢侈

經濟學家把健康歸類為「奢侈品」，意思是隨著所得增加，我們不只花更多錢在醫療保健上，它占所得的比例也提高。回到諾貝爾經濟學獎得主羅伯特·福格爾。他認為未來的經濟會越來越屬於他所稱的「精神」商品，他說的精神不一定是宗教或「超凡脫俗」，而是非物質商品，沒有具體形式。[5]

不過健康與長壽若是奢侈品，大富豪們將特別沉迷於追求老化方式徹底的蛻變，難怪點名諸富豪，如亞馬遜創辦人兼董事長傑夫·貝佐斯（Jeff Bezos）、Google 共同創辦人謝爾蓋·布林（Sergey Brin）、甲骨文 Oracle 的共同創辦人兼董事長賴瑞·艾利森（Larry Ellison）、創投家及物理學家尤里·米爾納（Yuri Milner）、企業家及創投家彼得·提爾（Peter Thiel），全都有投資老年學研究。[6]

長壽若是終極奢侈品，你又有餘錢可用，何不賭一賭成功地增加自己的生命期？克里斯欽·安格梅爾（Christian Angermayer）是四十四歲的億萬富豪企業家兼投資人，十九歲時就創辦了自己的第一家生技公司。他既是長壽產品的投資人也是消費者，一語道破長壽產品的訴求：「買遊艇，永遠買得到更大的；買飛機，也一定買得到更大的。可是用更多錢改變生命，（幅度）非常有限。」[7] 當然把錢花在使生命更長更健康，比買更大的遊艇好吧？我想起現代版的帕斯卡賭注（Pascal's wager）*。如果錢投下去有用，那是多棒的回報！要是花了錢但無效，也不是問題，反正正常長度的生命，我的錢也花不完。

若投資成功，也會帶來無法想像的金錢回報。從網路搜尋引擎或線上購物賺到數十上百億，而找出讓我們享有長青人生的辦法，能賺到的錢更不止此數。富豪與長壽研究的結合，十分吸引新聞人員與讀者，富豪們展現高度企圖心，以鋼鐵般的意志實行每日常規，失敗多次不氣餒的自負與驕傲，超現實的生活方式，在在都是很棒的新聞評論文章，文內必然添加嘲諷、評斷，也常少不了譴責。

2023 年一月就發生很好的例子，四十五歲生技公司執行長兼億萬富翁布萊恩・強森（Bryan Johnson），他的每日生活常規在網路上瘋傳。[8] 估計他每年約花二百萬美元，在三十位醫生及科學家監督下，努力逆轉老化。他的日常生活規範激進到忘我的程度，早上五點起床，上午十一點以後不進食，每天消耗 1,977 大卡不多不少，每月吃 70 磅蔬菜。此外他每天服用一百多顆藥丸，並做五、六次醫療介入，包含偶爾注射脂肪，及一大堆定期檢查，每晚他戴隔絕藍光的護目鏡二小時。他能這樣堅持的動機似乎結合個人興趣及挑戰，亟欲為尖端科學做白老鼠，想必也有潛在商業利益。

若收起嘲笑，該如何看待這些特殊的實驗和投資呢？政府往往傾向不

---

* 譯注：帕斯卡賭注源自十七世紀哲學家帕斯卡的哲學論證，相信上帝但上帝不存在，損失不大，若不信上帝但上帝存在，將遭受下地獄的無限痛苦。

願意押注在那些下次選舉前不會有結果的高風險計畫，而寧可花錢在髖關節手術上，在這種情況下，我們是否應感謝這些私人資金流向長青研究？

答案是可能不必。如果這是社會發展老年學唯一的途徑，那會出問題，我們不能依靠富豪及創投家，達成對社會最有利的長青治療。市場固然是推動創新的強大力量，但從社會角度看，不能僅因為如此就代表其創新方向一定對。

我們想要**給很多人額外幾年的健康生活**，而非給少數人很多年健康的生活。富豪已可取得資源協助他們達到目前平均壽命的高標，這使他們較可能更偏好針對大幅延長生命的研究，如果研究結果可便宜地取得，很好，如果不能，就會變成國家醫療預算的問題。

已有製藥公司偏向製造高價藥品。前面提到的基因療法藥物諾健生，對患有脊髓性肌肉萎縮症的嬰兒是很棒的一次性治療，但標價超過二百萬美元，有鑑於受此症破壞性影響的屬於少數，所以這個價錢還過得去，拿幾百萬資助少數受殘酷基因命運打擊的人接受必要治療，社會可以接受。但影響每個人的症狀如老化就行不通，當藥物突破需要數以百萬計的花費，並用於幾十億人口，就要做很困難的抉擇。除非你是億萬富翁，負擔得起這種治療。

再看第四章談到的巴齊賴與二甲雙胍抗老化實驗，目的是測試這種糖尿病藥是否具抗老化的特性。估計這實驗費用在三千到五千萬美元，美國食藥局已批准實驗，目前只欠經費，但籌資尚未完成，所以實驗尚未開始，個中原因不一而足。在巴齊賴看來，有一個重要問題：「那些大富豪要的是像登陸月球（moonshot）這種計畫，要讓人喊『哇』的科學成就。」據巴齊賴所言：「二甲雙胍抗老化實驗不是這種計畫，甚至與科學成就無關。二甲雙胍是評估老化跡象的工具。」[9]

這並非主張應禁止大富豪投資生技公司，但確實指出雙重政治含意。一是民間老年學研究，必須開放給獨立倫理監督，由科學及醫藥專家與一般民眾共同執行。科技對我們的生活有重要影響，老年學更是如此，所以研究方向需要監測及指引。

這論述也讓政府更有理由以相當規模參與，推動研究方向朝道林格雷結果進行，而且是易取得的，畢竟政府確實建立了這方面的追蹤紀錄。當巴齊賴提到登陸月球，他是暗指 X 發展公司（X Development），即Google 的研發實驗室。據 X 發展公司，登月行動是大問題的十字路口，是尋找劇烈解決法及科技突破，其中之一是加州生命公司（California Life Company，通稱 Calico），以解決老化及年齡相關疾病為經營宗旨。

諷刺的是「登月計畫」一詞，來自政府出資的 1969 年阿波羅十一太空飛行，阿姆斯壯在那次成為第一個踏上月球的人。1960 到 1973 年，美國政府為阿波羅計畫投入 258 億美元，據行星學會（Planetary Society）估算，以今天的物價還會多 2,800 億美元。[10] 美國政府對曼哈頓計畫也花錢如流水，最後發展出結束二次大戰的核武。這些都是為加速達成特定目標，組成科學家與研究人員團隊的例子。同樣另一項深遠的科技進步：催生網際網路的通訊協定，追本溯源是美國高等研究計畫署（US Advanced Research Projects Agency）資助的學術研究網。所有這些案例都是政府長期協作的思維，達成廣泛基礎的研究目標，基本上沒有純粹獲利的動機。

我們需要政府針對老化及長壽著手建立某種登月式思維。與其坐而哀嘆老化社會開銷及退休金與醫療支出越來越多，不如想想有哪些可加速實現長青未來的大突破？

一個顯而易見的起點是，增加研究老化生物學的經費。癌症與失智症確實都受益於民間及政府龐大的研究支出，老年學卻沒有同等待遇。經費固然應投入一般性研究，並創造民間可利用的基礎知識，但也應導向進步展望最大、成本卻最低的關鍵領域。就像對新冠疫苗的承諾，政府應向製藥公司表明，治療最常見的年齡相關疾病，符合成本效益的療法一定有利可圖。

尋找年輕小夥子

今日的年輕人可望活到高壽，可是他們的人數夠嗎？我們正進入生育率前所未有低迷的時代，許多國家將發生人口減少。這類趨勢若繼續下去，有可能產生人類存在危機。

英國作家詹姆斯（P. D. James）在她1992年的小說《人類之子》（*The Children of Men*）中，想像發生一場人口浩劫。故事背景是未來的英國，由於二十七年前男性精子數突然降為零，英國正走向消失。沒有嬰兒出生，人口不斷減少，最後一群兒童稱為 Omegas，他們備受寵溺，獲得特殊待遇，可是他們被寵壞，不把長輩放在眼裡。人們沒有子女，轉而養寵物作伴，給牠們穿上衣服，放在嬰兒車裡推行。沒有兒童的社會沒有未來，而這想像中的英國的政治，很適合終極高齡化社會走向滅絕的反烏托邦發展。

實際情況雖無那般戲劇化，但仍很驚人，過去五十年男性精子數估計已減少超過50%。[11] 這對出生率下降影響有多大不清楚，因為新生兒變少的主因，是人們選擇少生子女。雙職家庭日增；不只延後結婚而是根本不婚，造成單身戶口增加；子女依賴期變長；城市房價越來越高，使扶養小孩的花費高於以往。在企業不支持彈性工作方式、男女育兒責任不均等的國家，生育率還更低。這些趨勢似乎短期內都不可能反轉。

許多經濟學家認為，生育率下降不見得是問題。[12] 其實當人口老化，這甚至有助於維持生活水準。扶養子女的花費減少，維持基礎設施及住房所需的資源也較少，這樣變長的老年就有錢養老，人口減少環境承受的壓力也較少。

可是人口下降的確會帶來社會問題。當家庭成員變少，可能無法照顧年長的親人。膝下無子，年老需要照顧就成問題，解決之道是長青成功或提高生育率。

人口少，需要的房屋少。房價高若是問題，這也許是好消息，但也帶來難題。日本空屋數預計 2023 年會達到一千萬，其中多半在鄉下，那裡有許多村鎮在消失中，政府為此提供從東京遷至沒落地區的年輕家庭，每名子女八千美元現金補助。

壽命延長與生育子女變少可能有直接關聯，而所得水準提升，必然是這二者的共同推力。生物學上似乎也是如此，有研究發現，長壽動物的後裔較少，短命動物的重心在成長及繁殖，長壽動物則更重視維護修補。

不過長壽與生育率成反比，不只是生物學現象，也反映行為變化。當壽命延長，生育期過後的歲月占人生更大比例，生兒育女的重要性因此相對較低。生命週期也不一樣，職涯拉長需要更高學歷，使開始工作的年齡延後。結婚及生第一個孩子的年齡也提高，因此一般做生育決定的期間縮短。

生養子女的動機也改變。過去養兒為防老，但現在有政府退休金，便降低養兒防老的誘因，[13] 要是生育會打斷事業及就學，也會影響為長壽多賺生活費的能力。這幾個因素加起來，造成美國五十五歲以上的人有六分之一無子女，而且人數還在增加中。建立跨世代關係的長青需求，在家庭內越來越難達成。

　　社會老化造成負擔，但預料新生兒不足的警訊又日益嚴重，這方面的論辯很多。有些國家已用財務獎勵刺激生育率，匈牙利的夫婦生育可獲無息貸款，若生第三胎就不必償還，女性若生四個以上子女，則終生免所得稅。這些助孕政策有用，可促使生育率上升，但是效果有限，養育子女花費大，要靠財務獎勵達到持久效果，是大多數政府難以負擔的。

　　提高生育率的最佳方法是減少養育的花費及壓力，因此我們期待政府加強對育兒的支持。平均壽命提高對這方面也有助益，提升生育率需要工作生涯更有彈性，並保證男女都能撥出時間，同等兼顧工作與家庭。若更長、更健康、更有生產力的人生，給我們更多時間，我們就能更彈性地加以運用，這有助於減輕育兒壓力。「育兒假」概念在未來有可能顯著改變，個人將發現彈性工作十分珍貴，既可協助育兒，也能照顧年老父母。找出照顧較容易、花費較低的方法，是提高生育率的關鍵。

　　老年學對增進生育率可能提供更不尋常的解方。老年學的目標是減緩老化，它有一個具潛力的研究領域是生殖。男性生殖能力衰退，與整體生物老化是同步發生，但女性因更年期發生老化要快得多，再加上人類是少數有更年期的動物，老年學界對這主題興趣日濃。研究動機有二：更年期可否延後，以提供更多生育選擇？更年期延後，是否對婦女後半生的健康有幫助？

　　長青課題以人類老化方式為重心，將經常衝撞長久以來什麼年紀該做什麼事的文化假設。老年學若成功延遲，甚至阻擋更年期，這些衝撞可能特別會引起爭議。

　　由於行為改變，目前已有延後生育的趨勢。英國四十歲以上女性生子的多於二十歲以下，這是史上頭一遭。但延後更年期，會形成生育期與非生育期截然不同的平衡，若再加上道林格雷式健康期與生命期符合的情境，則何時生兒育女可多出許多選擇。彈性工作有助提供更多時間生養子女，老年學的目標則是提供更長的生育年齡，使整個人生有更多彈性。

許多人並不樂於見到以這種方式提高生育率。在思考相關問題時，我們需要再次解開幾個不同的老化概念。只要能夠保持更久的健康，就算母親生產時年紀已大，仍有較多時間養育孩子，這是道林格雷結果之所以重要的緣故。但也有對死亡年齡的顧慮，若延後生育到晚年，剩下的時日不多，可能就沒有足夠的時間養育孩子。唯有平均壽命的增加像彼得潘而非道林格雷，才可緩解這種顧慮。

對有些人而言，問題不在於使兒女變孤兒的道德矛盾，就算生理上辦得到，他們也不想六、七十歲時才有孩子，那應是人生另一階段該做的事。也許隨生命延長，提供更多可能性，甚至會是更早而非較晚生育。

人口過剩

近來又出現另一個不生育的理由：憂慮人口過多影響環境。有一項研究估計，少生一個孩子減少的二氧化碳排放量相當於每年 58.6 噸，[14]相較之下，不開車減少碳排放 2.4 噸、吃蔬食減少 0.82 噸、資源回收減少 0.21 噸。這類比較已引起日益流行的生育罷工（BirthStrike）運動，提倡少子化是邁向環境永續的重要步驟。這是當代版的馬爾薩斯論：人口過多將使資源難以負荷。

同樣的環境顧慮也針對壽命延長而來。人活得越久，地球人口越多，對稀有資源的壓力越大。這種論述走到極致，可用於各式爭議性步驟，如取消對預防癌症的研究，或取消道路安全措施。目前雖無人提倡如此激烈的措施，老年學卻常遭批評，若人活得更久，將帶來人口過剩的風險。

　　究竟長壽對人口過剩影響有多大？若要加以衡量，我們來做一些人口數字計算。假設世界人口穩定，每年有一定數量的嬰兒出生，也有相同的人數死亡。為簡化起見，再假設人人都在完全相同的年紀死去，也就是第一次長壽革命已完成，平均壽命是八十歲，每年有二百萬嬰兒出生，總人口是 1.6 億。且把人口想成是牆上的磚塊數，人口增加會使牆變高（每年有更多嬰兒出生），或是使牆變長（每個人活得更久）。

　　若平均壽命增至一百歲，這想像世界的人口終將達到二億，上升25%，但這需要時間，要等八十歲的人活到一百歲。以牆為比喻，就是需要時間延伸到其總長度。反之如果是人口每年多出二百萬，在二十年後到新總數二億，相當於每年略高於 1%。

　　實際增幅可能不到此數。首先這例子中，平均壽命增加 25%，最後會使人口增加 25%，原因是我們假設人人活得同樣長。考量有人死得較早，即並非人人都活到百歲，人口就不會增加那麼多。其次人活得越久，就傾向越晚生育，造成生育率下滑，人口增加受限。[15] 新生兒若降至一年160 萬，人口數就不變，160 萬人活到一百歲，人口就是 1.6 億。這當然正是全球許多國家的現況：平均壽命延長，生育率下降，人口停滯，甚至減少。

　　生育率傾向因平均壽命延長而下降，抑制了人口隨壽命延長而增加。可是平均壽命若大增至五百歲，計算結果就很不一樣。在這例子裡，有四百二十年人口會增加，最後達到十億。增長率緩慢，但累積效應極大，若要人口不爆炸，生育率勢必大降。因此壽命劇烈延長，對全球人口意義非同小可，較溫和的增加影響會小很多。

　　考慮未來人口規模問題及該有多少兒童，使我們陷入許多複雜的道德問題。要是長壽導致生育率低，兒童變少，那現有的人活得更久，即使新生人數較少且有人永遠不會存在，會比較好嗎？如果生育率降低，未來活著的人將減少，但活著的人可享有較好的環境，這是否優於，就算生活在受氣候變遷嚴重影響的世界，但有較多人口存在？哲學家帕菲特曾苦思這些問題，而開闢出人口倫理學領域。他對他稱為反感的結論（Repugnant Conclusion）感到掙扎：寧可有更多人存在，即使他們的人生僅勉強值得活下去，也強過人口少而生活品質高。帕菲特不想接受這結論，所以用反感稱之，但要找到合邏輯與道德的理由來加以反對，並不簡單。

第一次長壽革命使絕大多數人現在可預期活到七、八十歲，這促成全球人口顯著增加。雖然很多人關切因此造成人口過多，但並未抱怨幫助延命的醫療介入。該關切的是人口數，不是壽命長度。這再次涉及長久以來認為，七、八十歲是合乎自然的生命期。

第二次長壽革命使平均壽命更加長，超越傳統生命期的門檻，老年學因此被批評會有導致人口太多的風險，但降低嬰兒死亡率使壽命延長，或研究癌症治療，都不曾遭到這種待遇。我們為何寧願要有更多人但活得較短的世界，而非較少人活得較長但人口不變的世界？這樣豈非接受平均壽命的反感結論，但所得或環境的反感結論卻不接受？

唯一會合理的理由是，人生七十歲後多出來的歲月，在某種程度上被視為無價值或不自然。這似是又一個摩爾「自然主義謬誤」的例子，認為活到三個二十加十歲是自然的，但活再久就不太一樣，那多出來的時日有點不合常規。基於過去第一次長壽革命的成就，我們需要再次把人類生命期概念正常化。

我們對環境壓力與長壽人口影響的衝突，應抱持什麼態度？人口成長在萎縮，就算氣候問題本身日益迫切，但這方面的壓力正在減弱中。再說讓人們保持道林格雷式健康並不會增加人口，也就沒有衝突。當然，壽命若快速大肆延長，情況就不一樣，那會重燃人口向上成長的壓力，於是再度回到老問題：壽命是否可能立即大量延長增加。一般來說，人生更長更健康的好處不勝枚舉，對人口可能的影響也夠溫和，所以長青與環境課題應同時迫切付諸實行。

這兩方面還有一個非衝突而是重疊的領域：空污、酷熱、天氣多變而危險，對健康與長壽都是風險。因此因應氣候變遷是長壽要務的重要環節，避開氣候變遷對健康的益處，只會使朝永續發展的主張更有力。同理我們必須希望，個人本身更長久的人生，會鼓勵我們對造成環境的影響看得更長遠。還有一點要提出，人類若能永續生存，則全球人口是八十億或一百億都不重要，如果不能永續生存，最後會到達一個臨界點，有多少兒童都無差別，這是確保盡快養成永續生活方式的很好的論證。

我能做什麼？

我們的未來似乎出現深遠變化。科技突飛猛進不免令人懷疑，我們會不會受 AI 的力量奴役；我們看到天氣變化，憂慮油然而生。對我而言，處理老化特別是長壽，在打造未來方面，與科技及氣候變遷同樣重要。然而長壽如此令人著迷的緣由，在於把深邃思想與個人內在相結合，把哲學與實際相結合，它提出生而為人的意義，好比吃早餐好不好等問題，對人類的生活和生存方式有更多反思和探討。

一想到必要的改變牽涉之廣，很容易覺得力有未逮。可是人類正進入新時代，要徹底改變是意料中的事，而改變也需要時間。每個人對自己如何老化，有很大的施力空間，將來我們可能找到更好地變老的厲害方法，但現在就有許多已知有效的途徑，採取這些行為的激勵因素已是不同，但是需要怎麼做的知識不變。要確切知道年老以後需要什麼或許很難，但認定健康、關係、目標、技能、金錢，在任何年齡都有用，似乎是非常合理的策略。

特別是我們對長壽人生不應悲觀，只是必須務實展望未來。大多數人還有時間準備，畢竟我們是能夠思考將來可能享有長青人生的第一代，過去的世代一定羨慕我們有這長青的機會，但願未來的世代會感謝我們完成這些進步。

本書前前後後提到多位古代哲學家、中世紀科學家、現代作家和思想家，從中可看出，如何充分利用時間及保持健康等問題並非新鮮事。人生的長度變了，人類的動機卻不變。長青拼圖中有些部分是革命性的，但也是為了追求美好人生，所以長青的故事與歷史一般古老。

以下是從長青課題出發，針對個人層次，精選出六大廣泛原則：

一、具備長壽知識力：人人都期待比前人擁有更多未來歲月。請留意你還有多少時間，思考如何充分加以利用，並記錄進展。

二、與未來的自己做朋友：不要比自己的健康、金錢、關係、目標、技能活得更久，這十分要緊。你需要為將來的自己投資更多。也請記得，老化不是老了以後才發生，老化是持續進行的過程。你需要現在就採取步驟，以支持變長的人生。

三、不一樣的老化：長青課題的核心是改變老化方式。簡單說就是，行為必須與過去世代不同，並創造更好地變老的新方法。

四、**運用現有有效方法並注意新資訊**：新見解可能正在醞釀中，但我們已有一系列禁得起考驗的方法可用。隨時注意新的健康突破及療法，終身學習及學習長壽生活都很重要。

五、**勿低估晚年的能力**：不必害怕變老。這不只是因為愛爾蘭諺語：「不要討厭變老，許多人享受不到」所說的那種情感，而且依各種數據，老年不如想像中那麼糟糕，年齡可塑，所以能夠改進。請保持正面心態。

六、**有付出有收穫**：來日方長。維持良好的健康越久，維持賺錢能力到老年，現在就有越多的選擇。長青人生是使各種年齡都有更多選擇，而不是一味地要我們為長期好處做短期犧牲。

最重要的是，你率先為新長青時代做調適。社會將會適應新現實，但沒有你那麼快。你今天就能改變行為，使你我都成為開路先鋒。我們大概活不到能看見所有從長壽發展出來的意義，但人類如何老化，甚至能活多久，在未來勢必有驚天動地的改變，而這種改變可以從你開始。

後記：愛的力量

　　長青課題的範圍廣泛，也呈現許多挑戰，需要政府技術官僚加以解決。我以很大篇幅——運用經濟工具、人口數據、科學研究、哲學論述——討論現在前所未有的必須好好變老、也必須投資未來的具體情況。但有一人性層面的重要性不容忽視，即福格爾的「精神」商品，那是賦予我們價值、使命、快樂的人類活動。

　　哈佛發展研究（Harvard Study of Development）是很特別的研究專案，目前已進行到第八十五年。它始於 1938 年，追蹤二組人的人生，目的在了解幸福如何發展、什麼因素有助於得到快樂的結果、為何有些人的人生會出差錯。第一組由 268 個白人男性哈佛大二生組成（這是不尋常的菁英樣本，後來出過四位美國參議院候選人、一位暢銷小說作家、一位《華盛頓郵報》主編、美國總統約翰‧甘迺迪），另一組是 465 個社會地位較普通的男性，多半來自波士頓的內城區。隨著研究對象的家庭成員增加，這專案擴大到包含二千多人，跨越三代（祖父母、父母、子女），偏男性的性質持續改變。

　　研究得出的資料庫不可思議地豐富及多樣化，包括有關健康的量化細節，也有大量關於感受、情緒、關係的傳記式材料。有一個資料庫專門針對揭露美好人生的構成元素，深度與廣度十分吸引人，研究設計者擷取的主要訊息很簡單：「如果要做最能保證健康與幸福的單一決定，科學告訴我們，那就是培養溫暖的人際關係，各種溫暖的人際關係。」[1]

人際關係滋養我們，使我們保持快樂健康。一項對六十多萬人、長達五年的研究中，未婚者的死亡率高出約 15%（男性幅度多於女性）。[2]良好的關係有助於活得更久，但也牽動著生死，年老夫婦中當有一位過世，另一位在三個月內過世的風險變高。鰥寡效應可使死亡風險提高最多三分之二。[3]

良好的關係不但能促進幸福，也是走過人生風風雨雨、禍福難測的關鍵。人生變長就會有更多曲折與沉浮，良好的關係可望帶來更多上升的好事，也幫助我們度過下沉的低潮。

十八世紀英國詩人威廉·布萊克（William Blake）在詩作〈天真的預兆〉（Auguries of Innocence）中，用以下文字捕捉了這為人生質感增添的複雜性：

人為歡樂與悲傷而生
當我們正確明白此事
行走世間便安然無恙
歡樂與悲傷禍福相依

我們是社會動物。聯繫與關係使我們快樂、使人生有意義，家庭、夥伴關係、友誼幫助我們面對快樂與憂傷，也供應快樂與憂傷。比所愛的人活得久，就逃不掉失去的痛苦，可是如果你很幸運，到那時你已有過許多快樂光陰。

我來到本書的尾聲，終於要結束兩年的寫作過程。撰寫長壽人生使我想到許多事，有些人在過去兩年我該相見卻苦無時間，現在我格外期待能與他們在一起。我期待與妻子黛安（Diane）慶祝完成書稿，我們將有時間可以討論太多事，而不只是談書寫得怎麼樣及我在寫些什麼。我要想辦法多見到現住澳洲的女兒，她帶著新婚不久的興奮心情，在當地接受擔任精神科醫師的挑戰。我也要多看看兩個兒子，我以他們為榮，並注意觀察他們成長，度過成年生活。

我滿懷興味地期待簡單又複雜的樂趣，去看我支持的足球隊熱刺隊比賽。不管輸贏如何，我能見到交情最久的朋友理查，我七歲就認識他，我們會與他兒子及我的兩個兒子一起去看比賽，我會想起與父親、伯叔、堂兄弟、朋友一起為熱刺隊加油的往事。我很想與許多朋友共度更多時光，他們曾帶給我歡樂，逗我開心，或對我的寫作慷慨提供評語和意見，我想念所有與我一起度過順境、逆境的人，包括過去與未來。

可是我無法去看每個我關心的人。父親若還活著，現在已九十七歲，母親九十五歲，我能與他們交談已是好多年前的事，如果還能再這麼做，我願意不惜代價。當然我也懷念出生後才幾天就過世的攣生兄弟大衛，他現在也是五十七歲，要是活下來分享我的人生，將是獨一無二的經驗。人際關係對人生十分重要，長青課題真正的價值在此，那是人口學真實的另一面。

美國詩人羅伯特·佛洛斯特（Robert Frost）的名作〈未選擇之路〉（The Road Not Taken）最後的結尾是：

> 林中有兩條岔路，而我──
> 選擇較少人走過的那條，
> 造就完全不同的人生。

　　佛洛斯特很長壽，1963 年八十八歲時才過世。以 1874 年出生的人而言，他在漫長人生中失去不少至親並不罕見。他父親在他年僅十一歲時過世，妻子在他六十三歲時過世。他有六個子女，四個比他早走：一個只活了一天，一個四歲時死於瘧疾，一個二十九歲生產時死於產褥熱，一個兒子三十八歲時自殺。

　　佛洛斯特八十五歲時被問到，他從漫長人生中學到什麼智慧。他答：「我可以總結我從人生學到的一切。人生持續。」

　　新長青要務同意佛洛斯特說的，但提供一個重大轉折。人生持續，只是現在持續更久，也為所有我們認識的人持續更久。這產生新挑戰，也創造新機會，我們有更多時間與所愛的人在一起，也有更多時間去尋找所愛的人。

謝辭

　　寫書是多麼孤獨的活動，而我有那麼多人要感謝，要特別謝謝他們協助完成這些篇章。有許多人願意撥出時間，從不同角度，對本書內容及早期草稿提出評語。我要對他們深致謝意，感謝他們在整個寫作期間，協助使文稿更為精實，並給予鼓勵與批評。在此深深感激 Daron Acemoglu、Laura Carstensen、Bobby Duffy、Peter Fisher、Noreena Hertz、Russ Hill、Mehmood Khan、Surya Kolluri、Richard Lloyd、Joseba Martinez、Jim Mellon、David Miles、Louise Newson、Robert Rowland Smith、Andrew Steele、Myra Strober、Tom Whipple。

　　寫書也許是獨立作業，但我發表學術著作一直是與人協作較多。我有幸與多位才華橫溢的人士合作，也從他們身上學到許多心得。本書時而引用那些合作發表的研究成果。我由衷感激 Daron Acemoglu、Julian Ashwin、John Ataguba、David Bloom、Martin Ellison、Lynda Gratton、Nicolaj Mühlbach、Jonathan Old、David Sinclair。

　　我要特別感謝 Dafina Grapci 及 Jim Mellon，過去幾年與我一起主持長壽論壇（Longevity Forum〔www.thelongevityforum.com〕），這論壇旨在針對本書討論的議題，提高民眾意識及促進論辯。我從他們二位學到許多，尤其對長壽的所有層面應廣泛思考，並保持開放態度，十分重要。

他倆的友誼、支持、鼓勵，對我深入挖掘這領域助益良多，我對此萬分感謝。讀者若對本書討論的主題感興趣，請務必注意論壇的網站，尤其是每年的長壽週（Longevity Week）活動及 podcast 內容。

另一位要感謝的合作對象是蘿拉・卡斯坦森（Laura Carstensen）教授，她在史丹佛大學長壽中心的人生新地圖計畫，是我的靈感來源之一。長壽成為獨立的知識，是尚在發展中的學門，但發現像蘿拉這樣的人，是美好的學術及個人經驗，她曾深入思考長壽主題，也願意誠實、開放地分享及論辯。那些論辯與她的鼓勵，還有我們次數不多的各種協作，我是樂在其中，也得以更深入這主題。

在 Basic Books 公司，我要感謝 Sarah Caro 及 Emily Taber。一開始是 Sarah 給我勇氣寫一本書，概述長壽既是社會趨勢也是個人要務的重要性。謝謝她耐心等候草稿出現，然後隨截稿日接近，提供寶貴的編輯建議。Emily 同樣提供重要的編輯指導，促進關鍵處的邏輯清楚，並盡可能把我的英式英文改成美式英文。以一本討論老年／老化的書，這不是普通的任務。也要誠摯感謝 Tony Allen-Mills，希望這一句的寫法能獲得他首肯，他讀過本書的每一行，提供很棒的編輯建議，讓我對寫作技巧及一生被畫紅線的創傷有新看法。還要謝謝 Martin Bryant 最後辛勤地閱讀書稿，使行文更流暢，對細節的專注也令人印象深刻。

感激不盡的還有 Laura Brent Walker，無論我做研究、主持長壽論壇、旅行行程、或寫作本書的時程，Laura 都處理得有條有理、充滿魅力，並抱著正面態度，也經常給我支持。但願有一天本書將蒙賜天恩。

在個人方面，我必須謝謝三個子女：Helena、Louis、Kit。是他們的存在促使我認真思考長壽，而聽聽他們對這主題的看法，以及對某些討論議題的反應，很愉快也很有教育性。我想，在本書的脈絡中，這可以做為跨世代協作的例子。

最要感謝的是我的美國家人：妻子 Diane、岳父岳母 Edward 與 Marie，謝謝他們的支持與愛護。我猜想 Diane 有時寧可我更孤獨地寫書，她就不必聽我鉅細靡遺地報告進度，甚至無進度。但她對本書還有許多其他領域，提供源源不絕的力量、洞見、鼓勵著實驚人。若缺少她，本書不會誕生。我只希望百歲人生能夠成真。

參考資料

第一章 | 新時代

1 Human Mortality Database, https://www.mortality.org/ [Accessed May 25, 2023]

2 "World Population Prospects 2022," United Nations, Department of Economic and Social Affairs, https://population.un.org/wpp/ [Accessed May 25, 2023]

3 American Academy of Actuaries and Society of Actuaries, Actuaries Longevity Illustrator, https://www.longevityillustrator.org/ [Accessed April 14, 2023]

4 Human Mortality Database, https://www.mortality.org/ [Accessed May 25, 2023]

5 J. Oeppen and J. W. Vaupel, "Broken Limits to Life Expectancy," *Science,* vol. 296, no. 5570, 2002, 1029–31, https://www.science.org/doi/10.1126/science.1069675

6 UN DESA, "World Population Prospects 2022," https://population.un.org/wpp/ [Accessed April 14, 2023]

7 WHO Coronavirus Dashboard, https://covid19.who.int [Accessed April 14, 2023]

8 See, inter alia, "The Pandemic's True Death Toll," *The Economist,* October 25, 2022, https://www.economist.com/graphic-detail/coronavirus-excess-deaths-estimates

9 J. M. Arbuto, et al., "Quantifying Impacts of the Covid-19 Pandemic Through Life Expectancy Losses: A Population Level Study of 29 Countries," *International Journal of Epidemiology,* vol. 51, no. 1, 2022, 63–74, https://doi.org/10.1093/ije/dyab207

10 Ryan K. Masters, et al., "Changes in Life Expectancy Between 2019 and 2021 in the United States and 21 Peer Countries," medRxiv, June 1, 2022, https://doi.org/10.1101/2022.04.05.22273393

11 Human Mortality Database, https://www.mortality.org/ [Accessed May 25, 2023]

12 Julian Ashwin and Andrew Scott, "International Trends in Senescent Mortality: Implications for Life Expectancy, Lifespan and Lifespan Equality," London Business School, Mimeo 2023.

13 "Life Expectancy in the U.S. Dropped for the Second Year in a Row in 2021," National Center for Health Statistics, August 31, 2022, https://www.cdc.gov/nchs/pressroom/nchs_press_releases/2022/20220831.htm

14 World Bank Open Data, https://data.worldbank.org/indicator/SH.XPD.GHED.PC.CD?view=chart [Accessed May 25, 2023]

15 Raj Chetty, et al., "The Association Between Income and Life Expectancy in the United States, 2001–14," *Journal of the American Medical Association,* vol. 315, no. 6, 2016, 1750–66, https://www.ncbi.nlm.nih.gov/pmc/articles/PMC4866586/

16 Anne Case and Angus Deaton, *Deaths of Despair and the Future of Capitalism,* Princeton, N.J.: Princeton University Press, 2020.

17 Human Mortality Database, https://www.mortality.org/ [Accessed May 25, 2023]

18 Jesus-Adrian Alvarez, et al., "Regularities in Human Mortality after Age 105," *PLoS ONE,* vol. 16, no. 7, July 2021, e0253940, https://doi.org/10.1371/journal.pone.0253940

19 The World's Billionaires, https://en.wikipedia.org/wiki/The_World%27s_Billionaires#:~:text=In%20the%2037th%20annual%20 Forbes,and%20%24500%20billion%20from%202022

20 Robert D. Young, "Validated Living Worldwide Supercentenarians 113+, Living and Recently Deceased: February 2022," *Rejuvenation Research,* vol. 25, no. 1, 2022, https://doi.org/10.1089/rej.2022.0011

21 Alfred, Lord Tennyson, "Homeric Hymn to Aphrodite.," l. 218.

22 GBD 2019 Dementia Forecasting Collaborators, "Estimation of the Global Prevalence of Dementia in 2019 and Forecasted Prevalence in 2050," *Lancet Public Health,* vol. 7, no. 2, 2022, e105–125, https://www.thelancet.com/journals/lanpub/article/PIIS2468-2667(21)00249-8/fulltext

23 Frank J. Wolters, et al., "Twenty-Seven-Year Time Trends in Dementia Incidence in Europe and the United States: The Alzheimer Cohorts Consortium," *Neurology,* vol. 95, no. 5, August 2020, e519–31, https://n.neurology.org/content/95/5/e519

24 同上

25 "Cancer Facts and Figures 2021," American Cancer Society, https://www.cancer.org/content/dam/cancer-org/research/cancer-facts-and-statistics/annual-cancer-facts-and-figures/2021/cancer-facts-and-figures-2021.pdf

26 "Obesity and Overweight," World Health Organization, https://www.who.int/news-room/fact-sheets/detail/obesity-and-overweight [Accessed May 25, 2023]

27 Andrew Scott, "The Long Good Life," *IMF Finance and Development,* March 2020, https://www.imf.org/Publications/fandd/issues/2020/03/the-future-of-aging-guide-for-policymakers-scott

28 D. E. Bloom, et al., "Valuing Productive Non-market Activities of Older Adults in Europe and the US," *De Economist,* vol. 168, no. 2, 2020, 153–81.

29 David G. Blanchflower, "Is Happiness U-shaped Everywhere? Age and Subjective Well-being in 145 Countries," *Journal of Population Economics,* vol. 34, no. 2, April 2021, 575–624, https://doi.org/10.1007/s00148-020-00797-z

第二章 | 我們如何變老

1 "Ageing and Health," World Health Organization, https://www.who.int/news-room/fact-sheets/detail/ageing-and-health [Accessed May 25, 2023]

2 T. S. Eliot, "Whispers of Immortality," in *Collected Poems: 1909–1962,* London: Faber & Faber, 2020.

3 Reuben Ng and Ting Yu Joanne Chow, "Aging Narratives over 210 Years (1810–2020)," *Journals of Gerontology* Series B, vol. 76, no. 9, 2021, 1799–1807, https://pubmed.ncbi.nlm.nih.gov/33300996/

4   Elizabeth Arias, et al., "United States Life Tables Eliminating Certain Causes of Death, 1999–2001," *National Vital Statistics Report,* vol. 61, no. 9, May 2013, https://www.cdc.gov/nchs/data/nvsr/nvsr61/nvsr61_09.pdf

5   "Elon Musk Says Humans Trying to Live Longer Would Stop Society from Advancing," *Independent,* March 27, 2022, https://www.independent.co.uk/news/world/americas/human-life-expectancyelon-musk-b2044971.html

6   Michel de Montaigne, "On the Length of Life," in *The Complete Essays* (trans. Michael Screech), Book 1, Chapter 57, Harmondsworth: Penguin, 1991, p. 366; P. B. Medawar, *An Unsolved Problem in Biology,* London: Lewis, 1951, p. 13.

7   J. F. Kennedy, "Special Message to the Congress on the Needs of the Nation's Senior Citizens," February 21, 1963, American Presidency Project, https://www.presidency.ucsb.edu/documents/special-message-the-congress-the-needs-the-nations-senior-citizens

8   天空、海洋、國旗、美金、老婆、機器、家庭、地球、大學、奶油

9   Robert S. Wilson, et al., "Cognitive Activity and Onset Age of Incident Alzheimer Disease Dementia," *Neurology,* vol. 97, no. 9, August 2021, e922–9, https://doi.org/10.1212/WNL.0000000000012388

10 Kenneth Rockwood and Arnold Mitnitski, "Frailty in Relation to the Accumulation of Deficits," *Journals of Gerontology,* Series A, vol. 62, no. 7, 2007, 722–7, https://doi.org/10.1093/gerona/62.7.722

11 Arnold Mitnitski, et al., "Relative Fitness and Frailty of Elderly Men and Women in Developed Countries and Their Relationship with Mortality," *Journal of the American Geriatrics Society,* vol. 53, no. 12, 2005, 2184–9, https://doi.org/10.1111/j.1532-5415.2005.00506.x

12 Ana Lucia Abeliansky and Holger Strulik, "How We Fall Apart: Similarities of Human Aging in 10 European Countries," *Demography,* vol. 55, no. 1, February 2018, 341–59, https://doi.org/10.1007/s13524-017-0641-8

13 For the United States see Morgan E. Levine and Eileen M. Crimmins, "Is 60 the New 50? Examining Changes in Biological Age over the Past Two Decades," *Demography,* vol. 55, no. 2, April 2018, 387–402, https://doi.org/10.1007/s13524-017-0644-5 and Ana Lucia Abeliansky and Holger Strulik, "How We Fall Apart: Similarities of Human Aging in 10 European Countries," *Demography,* vol. 55, no. 1, February 2018, 341–59, https://doi.org/10.1007/s13524-017-0641-8; and for England, Jonathan Old and Andrew Scott, "Healthy Ageing Trends in England between 2002 to 2018: Improving but Slowing and Unequal," *Journal of the Economics of Ageing,* vol. 26, no. 1, 2023, https://doi.org/10.1016/j.jeoa.2023.100470

14 David Boyd Haycock, *Mortal Coil: A Short History of Living Longer,* New Haven, C.T. and London: Yale University Press, 2008.

15 Jillian D'Onfro, "Why Elon Musk Doesn't Want to Live Forever," *Business Insider,* October 7, 2015, https://www.businessinsider.com/why-elon-musk-doesnt-want-to-live-forever-2015-10

16 Céline Ben Hassen, et al., "Association between Age at Onset of Multimorbidity and Incidence of Dementia: 30 Year Follow-up in Whitehall II Prospective Cohort Study," *BMJ,* February 2, 2022, e068005, https://doi.org/10.1136/bmj-2021-068005

17 Jonathan Old and Andrew Scott, "Healthy Ageing Trends in England Between 2002 to 2018: Improving but Slowing and Unequal," *Journal of the Economics of Ageing,* vol. 26, no. 1, 2023, https://doi.org/10.1016/j.jeoa.2023.100470

18 Saul Justin Newman, "Supercentenarian and Remarkable Age Records Exhibit Patterns Indicative of Clerical Errors and Pension Fraud," bioRxiv, May 3, 2020, https://doi.org/10.1101/704080

19 "Obesity Is a Common, Serious, and Costly Disease," Center for Disease Control and Prevention, July 20, 2022, https://www.cdc.gov/obesity/data/adult.html

20 C. M. McCay, et al., "The Effect of Retarded Growth upon the Length of Life Span and upon the Ultimate Body Size, 1935," *Nutrition,* vol. 5, no. 3, 1989, 155–71; discussion 172.

21 Fedor Galkin, et al., "Psychological Factors Substantially Contribute to Biological Aging: Evidence from the Aging Rate in Chinese Older Adults," *Aging,* vol. 14, no. 18, September 2022, 7206–22, https://doi.org/10.18632/aging.204264

22 Solja T. Nyberg, et al., "Association of Healthy Lifestyle with Years Lived without Major Chronic Diseases," *JAMA Internal Medicine,* vol. 180, no. 5, May 2020, 760, https://doi.org/10.1001/jamainternmed.2020.0618

第三章 | 好好變老，一切都好

1 "How Many Excess Deaths in England Are Associated with A&E Delays?," *The Economist,* January 11, 2023, https://www.economist.com/britain/2023/01/11/how-many-excess-deaths-in-england-areassociated-with-a-and-e-delays

2 Andrew J. Scott, M. Ellison, and D. A. Sinclair, "The Economic Value of Targeting Aging," *Nature Aging,* vol. 1, no. 7, July 2021, 616–23, https://doi.org/10.1038/s43587-021-00080-0

3 Simone de Beauvoir, *Old Age,* London: Andre Deutsch/New York: Weidenfeld & Nicolson, 1972.

4 J. Graham Ruby, et al., "Naked Mole-Rat Mortality Rates Defy Gompertzian Laws by Not Increasing with Age," *ELife,* vol. 7, January 2018, e31157, https://doi.org/10.7554/eLife.31157

5 Yael H. Edrey, et al., "Successful Aging and Sustained Good Health in the Naked Mole Rat: A Long-lived Mammalian Model for Biogerontology and Biomedical Research," *ILAR Journal,* vol. 52, no.1, 2011, 41–53, https://doi.org/10.1093/ilar.52.1.41

6 Lorna Hughes, "Mum Aged 98 Moves into Care Home to Look after Her 80-Year-Old Son," *Liverpool Echo,* October 29, 2017, http://www.liverpoolecho.co.uk/news/liverpool-news/mum-aged-98-moves-care-13825533

7 Ralf Schaible, et al., "Constant Mortality and Fertility over Age in Hydra," *Proceedings of the National Academy of Sciences,* vol. 112, no. 51, December 2015, 15701–6, https://doi.org/10.1073/pnas.1521002112

8 Neil Ferguson, et al., "Impact of Non-pharmaceutical Interventions (NPIs) to Reduce COVID-19 Mortality and Healthcare Demand," 2020, https://www.imperial.ac.uk/media/imperial-college/medicine/sph/ide/gida-fellowships/Imperial-College-COVID19-NPImodelling-16-03-2020.pdf

9 Barthélémy Bonadio, et al., *Global Supply Chains in the Pandemic,* National Bureau of Economic

Research, Working Paper 27224, May 2020, https://doi.org/10.3386/w27224

10 "Healthcare Expenditure, UK Health Accounts Provisional Estimates," Office for National Statistics, https://www.ons.gov.uk/peoplepopulationandcommunity/healthandsocialcare/healthcaresystem/bulletins/healthcareexpenditureukhealthaccountsprovisionalestimates/ 2021 [Accessed May 25, 2023]

11 John Appleby, et al., "NICE's Cost Effectiveness Threshold," *BMJ* Clinical Research Edition, vol. 335, no. 7616, 2007, 358–9, https://doi.org/10.1136/bmj.39308.560069.BE

12 Phoebe Weston, "NHS to Use World's Most Expensive Drug to Treat Spinal Muscular Atrophy," *Guardian,* March 8, 2021, https://www.theguardian.com/society/2021/mar/08/nhs-useworlds-most-expensive-drug-treat-spinal-muscular-atrophyzolgensma

13 W. Kip Viscusi, Pricing Lives: *Guideposts for a Safer Society, Princeton,* N.J.: Princeton University Press, 2018.

14 "U.S. Value of Statistical Life (VSL), 2013–22," United States Department of Agriculture.

15 Michael Greenstone and Visham Nigam, "Does Social Distancing Matter?," Becker Friedman Institute, University of Chicago, https://bfi.uchicago.edu/working-paper/2020-26/

16 Kevin M. Murphy and Robert H. Topel, "The Value of Health and Longevity," *Journal of Political Economy,* vol. 114, no. 5, October 2006, 871–904, https://doi.org/10.1086/508033

17 對美國的統計見 Andrew J. Scott, M. Ellison and D. A. Sinclair, "The Economic Value of Targeting Aging," *Nature Aging,* vol. 1, no. 7, July 2021, 616–23, https://doi.org/10.1038/s43587-021-00080-0。對國際的估算請見 Andrew J. Scott, et al., "International Gains to Achieving Healthy Longevity," *Cold Spring Harbor Perspectives in Medicine,* vol. 13, no. 2, February 2023, a041202, https://doi.org/10.1101/cshperspect.a041202

18 R. E. Hall and C. I. Jones, "The Value of Life and the Rise in Health Spending," *Quarterly Journal of Economics,* vol. 122, no. 1, February 2007, 39–72, https://doi.org/10.1162/qjec.122.1.39

第四章 │ 健康革命

1 Donald A. Henderson, *Smallpox: The Death of a Disease: The inside Story of Eradicating a Worldwide Killer,* New York: Prometheus Books, 2009.

2 "Death Registration Summary Statistics England and Wales: 2022," Office for National Statistics, https://www.ons.gov.uk/peoplepopulationandcommunity/birthsdeathsandmarriages/deaths/articles/deathregistrationsummarystatisticsenglandandwales/2022 [Accessed May 25, 2023]

3 "What Do We Know about Spending Related to Public Health in the U.S. and Comparable Countries?," Peterson-KFF Health System Tracker, https://www.healthsystemtracker.org/chart-collection/whatdo-we-know-about-spending-related-to-public-health-in-the-u-sand-comparable-countries/

4 "Health Care Expenditures," Centers for Disease Control and Prevention, August 8, 2022, https://www.cdc.gov/nchs/hus/topics/health-care-expenditures.htm [Accessed May 25, 2023]

5 Carlyn M. Hood, et al., "County Health Rankings: Relationships Between Determinant Factors and Health Outcomes," *American Journal of Preventive Medicine,* vol. 50, no. 2, 2016, 129–35, https://doi.org/10.1016/j.amepre.2015.08.024

6 David U. Himmelstein and Steffie Woolhandler, "Public Health's Falling Share of US Health Spending," *American Journal of Public Health,* vol. 106, no. 1, 2016, 56–7, https://doi.org/10.2105/AJPH.2015.302908

7 Prabhat Jha, et al., "21st-Century Hazards of Smoking and Benefits of Cessation in the United States," *New England Journal of Medicine,* vol. 368, no. 4, 2013, 341–50, https://doi.org/10.1056/NEJMsa1211128; H. Brønnum-Hansen and K. Juel, "Abstention from Smoking Extends Life and Compresses Morbidity: A Population Based Study of Health Expectancy Among Smokers and Never Smokers in Denmark," *Tobacco Control,* vol. 10, no. 3, 2001, 273–8, https://doi.org/10.1136/tc.10.3.273

8 Prabhat Jha, "Avoidable Global Cancer Deaths and Total Deaths from Smoking," *Nature Reviews Cancer,* vol. 9, no. 9, 2009, 655–64, https://doi.org/10.1038/nrc2703

9 "Death Rate from Smoking, 1990 to 2019," Our World in Data, https://ourworldindata.org/grapher/death-rate-smoking?country=FRA-CAF-USA

10 Hannah Ritchie and Max Roser, "Smoking," Our World in Data, May 2013, https://ourworldindata.org/smoking [Accessed May 25, 2023]

11 Jos Lelieveld, et al., "Loss of Life Expectancy from Air Pollution Compared to Other Risk Factors: A Worldwide Perspective," *Cardiovascular Research,* vol. 116, no. 11, 2020, 1910–17, https://doi.org/10.1093/cvr/cvaa025; "Air Pollution: Cognitive Decline and Dementia," UK Health Security Agency, July 25, 2022, https://www.gov.uk/government/publications/air-pollution-cognitive-declineand-dementia [Accessed May 25, 2023]

12 Noreena Hertz, *The Lonely Century: How Isolation Imperils Our Future,* London: Sceptre, 2020.

13 Prospective Studies Collaboration, et al., "Body-mass Index and Cause-specific Mortality in 900,000 Adults: Collaborative Analyses of 57 Prospective Studies," *Lancet,* vol. 373, no. 9669, 2009, 1083–96, https://doi.org/10.1016/S0140-6736(09)60318-4

14 "Submission to the Marmot Review: Overall Costs of Health Inequalities," Frontier Economics, February 2010, https://www.instituteofhealthequity.org/file-manager/FSHLrelateddocs/overallcosts-fshl.pdf

15 Danny Sullivan, "Sir John Bell: 'No Health System in the World is Currently Sustainable,'" Longevity.Technology, November 2022, https://longevity.technology/news/sir-john-bell-no-health-system-in-the-world-is-currently-sustainable/

16 "5 Things You Need to Know About the Battle of the Somme," Imperial War Museum, https://www.iwm.org.uk/history/5-things-you-need-toknow-about-the-battle-of-the-somme [Accessed October 25, 2023]

17 "Living Longer: Caring in Later Working Life," Office for National Statistics, March 15, 2019, https://www.ons.gov.uk/peoplepopulationandcommunity/birthsdeathsandmarriages/ageing/articles/livinglongerhowourpopulationischangingandwhyitmatters/2019-03-15 [Accessed May 25, 2023]

18 *The Long Term Conditions Year of Care Commissioning Programme Implementation Handbook,* Department of Health, HMSO, 2017, https://www.england.nhs.uk/publication/the-long-term-conditionsyear-of-care-commissioning-programme-implementation-handbook/

19 Apoorva Rama, "National Health Expenditures, 2020: Spending Accelerates Due to Spike in Federal Government Expenditures Related to the COVID-19 Pandemic," American Medical Association,

2022, https://www.ama-assn.org/system/files/prp-annual-spending-2020.pdf

20 "What Do We Know About Spending Related to Public Health in the U.S. and Comparable Countries?," Peterson-KFF Health System Tracker, https://www.healthsystemtracker.org/chart-collection/whatdo-we-know-about-spending-related-to-public-health-in-the-u-sand-comparable-countries/

21 Dr. Louise Newson, *Preparing for the Perimenopause and the Menopause,* London: Penguin Life, 2021.

22 Rossella E. Nappi, et al., "Menopause: A Cardiometabolic Transition," *Lancet, Diabetes & Endocrinology,* vol. 10, no. 6, 2022, 442–56, https://doi.org/10.1016/S2213-8587(22)00076-6

23 "Speech by Mr Ong Ye Kung, Minister for Health, at the Ministry of Health Committee of Supply Debate 2022," March 9, 2022, Ministry of Health, Singapore, https://www.moh.gov.sg/news-highlights/details/speech-by-mr-ong-ye-kung-minister-for-health-at-theministry-of-health-committee-of-supply-debate-2022

24 Carlos López-Otín, et al., "The Hallmarks of Aging," *Cell,* vol. 153, no. 6, 2013, 1194–217, https://doi.org/10.1016/j.cell.2013.05.039; a further three hallmarks were added in Carlos López-Otín, et al., "Hallmarks of Aging: An Expanding Universe," *Cell,* vol. 186, no. 2, January 2023, 243–78, https://doi.org/10.1016/j.cell.2022.11.001

25 See David A. Sinclair and Matthew D. LaPlante, *Lifespan: Why We Age and Why We Don't Have To,* New York: Atria Books, 2019; Andrew Steele, *Ageless: The New Science of Getting Older Without Getting Old,* New York: Doubleday, 2020; and Nir Barzilai and Toni Robino, *Age Later: Health Span, Life Span, and the New Science of Longevity,* New York: St. Martin's Press, 2020.

26 Kazutoshi Takahashi and Shinya Yamanaka, "Induction of Pluripotent Stem Cells from Mouse Embryonic and Adult Fibroblast Cultures by Defined Factors," *Cell,* vol. 126, no. 4, 2006, 663–76, https://doi.org/10.1016/j.cell.2006.07.024

27 C. Kenyon, et al., "A C. *elegans* Mutant that Lives Twice as Long as Wild Type," *Nature,* vol. 366, no. 6454, 1993, 461–4, https://doi.org/10.1038/366461a0

28 Tad Friend, "Silicon Valley's Quest to Live Forever," *New Yorker,* March 27, 2017, https://www.newyorker.com/magazine/2017/04/03/silicon-valleys-quest-to-live-forever

29 David A. Sinclair and Matthew D. LaPlante, *Lifespan: Why We Age – and Why We Don't Have To,* New York: Atria Books 2019.

30 David Appell, "Methuselah Man," *MIT Technology Review,* April 9, 2004, https://www.technologyreview.com/2004/04/09/233020/methuselah-man/

31 Steve Horvath, "DNA Methylation Age of Human Tissues and Cell Types," *Genome Biology,* vol. 14, no. 10, 2013, R115, https://doi.org/10.1186/gb-2013-14-10-r115

32 Ingrid Torjesen, "Drug Development: The Journey of a Medicine from Lab to Shelf," *Pharmaceutical Journal,* May 12, 2015, https://pharmaceutical-journal.com/article/feature/drug-development-the-journey-of-a-medicine-from-lab-to-shelf

33 Oliver J. Wouters, et al., "Estimated Research and Development Investment Needed to Bring a New Medicine to Market, 2009–2018," *JAMA,* vol. 323, no. 9, 2020, 844–53, https://doi.org/10.1001/jama.2020.1166

34 Ameya S. Kulkarni, et al., "Benefits of Metformin in Attenuating the Hallmarks of Aging," *Cell Metabolism,* vol. 32, no. 1, 2020, 15–30, https://doi.org/10.1016/j.cmet.2020.04.001

35 Kiran Rabheru, et al., "How 'Old Age' Was Withdrawn as a Diagnosis from ICD-11," *Lancet, Healthy Longevity,* vol. 3, no. 7, 2022, e457–e459, https://doi.org/10.1016/S2666-7568(22)00102-7

36 Quoted in Sarah Sloat, "The Debate Over Whether Aging is a Disease Rages On," *MIT Technology Review,* October 19, 2022, https://www.technologyreview.com/2022/10/19/1061070/ is-old-age-a-disease/#:~:text=Sinclair%20is%20also%20concerned%20about,in%20itself%2C%20he%20says

37 Nir Barzilai, et al., "Metformin as a Tool to Target Aging," *Cell Metabolism,* vol. 23, no. 6, 2016, 1060–5, https://doi.org/10.1016/j.cmet.2016.05.011

38 Bruce A. Carnes and S. Jay Olshansky, *The Quest for Immortality: Science at the Frontiers of Aging,* New York: W. W. Norton, 2002, p. 13.

39 Jae-Hyun Yang, et al.,"Loss of Epigenetic Information as a Cause of Mammalian Aging," *Cell,* vol. 186, no. 2, 2023, 305–26.e27, https://doi.org/10.1016/j.cell.2022.12.027

40 Quoted in Marissa Taylor, "A 'Fountain of Youth' Pill? Sure, if You're a Mouse," KFF Health News, February 11, 2019, https://kffhealthnews.org/news/a-fountain-of-youth-pill-sure-if-youre-amouse/#:~:text="None%20of%20this%20is%20ready,Institute%20on%20Aging%20at%20NIH

41 Sam Shead, "Silicon Valley's Quest to Live Forever Could Benefit Humanity as a Whole—Here's Why," CNBC, September 21, 2021, https://www.cnbc.com/2021/09/21/silicon-valleys-quest-to-liveforever-could-benefit-the-rest-of-us.html

42 Nic Fleming, "Scientists Up Stakes in Bet on Whether Humans Will Live to 150," *Nature,* October 2016, www.nature.com, https://doi.org/10.1038/nature.2016.20818

第五章 | 把握經濟紅利

1 "'I'm Going to Work Until I Die': The New Reality of Old Age in America," *Denver Post,* September 30, 2017, https://www.denverpost.com/2017/09/29/retirement-age-rising/

2 "Labor Force Statistics from the Current Population Survey," U.S. Bureau of Labor Statistics, https:// www.bls.gov/cps/cpsaat03.htm [Accessed May 25, 2023]

3 "Pensions at a Glance 2021: OECD and G20 Indicators," OECD, 2021, https://www.oecd.org/ publications/oecd-pensions-at-aglance-19991363.htm

4 Gila Bronshtein, et al., "The Power of Working Longer," *Journal of Pension Economics and Finance,* vol. 18, no. 4, October 2019, 623–44, https://doi.org/10.1017/S1474747219000088

5 Samuel Beckett, *The Unnamable,* New York: Grove Press, 1978.

6 David E. Bloom, et al., "Valuing Productive Non-market Activities of Older Adults in Europe and the US," *De Economist,* vol. 168, no. 2, June 2020, 153–81, https://doi.org/10.1007/s10645-020-09362-1

7 "Working Later in Life Can Pay Off in More than Just Income," *Harvard Health,* June 1, 2018, https:// www.health.harvard.edu/staying-healthy/working-later-in-life-can-pay-off-in-more-than-just-income

8 Lisa F. Berkman and Beth Truesdale (eds.), *Overtime: America's Aging Workforce and the Future of*

Working Longer, New York: Oxford University Press, 2022.

9 Andrew Scott, "The Long Good Life," IMF Finance and Development, March 2020, https://www.imf.org/Publications/fandd/issues/2020/03 the-future-of-aging-guide-for-policymakers-scott

10 Marc Freedman, *How to Live Forever: The Enduring Power of Connecting the Generations,* New York: PublicAffairs, 2018.

11 Katalin Bodnár and Carolin Nerlich, *The Macroeconomic and Fiscal Impact of Population Ageing,* Frankfurt: European Central Bank, 2022.

12 Charles A. E. Goodhart and Manoj Pradhan, *The Great Demographic Reversal: Ageing Societies, Waning Inequality, and an Inflation Revival,* London: Palgrave Macmillan, 2020.

13 通貨膨脹調整指的是實際利率，定義為實際利率減去預期通膨。如果利率為 5%，通膨為 1%，那麼實際利率為 4%。這個邏輯是，如果你投資 100 美元，一年後你將會得到 105 美元。如果通膨是 1%，那麼一年前 100 美元的東西現在要價 101 美元。因此你的實際回報是 4 美元或 4%。與一年前相比，你買過去價值 100 美元的物品，還能剩下 4 美元。

14 Andrew Bailey, "The Economic Landscape: Structural Change, Global R* and the Missing-Investment Puzzle," speech at the Official Monetary and Financial Institutions Forum, July 12, 2022 [Accessed May 25, 2023], https://www.bankofengland.co.uk/speech/2022/july/andrew-bailey-speech-at-omfif-the-economic-landscape

15 Richard Johnson, et al., "How Secure is Employment at Older Ages?," Urban Institute Research Report, 2018, https://www.urban.org/sites/default/files/publication/99570/how_secure_is_employment_at_older_ages_2.pdf

16 Lisa Berkman and Beth. C. Truesdale (eds.), *Overtime: America's Aging Workforce and the Future of Working Longer,* New York: Oxford University Press, 2022.

17 Andrew J. Scott and Lynda Gratton, *The New Long Life: A Framework for Flourishing in a Changing World,* London: Bloomsbury, 2021.

18 Dora L. Costa, *The Evolution of Retirement: An American Economic History, 1880–1990,* Chicago: University of Chicago Press, 1998.

19 Lynda Gratton and Andrew Scott, *The 100-Year Life: Living and Working in an Age of Longevity,* London: Bloomsbury Business, 2016.

20 David E. Bloom, et al., "Optimal Retirement with Increasing Longevity," *Scandinavian Journal of Economics,* vol. 116, no. 3, 2014, 838–58, http://www.jstor.org/stable/43673663 [Accessed May 25, 2023]

21 Michaël Boissonneault and Paola Rios, "Changes in Healthy and Unhealthy Working-Life Expectancy over the Period 2002–17: A Population-based Study in People Aged 51–65 Years in 14 OECD Countries," *Lancet, Healthy Longevity,* vol. 2, no. 10, 2021, e629–e638. https://doi.org/10.1016/S2666-7568(21)00202-6

22 "Chart Book: Social Security Disability Insurance," Center on Budget and Policy Priorities, https://www.cbpp.org/research/social-security/social-security-disability-insurance-0 [Accessed May 25, 2023]

23 事情沒那麼簡單。收入增加會增加對休閒的需求，但也會產生相反的效應（經濟學家稱之為替代效應〔substitution effect〕）：你得到的報酬越多，放棄工作的成本就越高。因此，收入增加對休閒需求有兩種相互對立的影響，只有在純收入效應大於替代效應時，收入增加才代表整體閒暇時間增加。

24 本節大量參考 Daron Acemoglu, Nicolaj Mühlbach, and Andrew J. Scott, "The Rise of Age-friendly Jobs," *Journal of the Economics of Ageing,* vol. 23, October 2022, 100416, https://doi.org/10.1016/j.jeoa.2022.100416

25 John Ameriks, et al., "Older Americans Would Work Longer if Jobs Were Flexible," *American Economic Journal: Macroeconomics,* vol. 12, no. 1, January 2020, 174–209, https://doi.org/10.1257/mac.20170403; Peter Hudomiet, et al., "The Effects of Job Characteristics on Retirement," RAND Corporation, 2019, https://doi.org/10.7249/WR1321; Nicole Maestas, et al., "The Value of Working Conditions in the United States and Implications for the Structure of Wages," National Bureau of Economic Research, October 2018, https://doi.org/10.3386/w25204

26 Nicole Maestas, et al., "The Value of Working Conditions in the United States and Implications for the Structure of Wages," National Bureau of Economic Research, October 2018, https://doi.org/10.3386/w25204

27 Daron Acemoglu, Nicolaj Mühlbach, and Andrew J. Scott, "The Rise of Age-friendly Jobs," *Journal of the Economics of Ageing,* vol. 23, October 2022, 100416, https://doi.org/10.1016/j.jeoa.2022.10146

28 Claudia Dale Goldin, *Career and Family: Women's Century-long Journey Toward Equity,* Princeton, N.J.: Princeton University Press, 2021.

29 Daron Acemoglu, Nicolaj Mühlbach, and Andrew J. Scott, "The Rise of Age-friendly Jobs," *Journal of the Economics of Ageing,* vol. 23, October 2022, 100416, https://doi.org/10.1016/j.jeoa.2022.10146

30 Daron Acemoglu and Pascual Restrepo, "Demographics and Automation," *Review of Economic Studies,* vol. 89, no. 1, January 2022, 1–44, https://doi.org/10.1093/restud/rdab031

31 Andrew J. Scott and Lynda Gratton, *The New Long Life: A Framework for Flourishing in a Changing World,* London: Bloomsbury, 2021.

32 Carlo Pizzinelli, et al., "Why Jobs are Plentiful While Workers are Scarce," International Monetary Fund, January 19, 2022, https://blogs.imf.org/2022/01/19/why-jobs-are-plentiful-while-workers-arescarce/ [Accessed 25 May 2023]

33 S. G. Allen, "Demand for Older Workers: What Do We Know? What Do We Need to Learn?," *Journal of the Economics of Ageing,* vol. 24, February 2023, 100414, https://doi.org/10.1016/j.jeoa.2022.100414

34 Julian Birkinshaw, et al., "Older and Wiser? How Management Style Varies with Age," *MIT Sloan Management Review,* May 28, 2019, https://sloanreview.mit.edu/article/older-and-wiser-how-management-style-varies-with-age/

35 M. Packalen and J. Bhattacharya, "Age and the Trying Out of New Ideas," *Journal of Human Capital,* vol. 13, no. 2, Summer 2019, 341–73, https://doi.org/10.1086/703160

36 Charles I. Jones, "The Past and Future of Economic Growth: A Semi-endogenous Perspective," *Annual Review of Economics,* vol. 14, no. 1, August 2022, 125–52, https://doi.org/10.1146/annurev-economics-080521-012458

37 Benjamin F. Jones, "Age and Great Invention," *Review of Economics and Statistics,* vol. 92, no. 1, February 2010, 1–14, https://doi.org/10.1162/rest.2009.11724

38 Paul Millerd, "The Boomer Blockade: How One Generation Reshaped the Workforce and Left Everyone Behind," Boundless, https://think-boundless.com/the-boomer-blockade/#:~:text=So%20did%20the%20trend%20of%20younger%20company%20leaders%20continue%3F

39 Ben Lindbergh, "The Golden Age of the Aging Actor," *The Ringer,* June 27, 2022, https://www.theringer.com/movies/2022/6/27/23181232/old-actors-aging-tom-cruise-top-gunmaverick

第六章 | 金錢與人生

1 "Monthly Statistical Snapshot, April 2023," Social Security Administration, https://www.ssa.gov/policy/docs/quickfacts/stat_snapshot/ [Accessed May 25, 2023]

2 "Retirement and Investments" in "Economic Well-Being of U.S. Households in 2021," Board of Governors of the Federal Reserve System, https://www.federalreserve.gov/publications/2022-economic-well-being-of-us-households-in-2021-retirement.htm [Accessed May 25, 2023]

3 "Analysis of Future Pension Incomes," Department for Work and Pensions, March 3, 2023, https://www.gov.uk/government/statistics/analysis-of-future-pension-incomes/ [Accessed May 25, 2023]

4 "Solving the Global Pension Crisis," World Economic Forum, December 16, 2019, https://www.weforum.org/impact/solving-the-global-pension-crisis/

5 Luna Classic, https://www.coindesk.com/price/luna-classic/ [Accessed May 25, 2023]

6 Coinbase, https://www.coinbase.com/price/terra-luna#:~:text=The%20current%20price%20is%20%240.000084,circulating%20supply%20is%205%2C856%2C960%2C665%2C876.197%20LUNA [Accessed June 2, 2023]

7 引用自 1987 年的一堂課，David L. Goodstein, "Richard P. Feynman, Teacher," *Physics Today,* vol. 42, no. 2, February 1989, pp. 70–5, p. 73, republished in Richard P. Feynman, *Six Easy Pieces,* New York: Basic Books, 1995.

8 "We'll Live to 100—How Can We Afford It?," World Economic Forum, May 26, 2017, https://www.weforum.org/whitepapers/we-ll-live-to-100-how-can-we-afford-it/

9 "Whole of Government Accounts, 2019–20," HM Treasury, https://www.gov.uk/government/publications/whole-of-governmentaccounts-2019-20 [Accessed May 25, 2023]

10 "CalPERS Announces Preliminary Net Investment Return of -6.1% for the 2021–22 Fiscal Year," CalPERS, https://www.calpers.ca.gov/page/newsroom/calpers-news/2022/calpers-preliminary-investmentreturn-2021-22 [Accessed May 25, 2023]

11 Anthony Randazzo, "Unfunded Liabilities for State Pension Plans in 2022," Equable, September 14, 2022, https://equable.org/unfunded-liabilities-for-state-pension-plans-2022/

12 "Social Protection for Older Women and Men: Pensions and Other Non-health Benefits," International Labour Organization, 2021, https://www.ilo.org/global/research/global-reports/world-socialsecurity-report/2020-22/WCMS_821426/lang--en/index.htm [Accessed October 25, 2023]

13 "How to Fix the Gender Pension Gap," World Economic Forum, September 27, 2021, https://www.weforum.org/agenda/2021/09/how-to-fix-the-gender-pension-gap/

14 Travis Mitchell, "4. Retirement, Social Security and Long-term Care," Pew Research Center's

Social & Demographic Trends Project, March 21, 2019, https://www.pewresearch.org/social-trends/2019/03/21/retirement-social-security-and-long-term-care/

15 "Occupational Outlook," U.S. Bureau of Labor Statistics, https://www.bls.gov/ooh/business-and-financial/personal-financial-advisors.htm [Accessed May 25, 2023]

16 "Global Pension Statistics," OECD, https://www.oecd.org/finance/private-pensions/globalpensionstatistics.htm [Accessed May 25, 2023]

17 Olivia S. Mitchell and Annamaria Lusardi, "Financial Literacy and Economic Outcomes: Evidence and Policy Implications," *Journal of Retirement,* vol. 3, no. 1, June 2015, 107–14, https://doi.org/10.3905/jor.2015.3.1.107

18 "Survey of Consumer Finances (SCF)," Board of Governors of the Federal Reserve System, https://www.federalreserve.gov/econres/scfindex.htm [Accessed May 25, 2023]

19 "Life Expectancy Comparison in 2021," SOA Research Institute, https://www.soa.org/globalassets/assets/files/resources/researchreport/2019/life-expectancy.pdf [Accessed May 25, 2023]

20 "Financial Literacy, Longevity Literacy, and Retirement Readiness," TIAA Institute, January 12, 2023, https://www.tiaa.org/public/institute/publication/2023/financial_literacy_longevity_literacy_and_retirement_readiness

21 "Distribution of Household Wealth in the U.S. since 1989," Board of Governors of the Federal Reserve System, https://www.federalreserve.gov/releases/z1/dataviz/dfa/distribute/table/#quarter:131;series:Net%20worth;demographic:generation;population:all;units:shares [Accessed May 25, 2023]

22 "Insurance Industry at a Glance," Insurance Information Institute, https://www.iii.org/publications/insurance-handbook/introduction/insurance-industry-at-a-glance

23 "Actuaries Longevity Illustrator," http://www.longevityillustrator.org/ [Accessed May 25, 2023]

24 Atul Gawande, *Being Mortal: Illness, Medicine and What Matters in the End,* London: Profile, 2015.

25 Moshe Arye Milevsky, *King William's Tontine: Why the Retirement Annuity of the Future Should Resemble Its Past,* Cambridge: Cambridge University Press, 2015; Moshe Arye Milevsky, *Longevity Insurance for a Biological Age: Why Your Retirement Plan Shouldn't Be Based on the Number of Times You Circled the Sun,* privately published 2019; Kent McKeever, "A Short History of Tontines," *Fordham Corporate and Financial Law Review,* vol. 15, 2010, 491–521.

26 David R. Weir, "Tontines, Public Finance, and Revolution in France and England, 1688–1789," *Journal of Economic History,* vol. 49, no. 1, 1989, 95–124, http://www.jstor.org/stable/2121419

27 "US: Average Annual Costs of Long-term Care Services 2021," Statista, https://www.statista.com/statistics/310446/annual-medianrate-of-long-term-care-services-in-the-us/ [Accessed May 25, 2023]

28 "Global Longevity Economy Outlook," AARP, https://www.aarp.org/content/dam/aarp/research/surveys_statistics/econ/2022/global-longevity-economy-report.doi.10.26419-2Fint.00052.001.pdf [Accessed May 25, 2023]

29 "Maximising the Longevity Dividend," International Longevity Centre UK, December 5, 2019, https://ilcuk.org.uk/maximisingthe-longevity-dividend/

30 Chris Weller, "9 Signs Japan Has Become a 'Demographic Time Bomb,'" *Business Insider,* January 5, 2018, https://www.businessinsider.com/signs-japan-demographic-time-bomb-2017-3

第七章 | 人生的意義

1 "One in Seven Britons Expect to Live to Be 100 Years Old, Down by a Third Since 2019," IPSOS Mori, November 14, 2022, https://www.ipsos.com/en-uk/one-seven-britons-expect-livebe-100-years-old-down-third-2019

2 Jorge Luis Borges, "The Immortals," in *The Aleph and Other Stories* (trans. Andrew Hurley), London: Penguin Classics, 2000.

3 Simone de Beauvoir, *Old Age* (trans. Patrick O'Brian), London: André Deutsch, 1972, p. 541.

4 Becca R. Levy, et al., "Longevity Increased by Positive Selfperceptions of Aging," *Journal of Personality and Social Psychology,* vol. 83, no. 2, 2002, 261–70, https://doi.org/10.1037/0022-3514.83.2.261

5 Johann Peter Eckermann (ed.), *Conversations of Goethe,* New York: Da Capo Press, 1998.

6 Stephen Cave, *Immortality: The Quest to Live Forever and How it Drives Civilization,* New York: Crown, 2012.

7 Bertrand Russell, "How to Grow Old," in *Portraits from Memory and Other Essays,* Nottingham: Spokesman Books, 1995.

8 Philippe Ariès, *Centuries of Childhood: A Social History of Family Life,* London: Vintage, 1962.

9 Jeffrey Jensen Arnett, *Adolescence and Emerging Adulthood: A Cultural Approach, 5th edition,* Harlow, Essex: Pearson, 2013.

10 Patricia Cohen, *In Our Prime: The Invention of Middle Age,* New York: Scribner, 2012.

11 Barbara Lawrence, "The Myth of the Midlife Crisis," *Sloan Management Review,* vol. 21, no. 4, 1980, 35.

12 David Neumark, et al., "Is It Harder for Older Workers to Find Jobs? New and Improved Evidence from a Field Experiment," *Journal of Political Economy,* vol. 127, no. 2, April 2019, 922–70, https://doi.org/10.1086/701029

13 "Educational Attainment in the United States: 2021," US Census Bureau, https://www.census.gov/data/tables/2021/demo/educationalattainment/cps-detailed-tables.html [Accessed May 25, 2023]

14 "The Economic Impact of Age Discrimination," AARP, 2020, https://www.aarp.org/content/dam/aarp/research/surveys_statistics/econ/2020/impact-of-age-discrimination.doi.10.26419-2Fint.00042.003.pdf

15 "The Longevity Economy Outlook," AARP, 2019, https://www.aarp.org/content/dam/aarp/research/surveys_statistics/econ/2019/longevity-economy-outlook.doi.10.26419-2Fint.00042.001.pdf

16 Uwe Sunde, "Age, Longevity, and Preferences," *Journal of the Economics of Ageing,* vol. 24, February 2023, 100427, https://doi.org/10.1016/j.jeoa.2022.100427

17 Tom R. Tyler and Regina A. Schuller, "Aging and Attitude Change," *Journal of Personality and Social Psychology,* vol. 61, no. 5, 1991, 689–97, https://doi.org/10.1037/0022-3514.61.5.689

18 Osea Giuntella, et al., "The Midlife Crisis," *Economica,* vol. 90, no. 357, 2023, 65–110, https://doi.org/10.1111/ecca.12452

19 Laura L. Carstensen, et al., "Age Advantages in Emotional Experience Persist Even Under Threat from the COVID-19 Pandemic," *Psychological Science,* vol. 31, no. 11, November 2020, 1374–85, https://doi.org/10.1177/0956797620967261

20 Pat Thane (ed.), *The Long History of Old Age,* vol. 1, London: Thames & Hudson, 2005.

21 Corinna E. Löckenhoff, et al., "Perceptions of Aging Across 26 Cultures and Their Culture-level Associates," *Psychology and Aging,* vol. 24, no. 4, 2009, 941–54, https://doi.org/10.1037/a0016901

22 John W. Rowe and Robert L. Kahn, "Human Aging: Usual and Successful," *Science,* vol. 237, no. 4811, July 1987, 143–9, https://doi.org/10.1126/science.3299702

23 Human Mortality Database, https://www.mortality.org/ [Accessed May 25, 2023]

24 Warren C. Sanderson and Sergei Scherbov, *Prospective Longevity: A New Vision of Population Aging,* Cambridge, M.A.: Harvard University Press, 2019.

25 Steven Pinker, *The Language Instinct,* New York: Harper Perennial, 1995.

26 John Elster, *Reason and Rationality,* Princeton, N.J.: Princeton University Press, 2009.

27 David Edmonds, *Parfit: A Philosopher and His Mission to Save Morality,* Princeton, N.J.: Princeton University Press, 2023.

28 David Edmonds, "Reason and Romance: The World's Most Cerebral Marriage," *Prospect,* July 17, 2014, https:// www.prospectmagazine.co.uk/ideas/philosophy/46516/reason-and-romance-the-worlds-most-cerebral-marriage

29 Derek Parfit, *Reasons and Persons,* Oxford: Oxford University Press, 1986, p. 281.

第八章 ｜ 世代挑戰

1 Karl Mannheim, "The Problem of Generations," 1922, https://marcuse.faculty.history.ucsb.edu/classes/201/articles/27MannheimGenerations.pdf

2 Corinna E. Löckenhoff, et al., "Perceptions of Aging Across 26 Cultures and Their Culture-level Associates," *Psychology and Aging,* vol. 24, no. 4, 2009, 941–54, https://doi.org/10.1037/a0016901

3 Life Expectancy Calculator, Office for National Statistics, https://www.ons.gov.uk/peoplepopulationandcommunity/healthandsocialcare/healthandlifeexpectancies/articles/lifeexpectancycalculator/2019-06-07 [Accessed May 26, 2023]

4 "Age and Voting Behaviour at the 2019 General Election," British Election Study, January 27, 2021, https://www.britishelectionstudy.com/bes-findings/age-and-voting-behaviour-at-the-2019-generalelection/#.Y_3ZXC-l2X0; Charles Franklin, "Age and Voter Turnout," Medium, February 25, 2018, https://medium.com/@PollsAndVotes/age-and-voter-turnout-52962b0884ef

5 "As Time Goes By: Shifting Incomes and Inequality Between and Within Generations," Resolution Foundation, February 13, 2017, https://www.resolutionfoundation.org/publications/as-timegoes-by-shifting-incomes-and-inequality-between-and-withingenerations/

6   Laurence J. Kotlikoff and Scott Burns, *The Coming Generational Storm: What You Need to Know about America's Economic Future,* Cambridge, M.A.: MIT Press, 2005; Niall Ferguson and Eyck Freymann, "The Coming Generation War," *Atlantic,* May 6, 2019, https://www.theatlantic.com/ideas/archive/2019/05/coming-generation-war/588670/

7   Taylor Lorenz, "'OK Boomer' Marks the End of Friendly Generational Relations," *New York Times,* October 29, 2019, https://www.nytimes.com/2019/10/29/style/ok-boomer.html

8   George Orwell, "Review of *A Coat of Many Colours: Occasional Essays* by Herbert Read," *Poetry Quarterly,* Winter 1945.

9   Motoko Rich and Hikari Hida, "A Yale Professor Suggested Mass Suicide for Old People in Japan. What Did He Mean?," *New York Times,* February 12, 2023, https://www.nytimes.com/2023/02/12/world/asia/japan-elderly-mass-suicide.html

10 Jonathan Old and Andrew Scott, "Healthy Ageing Trends in England Between 2002 to 2018: Improving but Slowing and Unequal," *Journal of the Economics of Ageing,* vol. 26, no. 1, 2023, https://doi.org/10.1016/j.jeoa.2023.100470

11 "Prevalence of Overweight, Obesity, and Severe Obesity Among Adults Aged 20 and Over: United States, 1960–1962 Through 2017–2018," National Center for Health Statistics, https://www.cdc.gov/nchs/data/hestat/obesity-adult-17-18/overweight-obesity-adults-H.pdf [Accessed May 25, 2023]

12 "Prevalence of Overweight, Obesity, and Severe Obesity Among Children and Adolescents Aged 2–19 Years: United States, 1963–1965 Through 2017–2018," National Center for Health Statistics, https://www.cdc.gov/nchs/data/hestat/obesity-child-17-18/overweight-obesity-child-H.pdf [Accessed 25 May 2023]

13 Jon Haidt, "The Teen Mental Illness Epidemic Began Around 2012," After Babel Substack, February 8, 2023, https://jonathanhaidt.substack.com/p/the-teen-mental-illness-epidemic

14 Bridget F. Grant, et al., "Prevalence of 12-Month Alcohol Use, High-Risk Drinking, and DSM-IV Alcohol Use Disorder in the United States, 2001–2002 to 2012–2013," *JAMA Psychiatry,* vol. 74, no. 9, September 2017, 911–23, https://doi.org/10.1001/jamapsychiatry.2017.2161

15 Carol Graham, "Understanding the Role of Despair in America's Opioid Crisis," Brookings, October 15, 2019, https://www.brookings.edu/policy2020/votervital/how-can-policy-address-the-opioid-crisis-and-despair-in-america

16 Lindsay Judge and Jack Leslie, "Stakes and Ladders: The Costs and Benefits of Buying a First Home Over the Generations," Resolution Foundation, June 26, 2021, https://www.resolutionfoundation.org/publications/stakes-and-ladders/

17 Adam Corlett and Felicia Odamtten, "Hope to Buy: The Decline of Youth Home Ownership," Resolution Foundation, December 2, 2021, https://www.resolutionfoundation.org/publications/hope-to-buy/

18 Taylor Orth, "More Than Half of Americans Support a Maximum Age Limit for Elected Officials," YouGov, January 19, 2022, https://today.yougov.com/topics/politics/articles-reports/2022/01/19/elected-officials-maximum-age-limit-poll

19 Quoted in Mini Racker, "Nikki Haley Enters 2024 Race with Speech Implying Trump and Biden

Are Too Old to Run," *Time,* February 15, 2023, https://time.com/6255878/nikki-haley-2024-announcement/

20 Bobby Duffy, *Generations: Does When You're Born Shape Who You Are?,* London: Atlantic 2021.

21 同上

22 Alec Tyson, Brian Kennedy, and Cary Funk, "Gen Z, Millennials Stand Out for Climate Change Activism, Social Media Engagement with Issue," Pew Research Center, May 26, 2021, https://www.pewresearch.org/science/2021/05/26/gen-z-millennials-stand-outfor-climate-change-activism-social-media-engagement-with-issue/

23 James Sefton, et al., "Wealth Booms and Debt Burdens," Resolution Foundation, November 14, 2022, https://www.resolutionfoundation.org/events/wealth-booms-and-debt-burdens/

24 Chris Giles, "OK Boomer, You're More Generous than We Thought," *Financial Times,* February 2, 2023, https://www.ft.com/content/5c482689-76a7-4a62-b042-acd4b4aaecf4

25 William MacAskill, "Age-Weighted Voting," Medium, July 12, 2019, https://medium.com/@william.macaskill/age-weighted-voting-8651b2a353cc

26 Rune J. Sørensen, "Does Aging Affect Preferences for Welfare Spending? A Study of People's Spending Preferences in 22 Countries, 1985–2006," *European Journal of Political Economy,* vol. 29, March 2013, 259–71, https://doi.org/10.1016/j.ejpoleco.2012.09.004

27 Congressional Budget Office, "The Budget and Economic Outlook 2022 to 2032," Congressional Budget Office, May 2022, https://www.cbo.gov/publication/57950; and "Historical Tables of the United States Government," Fiscal Year 2023, Office of Management and Budget, March 2022, https://www.whitehouse.gov/omb/budget/historical-tables/

28 Alan J. Auerbach, et al., "Generational Accounting: A Meaningful Way to Evaluate Fiscal Policy," *Journal of Economic Perspectives,* vol. 8, no. 1, 1994, 73–94, http://www.jstor.org/stable/2138152

第九章 │ 困境與進步

1 所有統計數據均來自 L. I. Dublin, A. J. Lotka, and M. Spiegelman, *Length of Life, revised edition* (New York: Ronald Press Company, 1949), pp. xxv and 379; *Journal of the Institute of Actuaries,* vol. 76, no. 1, June 1950, 76–9, https://doi.org/10.1017/S0020268100013299

2 "How Long a New Drug Takes to Go through Clinical Trials," Cancer Research UK, October 21, 2014, https://www.cancerresearchuk.org/about-cancer/find-a-clinical-trial/how-clinical-trials-are-planned-andorganised/how-long-it-takes-for-a-new-drug-to-go-through-clinicaltrials

3 Gary Becker, et al., "The Value of Life Near its End and Terminal Care," National Bureau of Economic Research, August 2007, https://doi.org/10.3386/w13333

4 Eric Budish, et al., "Do Firms Underinvest in Long-term Research? Evidence from Cancer Clinical Trials," *American Economic Review,* vol. 105, no. 7, July 2015, 2044–85, https://doi.org/10.1257/aer.20131176; 我的倫敦商學院博士生 Johan Moen 也在他的論文中研究了這個影響 "No Time to Die: The Patent- Induced Bias Towards Acute Conditions in Pharmaceutical R&D."

5 Robert W. Fogel, "Catching Up with the Economy," *American Economic Review,* vol. 89, no. 1, March

1999, 1–21, https://doi.org/10.1257/aer.89.1.1

6 Tad Friend, "Silicon Valley's Quest to Live Forever," *New Yorker,* March 27, 2017, https://www.newyorker.com/magazine/2017/04/03/silicon-valleys-quest-to-live-forever

7 Jessica Hamzelou, "Inside the Billion-Dollar Meeting for the Mega-Rich Who Want to Live Forever," *MIT Technology Review,* November 16, 2022, https://www.technologyreview.com/2022/11/16/1063300/billion-dollar-mega-rich-live-forever/

8 Ashlee Vance, "How to Be 18 Years Old Again for Only $2 Million a Year," Bloomberg, January 25, 2023, https://www.bloomberg.com/news/features/2023-01-25/anti-aging-techniques-taken-to-extremeby-bryan-johnson

9 Megan Molteni, "As Billionaires Race to Fund Anti-Aging Projects, a Much-Discussed Trial Goes Overlooked," STAT, August 9, 2022, https://www.statnews.com/2022/08/09/anti-aging-projects-funding-much-discussed-trial-overlooked/

10 "How Much Did the Apollo Program Cost?," Planetary Society, https://www.planetary.org/space-policy/cost-of-apollo

11 Hagai Levine, et al., "Temporal Trends in Sperm Count: A Systematic Review and Meta-regression Analysis of Samples Collected Globally in the 20th and 21st Centuries," *Human Reproduction Update,* vol. 29, no. 2, March 2023, 157–76, https://doi.org/10.1093/humupd/dmac035

12 David Miles, "Macroeconomic Impacts of Changes in Life Expectancy and Fertility," *Journal of the Economics of Ageing,* vol. 24, February 2023, 100425, https://doi.org/10.1016/j.jeoa.2022.100425

13 Michele Boldrin, et al., "Fertility and Social Security," *Journal of Demographic Economics,* vol. 81, no. 3, 2015, 261–99, https://www.jstor.org/stable/26417160

14 Seth Wynes and Kimberly A. Nicholas, "The Climate Mitigation Gap: Education and Government Recommendations Miss the Most Effective Individual Actions," *Environmental Research Letters,* vol. 12, no. 7, July 2017, 074024, https://doi.org/10.1088/1748-9326/aa7541

15 Joshua R. Goldstein and Wilhelm Schlag, "Longer Life and Population Growth," *Population and Development Review,* vol. 25, no. 4, 1999, 741–7, https://www.jstor.org/stable/172484

後記 | 愛的力量

1 Robert J. Waldinger and Marc S. Schulz, *The Good Life: Lessons from the World's Longest Scientific Study of Happiness,* New York: Simon & Schuster, 2023.

2 Chi Yan Leung, et al., "Association of Marital Status with Total and Cause-Specific Mortality in Asia," *JAMA Network Open,* vol. 5, no. 5, May 2022, e2214181, https://doi.org/10.1001/jamanetworkopen.2022.14181

3 J. Robin Moon, et al., "Short- and Long-term Associations Between Widowhood and Mortality in the United States: Longitudinal Analyses," *Journal of Public Health,* vol. 36, no. 3, 2014, 382–9, https://doi.org/10.1093/pubmed/fdt101

給壯世代的百歲人生思維

作者	安德魯・史考特 Andrew J. Scott
譯者	顧淑馨
商周集團執行長	郭奕伶
商業周刊出版部	
總監	林雲
責任編輯	黃郡怡
封面設計	Javick studio
內文排版	洪玉玲
出版發行	城邦文化事業股份有限公司 商業周刊
地址	115 台北市南港區昆陽街 16 號 6 樓
	電話：(02)2505-6789　傳真：(02)2503-6399
讀者服務專線	(02)2510-8888
商周集團網站服務信箱	mailbox@bwnet.com.tw
劃撥帳號	50003033
戶名	英屬蓋曼群島商家庭傳媒股份有限公司城邦分公司
網站	www.businessweekly.com.tw
香港發行所	城邦（香港）出版集團有限公司
	香港灣仔駱克道 193 號東超商業中心 1 樓
	電話：(852) 2508-6231　傳真：(852) 2578-9337
	E-mail：hkcite@biznetvigator.com
製版印刷	中原造像股份有限公司
總經銷	聯合發行股份有限公司 電話：(02) 2917-8022
初版 1 刷	2024 年 7 月
定價	420 元
ISBN	978-626-7492-17-8（平裝）
EISBN	9786267492161（EPUB）／ 9786267492154（PDF）

The Longevity Imperative: Building a Better Society for Healthier, Longer Lives
Copyright © Andrew J. Scott 2024
First published in Great Britain in 2024 by Basic Books UK
An imprint of John Murray Press
Part of Hodder & Stoughton Limited
An Hachette UK company
This edition arranged with HODDER & STOUGHTON LIMITED
through Peony Literary Agency
Traditional Chinese translation copyright © 2024 by Business Weekly, a Division of Cite Publishing Ltd.
ALL RIGHTS RESERVED

國家圖書館出版品預行編目 (CIP) 資料

給壯世代的百歲人生思維 / 安德魯 . 史考特 (Andrew J. Scott) 著；顧淑馨譯 . -- 初版 . -- 臺北市：城邦文化事業股份有限公司商業周刊，2024.07
288 面；17×22 公分
譯　自：The longevity imperative : building a better society for healthier, longer lives.
ISBN 978-626-7492-17-8(平裝)

1.CST: 老人學 2.CST: 生活指導

544.8　　　　　　　　　　　　　　　　　113008215

藍學堂

學習・奇趣・輕鬆讀